rowohlt
POLARIS

Anika Landsteiner wurde 1987 geboren und arbeitet als Autorin und Journalistin. Ihr Fokus liegt dabei auf gesellschaftlichen Ungerechtigkeiten, Tabuthemen, Feminismus und Popkultur. Sie konzipiert außerdem unterschiedliche Podcasts, zuletzt moderierte sie gemeinsam mit der Paartherapeutin Dr. Sharon Brehm das Format «Hello, Lovers!». Sie ist Autorin von drei Romanen. «So wie du mich kennst» stand mehrere Wochen auf der *Spiegel*-Bestsellerliste. Ihr aktuelles Buch «Nachts erzähle ich dir alles» handelt von weiblicher Selbstbestimmung.

«Mutig, interessant, so wichtig. Dieses Buch liefert einen wohltuenden Realitätscheck. Ideal, um den eigenen Kompass frisch auszurichten.» *Nathalie Stüben*

ANIKA LANDSTEINER

SORRY NOT SORRY

Über weibliche Scham

Rowohlt Polaris

3. Auflage Juni 2025
Originalausgabe
Veröffentlicht im Rowohlt Taschenbuch Verlag,
Rowohlt Verlag GmbH, Kirchenallee 19, 20099 Hamburg, Juni 2024

Covergestaltung und -abbildung Nurten Zeren, Berlin
Satz aus der FreightText Pro
bei Dörlemann Satz, Lemförde
Druck und Bindung GGP Media GmbH, Pößneck
ISBN 978-3-499-01273-0

Kontaktadresse nach EU-Produktsicherheitsverordnung:
produktsicherheit@rowohlt.de

MIX
Papier | Fördert gute Waldnutzung
FSC® C014496

Inhalt

Für den Geist, Taylor Swift und Miss Womanizer

«Shame dies when stories are told in safe spaces.»

ANN VOSKAMP

Vorwort

Alles beginnt mit meiner Großmutter. Seit Jahren leidet sie an Demenz, und mittlerweile gibt es kaum etwas, was meine Oma im Hier und Jetzt halten kann. Sie hat keine Ahnung, wer ihre Kinder sind, oftmals behauptet sie sogar, gar keine zu haben. Im Umkehrschluss wandelt sie wie ein Geist durch längst vergangene Erlebnisse. Sie bleibt an alten Erfahrungen hängen und dreht sich gedanklich immer wieder im Kreis. Das ist von außen schwer auszuhalten, denn meine Großmutter ist in Armut während des Zweiten Weltkrieges aufgewachsen – und auch die Jahre danach waren nicht rosig. Alles, was sie demnach erzählt, ist keine leichte Kost und nur insofern verdaulich für uns Zuhörende, als wir die Geschichten schon so häufig gehört haben. Bis sie plötzlich vor einigen Monaten wie aus dem Nichts etwas erzählte, wovon niemand etwas gewusst hat.

Der Vater meiner Großmutter war Küster. Ihre Geschichte beginnt, als sie eines Abends die Kirchentür abschließt, sich umdreht und in die Gesichter einer Gruppe Männer blickt. Detailliert spricht sie nicht von dem, was passiert, aber ein Satz fällt jedes Mal, wenn sie in die Fänge des Traumas zurückgleitet: «Der Älteste hat danach so laut gelacht.»

Als sie nach Hause geht, erzählt sie ihren Eltern davon. Ihr Vater, ein angesehener Mann im Dorf, erlegt ihr auf, über den Vorfall zu schweigen. Zu groß ist die Scham, dass so etwas hier passiert. Zu groß ist die Scham, dass der eigenen Tochter so etwas passiert. Also schweigt das Mädchen. Meine Oma. Sie packt die Wut, den Ekel, die Machtlosigkeit weg. Sie packt die Scham weg. Als ihre Mutter, meine Urgroßmutter, auf dem Sterbebett liegt, sagt sie zu ihrer Tochter: «Es tut mir so leid, dass ich dich mit der Scham alleingelassen habe.»

Wofür hat sich meine Großmutter geschämt? Und warum hat meine Urgroßmutter davon gewusst, ohne jemals mit ihr darüber gesprochen zu haben? Diese Fragen treiben mich seither um, so sehr, dass ich ihnen auf den Grund gehen möchte. Denn ich dachte lange Zeit, dass Scham diejenigen empfinden, denen etwas Peinliches passiert ist. Die sich fehlverhalten haben und daraufhin entblößt werden. Dieser Denkweise nach müssten sich die Täter schämen, nicht jedoch das Opfer. Und tatsächlich: Wenn man an den Ursprung der Scham reist, stimmt das auch.

Die Scham ist die Wächterin unserer Grenzen

Als soziale Wesen streben wir danach, Teil einer Gruppe zu sein. Wir wollen anerkannt und mitgedacht werden, wir wollen uns gesehen und respektiert fühlen. Das Streben nach Zusammengehörigkeit ist zutiefst menschlich. Wer aus diesem etablierten Rahmen fällt, wird nicht selten von der Scham ergriffen. Die natürliche Scham ist die Wächterin der Grenze eines intimen Raums, des inneren Wesenskerns. «Die Scham wird spürbar, wenn dieser Raum geöffnet wird. Sie signalisiert:

‹Dein intimer Raum ist berührt. Achte auf ihn.›»[1] Als ich das lese, fällt mir sofort folgende popkulturelle Referenz ein. Im Film *Bridget Jones – Schokolade zum Frühstück* erhält die gleichnamige Protagonistin die Einladung für ein Event, bei dem alle verkleidet erscheinen sollen. Das Motto wird kurzfristig revidiert, doch sie bekommt von der Änderung nichts mit und steht im freizügigen Häschen-Outfit zwischen Leinensakkos und Tweed-Kostümen. Die feine Gesellschaft ist *not amused* und lässt das Bridget deutlich spüren.

Scham zu empfinden zeigt sich körperlich durch Erröten der Wangen oder durch Stressreaktionen wie Herzrasen, Schwitzen, erhöhten Puls. Wer sich schon einmal geschämt hat, weiß, dass es sich anfühlt, als würde sich das Innere nach außen stülpen und man würde vollkommen nackt im Scheinwerferlicht stehen.

Doch diese sichtbaren Reaktionen, die mit der Scham einhergehen, sind eigentlich nützlich. Wer errötet, erzeugt beim Gegenüber meist Mitgefühl, denn Scham verbindet und kann soziales Verhalten fördern.[2] Sie zeigt, dass die sich schämende Person leidet und sich des Fehlverhaltens oder des Fauxpas bewusst ist. Das ist auch der Grund, weshalb die Scham meist ein Gegenüber braucht, denn erst durch den Austausch wird bewertet. Das Gefühl der Entblößung zeigt den eigenen Makel auf. Indem er sichtbar wird, kann er benannt werden und die betreffende Person sich zurück in die Gruppe fügen. Man könnte also sagen, dass die Scham grundsätzlich dienlich ist. Doch das Gefühl ist so komplex wie die Gesellschaften, die es prägen, denn: Scham zu empfinden ist Teil unserer Biologie. Aber wofür wir uns schämen, hängt von Kultur, Sozialisierung und privatem Umfeld ab. Faktoren, die uns schon immer prägten. Durchgehend, tief und un(ter)bewusst.

Erbsünde meets Feigenblatt

Eine der ältesten Geschichten über die Scham ist in der Bibel niedergeschrieben. Der Schöpfungsbericht beginnt mit Adam und Eva, die im Paradies leben. Von einer Schlange werden sie dazu verführt, vom *Baum der Erkenntnis von Gut und Böse* zu kosten. Eva knickt zuerst ein und beißt in einen Apfel, Adam zieht nach und kostet ebenfalls von der verbotenen Frucht. Diese Handlung wird als Ungehorsam gegenüber den Gesetzen Gottes gewertet, weshalb das Naschen der beiden in der christlichen Überlieferung als Sündenfall gilt. Damit ist die Geschichte aber nicht zu Ende, denn plötzlich müssen sie auch noch feststellen, dass sie nackt sind – das war ihnen vorher gar nicht bewusst. Aus einem ganz neuen Schamgefühl heraus bedecken sie fortan ihre Geschlechtsteile mit Feigenblättern – ein Empfinden, das bis heute geblieben ist, denn die Scham ist nach wie vor der Grund dafür, sich die Geschlechtsteile zu verhüllen.[3] Die Emotionshistorikerin Ute Frevert äußert sich dazu in der *Zeit* so: «Die Nacktheit, die Körperscham steht hier dafür, dass Menschen mit dem Erwerb von Wissen auch gewahr werden, was ihnen an Wissen fehlt. Wenn man begreift, was man alles nicht weiß, in ehrlicher Selbsterkenntnis, fällt die Maske.» Eva hat sich zuerst von der Schlange verführen lassen, weshalb sie nicht nur beschämt, sondern auch schuldig gemacht wird. Bis heute bekommen Frauen von der Gesellschaft diese auferlegte Schuld zu spüren; Eva gilt nicht nur als die Sündige, sondern auch als die Schwache, schließlich hat sie der Verführung nicht standgehalten und damit Unheil über die Menschheit gebracht. Die Geschlechterforscherin und Soziologin Franziska Schutzbach erklärt, dass dadurch eine Gleichsetzung von weiblich = schuldig stattgefunden hat. Das hat zur Annahme geführt, «dass Frauen der Gesellschaft immer etwas schulden. Sie müssen stets etwas leisten, um diese Schuld und ihre Schwäche abzubauen. (...) Die europäische Hexenverfolgung war (...) stark von dieser Sündenbock-Dynamik geprägt: Mehrheitlich wurden damals Frauen für vieles, was in der Welt schiefläuft, schuldig gemacht: ob Missernten, Unwetter oder Krankheiten.»[4]

Sich schuldig zu fühlen geht nicht automatisch mit der Scham Hand in Hand, aber es handelt sich um Empfindungen, die sehr oft ineinander verschlungen sind. Beim Schreiben meiner Texte bin ich immer wieder an den Punkt gekommen, an dem ich festgestellt habe, dass oftmals gar nicht klar erkennbar ist, wo Schuld aufhört und Scham beginnt. Das liegt auch daran, dass von Schuldigen erwartet wird, sich zu entschuldigen. Insbesondere Frauen scheint die Bitte um Verzeihung in die DNA eingeschrieben zu sein – 75 Prozent aller Entschuldigungen werden von ihnen ausgesprochen.[5] Immer, ständig, überall, für die nichtigsten Dinge. Das Bedürfnis, um Verzeihung zu bitten, spüre ich auch, wenn ich mich schäme, denn dann ist das Spotlight auf mich gerichtet, und ich wechsle ab zwischen «Sorry, dass ich jetzt so unangenehm auffalle» und «Ach, wenn wir schon dabei sind: Sorry für meine komplette Existenz».

Die Scham ist ein Werkzeug patriarchaler Unterdrückung

Grundsätzlich können sich alle Geschlechter schämen. Die Wissenschaftlerin und Autorin Dr. Brené Brown erklärt, dass die Emotion uns anhand von zwei Aussagen in die Ecke drängt, die am Kern unseres Seins nagen.[6]

1. «Du bist nicht gut genug.»

2. «Was glaubst du eigentlich, wer du bist?»

Bei Männern zeigt sich die Scham, indem sie permanent darauf achten, bloß nicht schwach zu sein oder gar schwach zu wirken. Frauen zerbrechen an den persönlichen Ansprüchen, alles schaffen zu müssen, perfekt zu sein und diese Anstrengung niemals andere sehen zu lassen. Das konstant umzusetzen ist so anstrengend, wie den Deckel auf einen Topf mit brodelndem Wasser zu drücken.

Doch Frauen schämen sich in allen Bereichen deutlich mehr als Männer[7] – sei es aufgrund von Körpergeruch, weil sie kritisiert werden oder andere peinlich finden. Sich zu schämen wird ihnen bereits in die Wiege gelegt, denn das weibliche Geschlecht soll rein, unschuldig und makellos sein. Mädchen werden früh in das Rollenbild gedrängt, auf ein gepflegtes Äußeres Wert zu legen, zurückhaltend und anständig zu sein, sich leise zu verhalten. Junge Frauen haben längst verinnerlicht, sich als Objekt zu betrachten. Ann-Kristin Tlusty seziert das treffend in ihrem Buch *Süß. Eine feministische Kritik*: «Sie unterliegt einem permanenten Blick von außen, den sie übernimmt, auf sich selbst richtet, durch den sie sich prüft.» Sich schämen – der Default-Modus der Frau. Sie ist durchgehend mit der Komplexität ihrer Rollen beschäftigt und zum Scheitern verurteilt. Und sobald das passiert, wird sie bewertet, beschuldigt und beschämt.

Wie alle Systeme will sich auch das Patriarchat erhalten und muss demnach alles dafür tun, um seinen Einsturz nicht zu gefährden. Im Klartext bedeutet das: Die sich entwickelnde Gleichberechtigung der Geschlechter ist ein großer Einschnitt in das noch bestehende binäre Machtgefälle zwischen dem

Bild von Mann und Frau und wird deshalb von allen, die an der alten Struktur festhalten, massiv bekämpft. Ein wirksames Tool dabei ist, Mädchen und Frauen kleinzuhalten. Und wenn das daraus resultierende Schamgefühl, nie gut genug zu sein, schließlich zur Identität wird, ist es der betreffenden Person kaum noch möglich, sich aus dem Empfinden zu befreien – und es von ihrer Person zu entkoppeln. Die Scham, die ursprünglich auf eigene und andere Grenzen hinweisen sollte, wird personifiziert und nimmt dadurch viel mehr Raum ein. Nun richtet sie erheblichen Schaden an.

Dieses Buch dient der Selbstermächtigung

«Überall auf der Welt schreiben Frauen und Queere die Klauseln eines Gesellschaftsvertrags um, der nie dazu angetan war, uns einzuschließen. Schwarze Frauen, Women of Color, Indigene Frauen, trans Frauen und junge Frauen treiben diesen Wandel voran», schreibt die politische Journalistin Laurie Penny in *Sexuelle Revolution*. Deshalb habe ich beim Schreiben dieses Buches immer meine Großmutter im Hinterkopf. Weil sie wie viele andere FLINTA (Frauen, Lesben, intersexuelle, nichtbinäre, trans und agender Personen) vor ihr so viel Schuld, Scham und damit verbundenen Schmerz ausgehalten hat, dass nachkommende Generationen daraus Wut schöpfen können. Wut, die Kraft mobilisiert.

Ich schreibe dieses Buch, weil ich das Trauma meiner Großmutter in mir trage und das generationsübergreifende Schweigen[8] brechen will. Und ich schreibe aus cis weiblicher Perspektive. Die klassischen Vorstellungen über Scham und Weiblichkeit beziehen sich auf cis Frauen. Andere Identitäten erleben Ähnliches, unterscheiden sich aber in ihren Erfahrungen. Dabei gibt es drei große Arten des Empfindens: Körperscham, Identitätsscham und Statusscham. Ich kenne sie alle.

Als ich meine Periode bekam, schämte ich mich – Körper.
Als mein Mathelehrer vor versammelter Klasse sagte, dass ich dumm sei, schämte ich mich – Identität.
Als ich die finanziellen Probleme in meiner Familie mitbekam, schämte ich mich – Status.

Als ich das erste Mal in meinem Leben eine Ohrfeige bekam, schämte ich mich. Als ich betrogen wurde, schämte ich mich. Als ich mich mit dreißig plötzlich alt fühlte, schämte ich mich. Als der Mann, den ich liebte, meine Gefühle nicht erwiderte, schämte ich mich. Als ich aufdeckte, wie viele unbewusste Rassismen ich in mir trug, schämte ich mich. Als ich ungewollt schwanger war, schämte ich mich. Als ich kein Geld hatte, schämte ich mich. Als ich meinen ersten sexuellen Übergriff erlebte, schämte ich mich.

Ja, ich schäme mich viel und häufig, und das ist anstrengend. Doch je länger ich mich mit dem Gefühl beschäftige und es in einen historischen und gesellschaftlichen Kontext setze, desto erhellender finde ich das Empfinden. Das heißt nicht, dass ich jeden Anflug von Scham in die Verantwortung des Patriarchats lege. Vielmehr zeige ich auf, dass das Patriarchat und der Kapitalismus mitsamt aller durch sie etablierter Diskriminierungsformen der perfekte Nährboden sind, um Scham erblühen zu lassen – und sie für sich zu nutzen.

Brené Brown sagt, dass Scham drei Dinge benötigt, um zu wachsen: Geheimhaltung, Schweigen und Verurteilung. Doch wenn Empathie hinzugefügt wird, kann sie nicht überleben.

Dieses Buch ist deshalb nicht nur eine persönliche und gesellschaftliche Spurensuche, sondern auch meine Hand, die ich ausstrecke, um zu signalisieren: Du bist nicht allein mit dem Gefühl, allein zu sein.

Wer sich von Scham befreien will, muss sich ihr stellen. Für mich persönlich pocht der Wunsch nach Selbstermächtigung viel stärker als mein nervöses Herz, wenn ich mir bewusst mache, dass ich dieses Buch nicht nur schreibe, sondern tatsächlich veröffentliche. Ich schäme mich für vieles, was auf den folgenden Seiten steht. Und ich schäme mich sogar für die Scham. Doch nichts empfinde ich als mutiger als Verletzlichkeit. Denn sie kann Türen öffnen, welche die Scham verschlossen hat.

Hinweise zum Lesen dieses Buches

Ich schreibe in den folgenden Texten vordergründig von Mann und Frau. Das liegt daran, dass alle Menschen westlicher Kulturen von einem binären System geprägt sind, ganz unabhängig davon, ob sie sich einem – und wenn ja, welchem – Geschlecht selbst zuordnen. Das System des Patriarchats baut auf der Überhöhung des Männlichen auf. Andere Geschlechter werden abgewertet. Christliche Binarität geht von einer eindeutig biologischen Unterscheidung zwischen männlich und weiblich aus, ebenso von einem binären Geschlechterbild. Auch die Studien, die ich heranziehe, gehen von einer klassischen Heteronormativität aus. Trotzdem gilt für mich: Wer Mann oder Frau ist, lässt sich nicht automatisch oder einzig auf das zugewiesene Geschlecht bei der Geburt zurückführen, sondern vielmehr auf politische und gesellschaftliche

Kategorien. Individuelle Erfahrungen sind komplex, und aus Gründen der Vereinfachung bleibt es in diesem Buch bei binären Vorstellungen von «Frau» und «Mann».

Es ist sinnvoll, die Essays in der Reihenfolge zu lesen, in der sie vorliegen, denn in den ersten Texten werden historische Fakten ausführlich analysiert, die in den weiteren herangezogen, allerdings nicht noch mal erklärt werden.

(No) strings attached

ÜBER MEINEN (NACKTEN) KÖRPER

Ich bin nicht dünn genug, meine Poren nicht fein genug, mein Haar nicht voluminös genug, meine Augenbrauen nicht glatt genug, meine Haut nicht straff genug, meine Nase nicht klein genug – außerdem ist sie krumm.

Körperscham ist eine universelle Empfindung. Sie kennt keine Geschlechtergrenzen, jedoch dringt sie wesentlich tiefer unter die Haut von Frauen als von Männern.[1] Dass Frauen mehr Körperscham empfinden, geht aus unterschiedlichen Studien hervor – der Ursprung liegt bereits in der frühkindlichen Erziehung. Der weibliche Körper wird im Korsett eines heteropatriarchalen Systems nicht nur beschämt und kategorisiert, er wird im Heranwachsen sexualisiert und schließlich von der Weltwirtschaft kapitalisiert.

«Wenn alle Frauen dieser Erde morgen früh aufwachten und sich in ihren Körpern wirklich wohl und kraftvoll fühlten, würde die Weltwirtschaft über Nacht zusammenbrechen», schreibt Laurie Penny. Seriously, die Weltwirtschaft? Ja, seriously. Damit das nicht passiert, geht die Sozialisierung im Sandkasten los. Denn bereits kleine Mädchen werden auf ihren Platz verwiesen, von dem aus sie sich intensiv mit sich selbst beschäftigen dürfen, sollen, oftmals sogar *müssen*: Was auch sonst, wenn sie von Anfang an auf ihr Aussehen reduziert werden, dieses jedoch im Laufe der Jahre zu einer niemals fertigen Baustelle deklariert wird.

Sag mir dein Geschlecht, und ich sag dir, was du wert bist

Junge Mädchen werden bis heute dahin erzogen, sich höflich, lieb und bestenfalls leise zu verhalten. Oft bekommen sie Ärger, wenn die Kleidung einen Fleck hat, wenn sie laut werden oder mal handgreiflich. Jungs hingegen dürfen brüllen, dreckig werden, raufen und eine Meinung haben. Wenn sie sich prügeln, wird das als männliches Verhalten abgetan – *boys will be boys* – oder als ein Attribut wahrgenommen, das später zu mehr Durchsetzungskraft führen wird. Wissen wir ja, Männer regieren die Welt.

Wenn ein cis Mädchen sich in den Schritt fasst, gilt die Geste als unsittlich, ihr wird ein Gefühl der Scham übergestülpt. Wenn cis Jungs sich in den Schritt fassen, wird die Handlung als ganz normal abgesegnet, beinahe als notwendig, schließlich gibt es nachvollziehbare Gründe wie Juckreiz, Schweiß, ein Verrutschen der Geschlechtsteile oder das unbewusste Signal nach außen, dass da was baumelt, dessen sich alle bewusst sein sollten. Die binären Geschlechterrollen werden bereits früh festgezurrt und dürfen sich bloß nicht verwaschen. Die starren Kategorien «weiblich» und «männlich» spielen demnach eine wichtige Rolle in der Analyse, welche Auswirkungen die Körperscham auf unsere heutige Gesellschaft hat. Wie praktisch, dass die Geschlechter farblich voneinander getrennt werden und somit keine Verwechslungsgefahr besteht.

Obwohl heute viel darüber diskutiert wird, wird die Farbe Pink automatisch dem Weiblichen und die Farbe Blau dem Männlichen zugeschrieben. Viele denken, dass diese Aufteilung auf eine generische Farbvorliebe der Geschlechter zurückgeht. Tatsache ist jedoch, dass der Grund nichts mit biologischer Veranlagung zu tun hat, sondern in der Sozialisierung zu finden ist. Bis in die 1940er galt die Farbe Rot nämlich als eine kraftvolle Signalfarbe und wurde deshalb, wen wundert's, dem Männlichen zugeschrieben.[2] Männliche Babys und Jungs wurden demnach in die zarte Variante gepackt, nämlich Pink. Als die erste Barbie 1959 in einer pinken Verpackung auf den Markt kam, stieg die Farbe schnell zum Lieblingston vieler Mädchen auf – was sich aufgrund von bewusst eingesetztem Marketing über die Jahrzehnte regelrecht zementierte, sodass Pink schließlich dem Weiblichen zugeordnet wurde. So einfach war das, so wenig Sinnhaftigkeit steckt dahinter.

Als Mädchen und heranwachsende Frau habe ich Pink gehasst, denn im Kindergarten und in der Schule bekam ich schnell mit, dass die Farbfamilie rund um Pink dem Weiblichen zugeordnet wird. Damit war sie in meinen Augen nur etwas für die Weicheier, für die Sensiblen, für die Mädchen eben. Sobald diese als Frauen wahrgenommen und ihre Körper sexualisiert werden, wird aus der Pink tragenden Heranwachsenden die *Tussi.* Glitzerspange im Haar oder Lidstrich mit vierzehn, fertig ist die Kategorisierung. Und wer am Schulhof mal als Tussi gilt, erholt sich von dem Image nicht so schnell, denn die Person ist oberflächlich, eher ungebildet, umso mehr eingebildet, weil oft attraktiv (die netteste Bezeichnung von allen). Auf Tussis wird herabgeschaut, gleichzeitig werden sie mit Blicken ausgezogen, man will was von ihnen haben, schließlich legen sie es darauf an mit der pinken Bluse und dem weißen Minirock. Und damit schließt sich der Kreis: Pink ist eine Farbe, die die Gemüter erregt. Man liebt sie oder man hasst sie. Wer sie trägt, gilt als niedlich, sensibel, harmlos (wenn Mädchen) und als eingebildet, ichbezogen und *not so smart* (wenn Frau). Letztere werden vor allem sexualisiert, denn wer sich modebewusst gibt und auf sein Äußeres achtet, wird von Männern schneller wahrgenommen als die Mauerblümchen. Je aufreizender, schicker oder auffallender sie sich kleidet, desto schneller hat die Umwelt ein Interesse daran herauszufinden, welcher Körper sich darunter verbirgt. Es geht beim Anziehen immer auch ums Ausziehen.

Heute liebe ich das Spektrum von Pink: Rosa, Flamingo, Fuchsia – herrlich, gib her! Allerdings tue ich das erst seit wenigen Jahren. Da habe ich ganz bewusst begonnen, immer öfter rosafarbene Kleidung zu kaufen. Erst langsam umarme ich diese Farbe und versuche, sie losgelöst von weiblichen Attributen zu sehen. Besonders freue ich mich, wenn ich männliche Freunde treffe, die plötzlich einen pinkfarbenen Sweater tragen. Kürzlich hat einer diesen Kauf kommentiert mit den Worten: «Vor ein paar Jahren hätte ich mich nicht getraut, den anzuziehen.» Ja, ich auch nicht.

Im Kindergarten und in der Grundschule wollte ich spielen und dreckig werden. Ein *Tomboy* sein, im Schatten der Jungs nicht als Mädchen wahrgenommen werden, oder zumindest nicht als so ein *typisches*. Ich wollte anders sein, den Jungs mehr zugehörig. Ich wollte ein Stück ihres Schutzes ergattern, der damit einhergeht, in ihrem Windschatten als eine aufgewertet zu werden, die *anders ist als die anderen*. Ich war durch und durch ein Pick-me-girl. Nie wieder leise und liebevoll sein. Also begann ich, gegen meinen Körper zu randalieren.

Und ich zelebrierte alles, was sich gegen die Weiblichkeit stellte: weite Baggy Pants statt Röhrenjeans, Sport-BHs statt Spitze, Punkrock hören und auf die Spice Girls scheißen (obwohl ich die so toll fand). Das fühlte sich erst mal an wie ein Befreiungsschlag. Nur von was? Etwa von mir selbst?

Gut erinnern kann ich mich an eine Szene aus dem Film *Now and Then – Damals und heute*, in der die Protagonistin Roberta Martin, gespielt von Christina Ricci, ein Paketband über ihren BH wickelt, sodass ihre wachsende Oberweite so wenig wie möglich zu sehen ist – nicht nur cis Frauen, auch viele trans maskuline Personen kennen diesen Griff gut. Weil ich das rebellisch fand, habe ich es ebenfalls gemacht, allerdings nur ein paar Mal, denn dann fand ich Gefallen an der schönen Auswahl an Unterwäsche – meine Körperscham wurde von einer Konsumentscheidung abgelöst. Der Kapitalismus war stolz auf mich, sein Chor rief mir zu: Für jedes Problem gibt es eine Lösung, ka-ching.

Christina Ricci erzählte 2022 in einem Interview, dass sie während der Pubertät eine Essstörung entwickelte, weil in Hollywood alte Männer detailliert über ihre Brüste diskutierten. «Als ich mit zwölf oder dreizehn Jahren Brüste bekam, haben sie sich darüber ausgetauscht, wie ich weniger weiblich aussehen könnte. Das hat sich sehr unangenehm angefühlt», sagte sie gegenüber *today.com*.[3] Damit zeigt Christina Ricci die Widerwärtigkeit heteropatriarchaler Gesellschaften auf: Es gibt keinen Aufschrei, wenn alte Männer einen weiblichen Körper in einer Kinderrolle kapitalisieren, um ihn dann wenige Jahre später zu sexualisieren. Er dient als Werbefläche, er wird wahrgenommen als eine modellierbare Puppe, die sich auszahlen soll. Und das nicht nur in Hollywood.

Hungern als Lifestyle

Als mein kindlicher Körper Rundungen bekam und ich gleichzeitig wusste, dass die meisten Jungs an der Schule auf schlanke Mädchen standen, surfte ich auf einer Webseite, die ich für einen Schulaufsatz in Biologie gesucht hatte. Es handelte sich um eine *Pro-Ana-Seite*; bis heute existieren solche globalen Foren, in denen sich Menschen mit Anorexie (Magersucht) austauschen können und Informationen zur Krankheit erhalten. Allerdings handelt es sich dabei nicht um ein Hilfsangebot, um die Essstörung zu beenden, sondern um einen Lifestyle, den es zu verfolgen und immer weiter zu vertiefen gilt. Das absolute Ideal: so mager wie möglich.

Die Abkürzung «Ana» für Anorexie suggeriert dabei eine Frau, die das Vorbild der Mageren ist. Denn wer nicht isst, bleibt hübsch. Viele Betroffene, die diese Seite besuchen, sind sich ihres krankhaften Verhaltens bewusst und haben auch bereits Therapien hinter sich, doch rund 60 Prozent aller Menschen mit Anorexie werden von dieser nie ganz geheilt.[4] Wen das betrifft, der findet unter den Pro-Anas weniger Halt als vielmehr eine Glorifizierung der Essstörung hin zu einem Lifestyle. Anders ausgedrückt: einfach weiter abnehmen, wenn das Zunehmen sowieso nicht funktioniert.

Ich tauchte tief ein in die lebensgefährliche Welt der Pro-Anas, und natürlich hielt mein jugendliches Ich der Sogwirkung nicht stand. Dünn zu sein schien mir wichtig, um von coolen Jungs begehrt und von coolen Mädchen akzeptiert zu werden. Warum also den unumgänglichen Magerwahn nicht professionell angehen?

Ich begann, konstant meinen Bauch einzuziehen, vor allem im Schwimmbad, aber auch unter der Winterjacke, weil ich glaubte, dass das gut für die Haltung sei und gleichzeitig die Bauchmuskeln trainieren würde. Außerdem fing ich an, jeden Tag Sport in meinem Zimmer zu machen. Bis zu einer Stunde drillte ich mich Abend für Abend durch alle möglichen Übungen, die mir einfielen – aus heutiger Sicht würde ich es als klassisches High-Intensity Interval Training (HIIT) beschreiben. Danach lief ich mit hochrotem Kopf durch das Wohnzimmer, wo meine Eltern saßen und Fernsehen schauten, ging in die Küche und griff nach einem Apfel – meine Belohnung, nachdem ich rund 500 Kalorien verbrannt hatte. Mein Abendessen und sehr oft auch meine Tagesration in Kombination mit einem Müsliriegel oder einer Instant-Suppe. Ich tat das für mehrere Monate, weil der Druck, dünn sein zu wollen, kaum auszuhalten war. In der Schule war ich umgeben von allen möglichen Körpern, und doch fokussierte ich mich ausschließlich auf die drei, vier Mädchen, deren Erscheinungsbild in meinen Augen perfekt war. Denn auch wenn mir Brüste wuchsen und alle Jungs auf sie starrten, wollten die meisten von ihnen weibliche Formen nur an ganz bestimmten Stellen sehen – alle waren *barbiegeprägt*, sozusagen. Doch die Puppe könnte in der Realität nicht mal aufrecht stehen, geschweige denn überleben – ihre absurde Körperform bietet nicht genügend Platz für die Organe.

Irgendwann, und man kann es glücklicherweise nicht anders sagen, besiegte ich die Sucht, mager zu sein. Meine Lust aufs Leben, die in der Pubertät vor allem mit ausschweifenden Partys und Junkfood einherging, war zu groß, um mich weiterhin zu knechten. Also beschloss ich, mich auf die Körperteile zu konzentrieren, die ich optimieren konnte, ohne drastisch an Gewicht verlieren zu müssen: Ich färbte regelmäßig meine Haare blond, weil ich glaubte, Jungs fänden blonde

Mädchen attraktiver – es stand mir nicht. Ich begann, mich zu schminken, ging bei den einschlägigen Fashionmarken shoppen und cremte bereits mit sechzehn meine Oberschenkel und den Po prophylaktisch gegen Cellulite ein. Ich zupfte meine extrem dichten Augenbrauen zu dünnen Streifen, die gerade das Comeback erleben, vor dem wir uns alle gefürchtet haben. Ich rasierte jedes Körperhaar penibel weg und trug dicke Foundation über meinen Pickeln auf. Wenn ich Männern erzähle, wie viel Stress ich meinen Körper aussetzte, wie viel Arbeit es ist, eine Frau zu sein, sind die durch die Bank geschockt (während so viele von ihnen es gleichzeitig ekelhaft finden, wenn weiblich gelesene Menschen aufhören, sich pedantisch die Beine zu rasieren). Frauen können meine pubertären Handlungen nachvollziehen, finden das rückblickend «total normal» – aber doch nur, weil wir diesen Wahn als normal verkauft bekommen. Die Unzufriedenheit mit dem eigenen Körperbild in so jungen Jahren wird in vielen Fällen zu einem regelrechten Körperhass, der die Kraft hat, zerstörerisch zu wüten. Er verlangt so viel Aufmerksamkeit, dass es für andere Dinge kaum noch Zeit gibt – etwas, das ich in meinem eigenen Leben immer wieder phasenweise feststellen musste. Während meiner Schauspielausbildung mit Anfang zwanzig diente mein Körper als Werkzeug für meinen Ausdruck, als Ventil für meine Emotionen. Bis ich mich für ein Seminar auszog und feststellte, dass er mir – so vollkommen entblößt – nichts einbrachte außer einem Schamgefühl, das mir beim Spielen im Weg stand.

Kleider machen Leute: Wer bin ich, wenn ich nackt bin?

Mit Anfang zwanzig nahm ich im Rahmen meiner Schauspielausbildung an einem Seminar an einer Filmhochschule teil. Die Studierenden der Abteilung Kamera suchten Darsteller*innen für den Kurs «Erotik im Film», geleitet von einem berühmten Kameramann aus Hollywood sowie einer deutschen Regisseurin.

Es ging darum, den Student*innen beizubringen, Nackt- und Sexszenen ästhetisch und ansprechend umzusetzen. Das war etwas, was mich als Schauspielerin sehr interessierte: Kaum ein Film kommt ohne erotisches Zwischenspiel aus. Das Letzte, was ich demnach wollte, war, als unerfahrene Künstlerin und junge Frau mich zu etwas überreden zu lassen, das ich im Nachhinein bereuen würde (und das für die Welt dank des Internets jedoch für immer verfügbar bliebe, großartig!). Es war also eine gute Gelegenheit, herauszufinden, wie solche Szenen anspruchsvoll umgesetzt wurden und worauf zu achten war, um für alle Beteiligten einen Safe Space zu kreieren. Dass ich dabei Neues über mich erfahren würde, war mir bewusst. Aber nicht, in welcher Größenordnung.

Nachdem ich den Castingaufruf gelesen hatte, überlegte ich eine Weile hin und her. Natürlich hämmerte da eine große Nervosität, denn mit Anfang zwanzig war ich ungefähr so im Reinen mit meinem Körper wie Luisa Neubauer mit den Ergebnissen des letzten Klimagipfels. Als junge, weiße und schlanke Frau gehörte ich damals zwar dem Spektrum der Normschönheit an, doch das war mir nicht so bewusst, wie es das heute ist. Ich verglich mich vor allem mit den Frauen, die mir ähnlich sahen, was am Konkurrenzkampf lag, der in dieser Branche herrscht. Es gab immer eine Person, die dünner war. Oder blonder. Oder einfach hübscher. Doch meine Neugier und mein Wunsch, als Schauspielerin ernsthaft Fuß zu fassen, waren größer als meine Scham darüber, wie nachvollziehbar es für Außenstehende sei, an einem Seminar mit dem Titel «Erotik im Film» teilzunehmen. Also entschied ich mich dafür, wogegen einige Schauspieler*innen sogar Klauseln in ihre Verträge setzen lassen: eine Nacktszene.

Meine Aufgabe schien einfach: Halb zugedeckt liege ich im Bett und schaue abwesend einen Film, während mein Partner nackt aus der Dusche kommt und sich zu mir legt. Dann geht das intime Spiel los, wobei ich sehr schnell deutlich mache, dass ich nicht kann oder will oder beides, sodass er mich daraufhin im Arm hält und ich tieftraurig dasitze. Wünschenswerte Emotion: Weinen. Für die Zuschauenden soll rüberkommen, dass wir uns bereits in einem Trennungsprozess befinden. So weit die Theorie.

Am Tag des Drehs kam ich aufgeregt am Set an. Was mir sofort Halt gab, war das bewusst kleine Team, das alles dafür tat, die Atmosphäre so vertrauensvoll wie möglich zu gestalten. Niemand, der nicht in direktem Zusammenhang mit dem Dreh stand, hatte Zutritt – *geschlossenes Set* nennt man das. Ich zeigte einer Assistentin meine Auswahl an Unterwäsche, die ich dabeihatte, und die Wahl fiel schnell auf einen sehr dünnen G-String und nichts für oben. Damit man das versteht und sich auch gleich visuell vorstellen kann, wird es jetzt etwas technisch: Eines der beiden Bändchen, die auf jeder Seite den Stoff zusammenhielten, wurde durchgeschnitten. So konnte von dieser Perspektive aus suggeriert werden, dass ich vollkommen nackt sei, weil das Laken den restlichen Stoff bedecken würde. Dieser wiederum wurde auf meine Haut geklebt, damit nichts verrutschte. Auch wenn das bisschen Stoff nun am seidenen Faden hing und ich obenrum frei war, war ich trotzdem erleichtert, dass ich mich nicht komplett ausziehen musste, sondern mit der Illusion von Nacktheit arbeiten konnte. After all, it's not porn. Mein mich selbst versicherndes Mantra für die kommenden Stunden, um die Scham im Zaum zu halten.

In einen Bademantel gehüllt lief ich ans Set, und auf mein Stichwort übergab ich ihn der Assistenz und schlüpfte so schnell wie möglich ins Bett. Der Kamera-Student checkte verschiedene Winkel, während zwei Frauen um mich herumwuselten und das Laken so drapierten, dass alles sehr natürlich aussah, in Wahrheit jedoch Millimeterarbeit war. Zwischen ihnen spitzte ich immer wieder zu dem Leiter des Seminars, doch der saß hinter einem Bildschirm und unterhielt sich, also lächelte ich tapfer die Crew um mich herum an, und die lächelte zurück. Mein Co-Darsteller kam dazu, der Kamera-Student setzte sich zu uns auf die Bettkante, und wir sprachen die Szene kurz durch. Als er fertig war und uns zurückließ, wechselten der mir komplett fremde Mann und ich kaum ein Wort. Während von mir eine lähmende Angst ausging, den Ansprüchen aller um mich herum nicht gerecht zu werden, hatte ich bei ihm eher das Gefühl, er schwebe über den Dingen und habe schlichtweg kein Interesse an einem Austausch. Mein heutiges Ich hätte ihn ein paar Tage vor dem Dreh auf einen Drink in eine Bar eingeladen, um das Eis zu brechen. Peinliche Sexgeschichten teilen oder so. Damals schwieg ich jedoch schüchtern vor mich hin, denn seine distanzierte Art fütterte ganz wunderbar meine Selbstzweifel: nicht gut genug, nicht schön genug und nicht talentiert genug zu sein.

Es ging los. Mit dem Rücken lag ich der Tür zugewandt, durch die mein Co-Darsteller gleich auftauchen würde. Mein Herz pochte, die Nervosität stülpte meine Innereien beinahe nach außen. Unangenehm. Ich fragte mich: Sieht die Haut an meinen Beinen auch im Liegen straff aus? Stört mein dunkler Haaransatz, weil ich eine Fake-Blondine bin? Er legte sich zu mir. Soll ich meinen Bauch einziehen? Er küsste meine Wange, der Kameramann stieg über uns hinüber. Habe ich Lippenstift auf den Zähnen? Ist mein Parfüm too much? Ich schloss die Augen, weil ich nicht wusste, wohin mit meinen Blicken, da wurde mein Oberkörper bereits angehoben, und die Szene war vorbei.

Uff.

Es stellte sich keine Erleichterung ein, sondern vielmehr die schiere Panik, dass rund zehn Leute gerade auf meine nackten Brüste geglotzt hatten und ich von einem fremden Mann berührt wurde, der bereits wieder aufgestanden war und sich einen Bademantel anzog, seinen Schutzmantel, während ich beschämt im Bett saß und das kleine Stückchen Stoff über meinem Genitalbereich wieder zurechtrückte. Hatte ich mich richtig rasiert?

Das war sie wohl, die schlechteste Performance, seitdem ich im Schultheater als Mann verkleidet gewesen und von meinem Schwarm ausgelacht worden war. Die ganze Zeit über hatte ich mich lediglich von außen betrachtet, statt mich in die Rolle fallen und von ihr zusammenhalten zu lassen. Aber noch wollte ich nicht aufgeben. Bei jedem weiteren Take nahm ich mir vor, das umzusetzen, was ich in der Ausbildung gelernt hatte: mein reales Unwohlsein für den fiktiven Charakter zu nutzen.

Aber es funktionierte nicht. Und als ich die Szene auf meinem Laptop nach all den Jahren zum ersten Mal wieder anschaute, war ich genau deshalb so peinlich berührt. Weil ich aufs Neue spürte, wie unbeholfen ich mich gefühlt hatte – und wie sehr ich mir das durch den Bildschirm ansehen konnte.

Nach dem dritten oder vierten Durchlauf kam die Regisseurin auf mich zu und bat mich, am Ende zu weinen, was mich noch mehr unter Druck setzte, denn ich wollte, nein, ich musste meinen Job gut machen. Auf Knopfdruck den Tränen freien Lauf zu lassen, beherrschte ich normalerweise, nur trug ich in den Szenen immer Klamotten, im besten Fall ein Kostüm, das mir half, in die jeweilige Rolle zu schlüpfen. Ich fühlte mich trotz der Emotionen nie entblößt, denn da weinte ja eine andere Person und nicht ich, genial! In diesem Moment verstand ich zum ersten Mal, was Schauspieler*innen bei Nacktszenen leisten. Sie öffnen ihre Körper und Seelen gleichzeitig. Und sie müssen beide in Balance halten, weil die Kamera gnadenlos ist.

Ich weinte nicht. Zu erdrückend waren der emotionale Stress und die Körperscham. Wenige Takes später war der Dreh endlich vorbei.

Und ich fix und fertig. Wer war die Person, die da im Bett gelegen und stundenlang mit sich gekämpft hatte? War das ich, war das wirklich die Essenz, die übrig blieb, wenn der Schutz schmeichelnder Kleidung abgelegt worden war? Stand die Summe meiner Unsicherheiten für den Wert meiner Person? Stundenlang hatte ich die Gelegenheit genutzt, mir bekannte Schönheitsideale wie Schablonen auf meinen nackten Körper zu legen, um festzustellen, wie viel an den Rändern überstand. Nichts passte. Und das, obwohl ich damals schon wusste, dass sich der Beautystandard regelmäßig verändert, weil er menschengemacht ist – stand ich doch einige Jahre zuvor im Rahmen eines Schulausflugs vor einem Renaissance-Gemälde, auf dem eine nackte, kurvige Frau als richtig geile Normschönheit fetischisiert wurde.

Wer schön sein will, muss shoppen gehen

Während der Heian-Zeit (794–1185) in Japan galten geschwärzte Zähne als schön. Im europäischen Mittelalter zupften sich adelige Frauen die Wimpern aus, um sich von den wimpernklimpernden (sprich: verführerischen) Dirnen abzuheben.[5] Im 19. Jahrhundert war eine schmale Taille so unverhandelbar, dass sich Frauen am Hof bis zur Atemnot in enge Korsetts schnüren ließen.

Im Jahr 1908 wurde in Niederösterreich eine Plastik gefunden, die rund 30000 Jahre alt ist. Getauft wurde das elf Zentimeter kleine Kunstwerk die «Venus von Willendorf» – es handelt sich um eine Frauenfigur mit übertriebenen Rundungen: riesige Brüste, großer, weicher Bauch, üppige Hüften, und auch die Vulva ist deutlich dargestellt. Heute wird eher von der «Frau» statt der «Venus» gesprochen, um die Statue von ihrer Sexualisierung zu entkoppeln. Die Tatsache, dass die Figur nackt ist, brachte ihr nämlich den Beinamen «Steinzeit-Pin-up» ein, woraufhin Bilder von ihr eine Zeit lang sogar von Facebook gesperrt wurden. Begründung: gefährlich pornografisch.[6] Aktuell sind sich mehrere Forschende einig, dass die Frau von Willendorf weniger als Sexsymbol der Steinzeit gelten sollte, sondern vielmehr für eine Großmutter oder eine weise Frau stehen könnte. Das zeigt vor allem eins auf: Kategorisierungen, Bewertungen und Idealisierungen sind in der jeweiligen Kultur und Sozialisierung verankert. Im Zeitgeist einer Generation. Das Streben nach ihnen ist insofern zutiefst menschlich und nachvollziehbar, als sie Zugehörigkeit signalisieren und ein Schubladendenken eben immer Halt gibt, ganz nach dem Motto: Aha, diese Darstellung kann ich einordnen, jetzt irritiert sie mich nicht mehr, dann kann's weitergehen, *neeeeext!*

Okay, weitere Beispiele, um die Angelegenheit der Schönheitsideale in die Neuzeit zu heben. Marilyn Monroe galt zu ihrer Zeit als kurviges Sexsymbol. Wenige Jahre nach ihrem Tod verkörperte die extrem dünne, sechzehnjährige Twiggy den neuen Schönheitsstandard. Bis in die 1990er galt auf Fidschi als Attraktivitätsmerkmal, gut genährt auszusehen. Wer üppig tafelte, trug seinen Körperumfang als Statussymbol und zeigte: Mir geht es gut, und das dürfen alle sehen. Als sich das Fernsehen ab 1995 mit dem ersten Sender etablierte, zog mit der flimmernden Kiste der westliche Schönheitsstandard ein. Dieser war geprägt von der Supermodel-Ära: dünn und makellos wie Claudia Schiffer und Naomi Campbell oder den *heroin chic* verkörpernd wie Kate Moss. In den darauffolgenden drei Jahren wurden fünfmal häufiger Essstörungen unter jungen Fidschianerinnen verzeichnet als zuvor.[7]

Kim Kardashian stand Anfang der 2000er für pralle Kurven, während sie im Jahr 2022 beinahe abgemagert wirkte und angeblich rund 30 Kilo verloren hatte. Genau deshalb müssen menschengemachte Idealvorstellungen kritisch hinterfragt werden, insbesondere vor dem Hintergrund: Von wem stammen sie? Wer gibt sie vor und wem nutzen sie am meisten?

Fast 90 Prozent aller Fast-Fashion-Unternehmen werden von mittelalten Männern geführt, die bestimmen, welche Kleidungsstücke an welchen, in der Regel jungen und dünnen, Körpern gut aussehen – und welche nicht. Der CEO von Zara? Ein *weißer* Mann. CEO von Asos? *Weißer* Mann. Mango? *Weißer* Mann. Topshop? *Weißer* Mann. Calzedonia? *Weißer* Mann. Primark? *Weißer* Mann. Victoria's Secret? *Weißer* Mann. Bershka? *Weißer* Mann. H&M? *Weiße* Frau. Ups. Wer jetzt überrascht wurde, kann sich eingestehen, das Muster erkannt zu haben. Nicht zu vergessen, dass die *weiße* Frau in der Struktur des

Patriarchats dem *weißen* Mann am nächsten steht, denn nur weil Frauen ausgebeutet werden, heißt es nicht, dass sie nicht auch ausbeuten können.

Jetzt könnte man laut Widerspruch einlegen und sagen: Aber, aber! Auf den Runways der internationalen Fashion Weeks dürfen immer mehr Plus-Size-Models mitlaufen! Die Body-Positivity-Bewegung wurde doch so relevant, dass sie die Grenzen von Social Media sprengte und plötzlich auch in der Mode sichtbar wurde! Die Inklusion ist nicht zu übersehen! Es ändert sich was!

Oder nicht?

Jein. Dass das Plus-Size-Model Ashley Graham das Cover der *Sports Illustrated* zieren durfte, geht einzig auf den Druck der Gesellschaft zurück, weil die Durchschnittsfrau keine Lust mehr hat, sich nirgendwo repräsentiert zu fühlen – ihre Kleidergröße beträgt nämlich 42/44. Kein*e Designer*in, die das Motto *thin is chic* inhaliert, kommt auf die Idee, dieses Credo zu brechen, schließlich wird mit der Exklusivität von High-Fashion-Marken genau dieses Bewusstsein geschaffen: Wer die Labels tragen will, muss gut darin aussehen – also eben abnehmen. Mode soll nicht zugänglich sein, sondern etwas Erstrebenswertes, beinah Unerreichbares. Es sei denn, das *Image* der Inklusion, wie es seit Jahren zu beobachten ist, lässt sich gut vermarkten und daraus noch mehr erwirtschaften. Die Mode- und Beautybranchen suggerieren meist nur, dass sie sich um Diversität Gedanken machen, um ein neues Produkt zu legitimieren. Das heißt konkret: Kleidergrößen ab 38 aufwärts auf den Markt zu werfen ist oftmals eine rein performative Maßnahme, um noch mehr Umsatz zu erzielen und den Druckmachenden der Gesellschaft zu zeigen: Wir sehen euch, wir nehmen euch ernst, wir sind die Guten, also kauft alles, und zwar jetzt. Doch auf lange Sicht hat keine der Branchen ernsthaftes und nachhaltiges Interesse, Durchschnittskörper mitzudenken. Schließlich würde genau das das Narrativ schwächen, immer etwas verbessern zu müssen, und das schließt den Kreis zu Laurie Pennys These, dass die Weltwirtschaft zusammenbrechen würde, würden Frauen sich wirklich wohlfühlen und fragwürdigen Schönheitsidealen wirklich den Kampf ansagen. Lieber reiben sich die ineinander verzahnten Industrien die Hände, während Frauen ihr letztes Geld ausgeben für Hautpflege, dekorative Kosmetik, Haar- und Körperpflege und Diätprodukte.

Weltweit erwirtschaftet die gesamte Schönheitsindustrie einen jährlichen Umsatz von über 100 Milliarden Dollar.[8] Prognose: stark ansteigend. Dabei ist L'Oréal das führende Unternehmen für Schönheitsprodukte mit einem weltweiten Umsatz von über 40 Milliarden Dollar. Das dominierende Segment in dieser Industrie fällt auf die Hautpflege mit einem Marktanteil von 42 Prozent – bis 2025 soll sie bis zu 177 Milliarden Dollar einbringen. Jeden einzelnen Tag werden neue Produkte auf den Markt geworfen, die jede noch so winzige Lücke schließen sollen und aufzeigen: Das Versprechen, ein Ideal zu erreichen, wird nie eingelöst. Die Abhängigkeit von der Beautyindustrie stellt keine Win-win-, sondern eine Win-lose-Situation dar, bei der immer nur eine Seite gewinnt, nämlich die, die das Geld einsackt. Deutlich wird das durch die Absurdität und Geschmacklosigkeit der Produkte: Nehmen wir den *Titty Bear*, ein Antifalten-Schlafkissen in Form eines Bären, das man sich über Nacht zwischen die Brüste schieben soll, um Falten im Dekolleté nach dem Schlafen zu glätten. Mehr als fragwürdig ist auch der Trend, dass immer mehr Foundations Begrifflichkeiten wie «flawless filter» im Namen tragen, ganz nach dem Motto: Schmier dir diese Paste ins Gesicht, und du trägst deinen Instagram-Filter auch im echten Leben. Ein anderer Star unter den sexistischen Beautyprodukten: Der *Happy Face Trainer*, ein Gadget aus pinkem (oh?) Plastik, das sich frau in den Mund schieben darf, um das Dauerlächeln zu perfektionieren – happy wife, happy life. Wer schön ist, hat nämlich Grund zum Lächeln. Wer noch nicht schön ist, braucht Hilfsmittel aus der Hölle.

Wunderbar unterstützt wird die riesige Auswahl an Produkten natürlich von Social Media. Meine Mutter hat sich früher ins Auto gesetzt, ist zu Douglas gefahren, hat verschiedene Lippenstifte ausprobiert und sich für einen entschieden. Ich dagegen bleibe auf meinem Sofa liegen, bekomme auf Instagram personalisierte Werbung zu einer nachhaltigen, veganen Kosmetiklinie, klicke sie halb genervt, halb interessiert weg, nur um sie wenige Minuten später erneut ausgespielt zu bekommen. Wenn ich dann später auf YouTube klicke, wird mir ein Make-up-Tutorial mit genau den Produkten ausgespielt, auf die ich zuvor bei Instagram ein bisschen zu lange geguckt habe. Ich klicke darauf und lasse mich von der Marke überzeugen, kaufe drei Produkte zum Preis von zweien und musste nicht mal dafür aufstehen. Die Hürde, etwas zu kaufen, ist kaum noch vorhanden. Noch mal – für jedes Problem gibt es eine Lösung (die natürlich in den meisten Fällen nur suggeriert, eine zu sein, damit das Problem bleibt oder sich zu einem anderen entwickelt, auch hier winkt dann ein weiteres Produkt). Und wo noch vor ein paar Jahren die meisten Menschen jahrelang auf eine Schönheits-OP sparen mussten oder mit allen Mitteln versuchten, Eingriffe von der Krankenkasse bezahlt zu bekommen, gibt es mittlerweile etliche Produkte, um die körperliche Schönheit von zu Hause aus und damit kostengünstig voranzutreiben: Zahnaufhellungs-Produkte mit LED-Funktion, Utensilien für Gesichtsmassagen, Porensauger, Microdermabrasionsgeräte (*das* Wort für die nächste

Runde *Galgenmännchen*). Die Regisseurin und Schriftstellerin Jovana Reisinger hat dieses Phänomen in ihrem Hybridfilm *Beauty is Life* thematisiert und schreibt dazu in ihrem Buch *Enjoy Schatz*: «Der damit einhergehende, kapitalistische Unterton: Das ist die Demokratisierung der Schönheit. Niemand muss heutzutage noch hässlich sein.»

Bei den heutigen optischen Idolen handelt es sich in der Regel um die extrem operierten Körper berühmter Persönlichkeiten oder Menschen, die aufgrund von Social-Media-Filtern derart befremdlich wirken, weil ihre Gesichter bis zur Unkenntlichkeit modelliert wurden. Wenn diese Standards das Ziel sind, muss man gestern statt heute anfangen mit Abnehmen, Cremen, Zupfen, Stechen, Färben, Aufpolstern und Unterspritzen – Schamverleugnung[9] nennen Psychoanalytiker*innen dieses Verhalten. Schnell alles retuschieren, was Scham bei einem selbst und Fremdscham beim Gegenüber auslösen könnte. Durchgehend wird akribisch verglichen mit dem, was man unbedingt haben oder sein möchte. Ausruhen, ankommen? Fehlanzeige. Die Sache ist nämlich die: Eine Abweichung der Norm wird nicht einfach ignoriert, sie ist immer negativ konnotiert – wenn eine dicke Frau sich auf den Werbeplakaten dieser Welt nicht repräsentiert fühlt, dann soll sie gefälligst abnehmen. Ist doch ihre Schuld, wenn sie nicht genügend Disziplin hat, um Gewicht zu verlieren! Da sie faul ist (übrigens eine Erfindung des Kapitalismus, denn Nichtstun unterliegt keiner Bewertung) und sich gehen lässt, muss sie dann auch aushalten, als unattraktiv bewertet zu werden. Oder sie steht auf und macht was aus sich! Der neoliberale Kapitalismus suggeriert, dass die Wahl bei einem selbst liege, und wirft damit die Verantwortung einer toxischen Idealkultur zurück zu den Betroffenen – hier, fang! Deshalb gibt es so viele Tools für zu Hause und damit keine Ausreden mehr, also ran an den Speck! Oder die Falte. Oder das dünne Haar. Oder die Dellen. Oder die Dehnungsstreifen. Oder die großen Poren. Oder ... wir finden immer was, keine Sorge!

Radikale Körperliebe als Akt der Revolution

Ist Schönheit eine Sünde, der wir alle verfallen? Oder kann Schönheit nicht doch im Auge der Betrachtenden liegen und losgelöst von der Scham stehen? Nur bedingt, da jede*r von uns so tief geprägt ist durch den Einfluss von Marketingstrategien, die Algorithmen auf Social Media, die Meinungen und Ratschläge anderer, dass das eigene Verständnis von Schönheit am Ende des Tages zu einem Sammelbecken wird, randvoll mit Außenbildern – und dann läuft es über. Gerade deshalb hat die Frage nach der Schönheit das Potenzial, vielfältig beantwortet zu werden. Es gibt unendlich viele Kleidungsstile, unterschiedliche Haarstrukturen und -farben, Hautfarben, Körperformen. Manche Männer, die ich gedatet habe, labelten meinen nackten Körper als «sehr schlank», andere betonten, wie gut es sei, dass «an mir richtig etwas dran ist», einer von ihnen fügte den Nachsatz hinzu, er habe «früher nur dünne Frauen gemocht».

Warum beschäftigt mich das Labeln der anderen so? Ich glaube, weil ich durch diese unterschiedlichen Vorlieben auf «Wahrheitsfindung» gehe. Den kleinsten gemeinsamen Nenner finden möchte, der mir ein für alle Mal etwas belegt, an dem nicht zu rütteln ist. Ich möchte die Ruhe nach dem Sturm, auch wenn ich weiß, dass ich sie mir in diesem kaputten System nur selbst geben kann. Ich will wissen, wer recht hat, was vollkommen sinnlos ist, denn Schönheit ist eben etwas Individuelles und die Norm, die allen vorgegaukelt wird, eine krank machende Lüge (die hat übrigens lange Beine, vgl. Beautystandard).

Deshalb stehe ich oft nackt vor meinem Spiegel im Flur und schaue mich an. Selten pose ich dabei, klopfe mir auf die Schulter und denke: «Ja, schön!» Meistens ziehe ich den Bauch ein, weil ich mich davon überzeugen will, dass er sich nur wölbt, weil ich eben gegessen habe. Oder ich ziehe meine Haut hier und da straff und überprüfe, wie diese Stelle aussehen *könnte.* Manchmal ertappe ich mich dann dabei und lasse es sein. Kann die Person mir gegenüber ganz liebevoll betrachten und habe sanfte Worte für sie übrig. Doch meist frustriert mich die Tatsache, dass die Überprüfung meiner sichtbaren Baustellen zu einer so tief verankerten Gewohnheit geworden ist, dass ich sie mit Mitte dreißig noch immer nicht ganz habe ablegen können. Und dann mache ich weiter, auch an meinem zurückliegenden Körper – indem ich alte Tapes wie das aus dem Erotikseminar schaue und mir denke: Dies, das und jenes hat damals schon nicht gepasst.

Ich bereue es nicht, an dem Seminar teilgenommen zu haben. Auch wenn die Scham beim Angucken der Szene noch immer in meinen Wangen kribbelt, schieben sich andere Empfindungen dazwischen. Stolz auf den Mut, es überhaupt ausprobiert zu haben. Mitgefühl für mein blutjunges Ich, das all das, was ich auf den letzten Seiten ausgeführt habe, längst verinnerlicht hatte, ohne es bewusst zu verstehen und demnach hinterfragen zu können. Lieber rufe ich mir ins Gedächtnis, dass die Schauspielerin Kate Winslet beim Dreh ihrer Serie *Mare of Easttown* die Retuschierung ihres Bauches während einer Nacktszene untersagte,[10] was für mich doppelten Mut darstellt, zumal ihr vermeintlich schwankendes Körpergewicht von den Medien immer wieder thematisiert wird.

Je öfter ich meine eigene Szene vor dem (inneren) Auge abspiele und mal mehr, mal weniger kritisch die Linien meines Körpers betrachte, desto intensiver versuche ich mich daran zu erinnern, was er in den drei Jahren an der Schauspielschule geleistet hat.

Einmal torkelte ich nach einem Auftritt von der Bühne in den Backstagebereich. Nicht weil ich betrunken war, sondern weil sowohl Körper als auch Geist noch immer eins mit der Rolle waren. Vollgepumpt mit dem Adrenalin, das mit dem Spielen vor Publikum einhergeht, und so verheult, dass ich zitterte – obwohl es dem Menschen Anika gut ging. Ich setzte mich auf den Boden des kleinen Raumes, den ich mir mit meinen Kolleg*innen teilte, und wimmerte vor mich hin, während meine Schulkameradin mich im Arm hielt. Mir war bis zu diesem Moment nie bewusst gewesen, wie stark eine technisch hergestellte Emotion vom eigenen Körper Besitz ergreifen konnte, wie viel Zeit und Ruhe es brauchte, sie wieder abzulegen. Durch meine Zellen rauschten die Gefühle und Erfahrungen der Person, die ich verkörpert hatte – und ich empfand Demut vor der Durchlässigkeit meines Körpers, vor seiner Öffnung und davor, wie mir diese Möglichkeit half, die Erlebnisse und Geschichten anderer auf einer ganz neuen Ebene nachempfinden zu können. Ich durfte auf körperlicher Ebene Empathie erlernen.

Zu keinem späteren Zeitpunkt habe ich meinen Körper so regelmäßig und intensiv genutzt wie in den vielen Stunden auf der Bühne. Denn niemand glaubt einer weinenden Person ihre Tränen, wenn der Körper nicht mitspielt. Das Gleiche gilt fürs Lachen und jede andere emotionale Erfahrung. Es machte so unglaublich viel Spaß, sich mit Kolleg*innen beim Kämpfen, Rangeln oder Streiten vollkommen zu verausgaben. Heiser und mit blauen Flecken nach Hause zu kommen. Was für ein Privileg, in einem Körper zu stecken, der das leisten kann.

Heute sitze ich jeden Tag stundenlang am Laptop und muss mich daran erinnern, mich zu bewegen. Einen bewussten Ausgleich zu schaffen, der selten organisch in meinen Tagesablauf einfließt. Nach der Ausbildung habe ich mich nie wieder so viel bewegt, schon gar nicht spielerisch, schon gar nicht auf so vielen Ebenen. Und für diese Erfahrung bin ich meinem Körper und der Schauspielschule sehr dankbar. Es hilft, wenn ich mich daran erinnere, was er heute noch kann, eben weil ich so lange mit ihm gearbeitet habe. Ich weiß, dass ich ihn nur öfter aktivieren müsste, um zu sehen, was er schafft – wenn ich ihn lasse und mir nicht einrede, nicht gut genug oder attraktiv genug zu sein. Nicht zu genügen. Ihm nicht länger diese Lügen überstülpe.

Der Akt, den eigenen Körper lieben zu lernen, ist ein Akt der Revolution gegen ein System, das ungefragt in ihn eindringen möchte. Wer dieses Vorgehen entlarvt, hat zumindest die Chance, Nein zu sagen – und ein Stück weit selbstbestimmter zu leben, frei von Bedingungen und Ansprüchen anderer. Auch wenn es mich wütend macht, dass diese Verantwortung so oft von Einzelpersonen getragen wird. Es sind vor allem die Betroffenen, die selbst aktiv werden, indem sie Petitionen aufsetzen, Bücher schreiben, einen Social-Media-Channel mit kritischen Themen befüllen, selbst Designer*innen werden oder anderweitig hinter den Kulissen immer mehr Positionen besetzen und wichtige Entscheidungen treffen.

Gerade auf internationalen Streamingplattformen sehe ich immer mehr People of Color in Hauptrollen. Rollen, die sich verlieben dürfen, ohne dass ihre Hautfarbe von *weißen* Autor*innen ungeschickt in den Plot eingebaut wird. Schauspieler*innen mit sichtbar körperlichen Behinderungen werden langsam, aber stetig besetzt.

Trans Personen übernehmen Rollen, und nicht mehr nur die, die sich ausschließlich mit dem Thema ihrer Geschlechtlichkeit befassen.

Protagonist*innen, die nicht weiblich codiert sind, treten immer häufiger geschminkt auf und sprengen damit das binäre Geschlechtersystem – sie sorgen für Chaos und dringen damit in die Ordnung ein, dass bestimmte Beauty-Tools nur für Frauen bestimmt sind.

Mädchen abseits der absurden Vorstellungen von Normschönheit spielen nicht mehr nur die nerdige Klassenbeste, die erst mal aufgehübscht und vorzeigbar gemacht werden muss.

Das alles sind wichtige Entwicklungen. Doch damals, mit Anfang zwanzig, galt in meinem Kopf: Wer schön sein will, muss schlank sein. Und kaum woanders galt diese Devise so brutal wie vor der Kamera, denn wie heißt es so schön in der Branche: «Achtung, die Kamera addiert fünf Kilo!» Dünnsein als Grundvoraussetzung für Erfolg. Für Sichtbarkeit und Anerkennung. Keine Frau an meiner Schauspielschule, egal welche Kleidergröße, war vor diesem Glaubenssatz sicher. Das schmerzte uns alle, doch wir wussten die Mechanik der Verdrängung zu nutzen. Wer, wenn nicht wir.

Wir brauchen eine Welt, in der alle Körper, die uns im alltäglichen Leben begegnen, auch auf der Bühne und vor der Kamera abgebildet werden, in der Literatur sichtbar gemacht werden. Weil die Kunst, alle Unterhaltungsformen, Politik und Popkultur Identifikationsflächen bieten oder sie eben entziehen, je nachdem. Weil sie prägen, bewusst wie unbewusst. Sie üben extrem viel Einfluss aus, sie haben Macht und können deshalb positiv genutzt werden. Solange sich diese Entwicklung noch im Aufbau befindet, immer wieder zurückgedrängt und zum Schweigen gebracht wird, machen immer wieder Betroffene des Systems ihren Körper zum Symbol des Widerstands. In diesem Umbruch, in genau diesem Aufschrei befinden wir uns gerade, und er ist so, so wichtig – auch wenn er für die Aktivist*innen eine mentale Belastung bedeutet. Deshalb kann ich den Moment nicht erwarten, in dem der breiten Masse klar sein wird, dass sich diese Arbeit, diese Verwundbarkeit, dieser Mut und Trotz gelohnt haben.

Alle sind da.
Alle sind sichtbar.
Und niemand lässt sich mehr wegretuschieren.

Bitch better have my money

ÜBER GELD UND WERTIGKEIT

Mein ganzes Aufwachsen lang hatte ich ein schwieriges Verhältnis zu Geld. Ich habe hohe Verschuldungen im engen Familienkreis erlebt, und mein erster Freund hat mir über Jahre hinweg eingetrichtert, dass ich als Schauspielerin weder Geld verdienen noch es zu irgendetwas bringen würde. Aus diesen persönlichen Prägungen heraus entstand ein Schamgefühl, nie genügend zu haben und sowieso kein Geld zu verdienen, im Sinne von: es gar nicht wert zu sein, mit Träumereien die Miete zu zahlen. Ich schmiss den Job und wurde erfolgreiche Autorin, so einfach war das!

Scherz.

Auch nachdem meine ersten Bücher bei Verlagen publiziert worden waren und ich für Lesungen im gesamten deutschsprachigen Raum angefragt wurde, hatte ich Probleme damit, den (Geld-)Wert für meine Arbeit zu bestimmen. Zurückdenken muss ich immer an folgendes Erlebnis:

Engagieren Sie mich bitte, ich bin billig!

«Ich hoffe, wir haben uns nicht den falschen Tag für Ihre Lesung ausgesucht. Heute läuft *Der Bergdoktor* im Fernsehen», sagt die Veranstalterin zu mir, als ich im Gemeindezentrum des kleinen Ortes ankomme. Ich muss schmunzeln, weil ich für einen kurzen Moment irritiert bin. Dann erzähle ich ihr, dass ich da mal mitgespielt habe. In einem früheren Leben, als ich in die Rolle der namenlosen *Krankenschwester* schlüpfte, knapp 900 Euro pro Drehtag bekam und trotzdem nicht ansatzweise davon leben konnte – weil dieser Drehtag sich nur alle paar Monate wiederholte. Das alles erzähle ich aber nicht.

Als die Lesung zu Ende ist – es waren dann doch ein paar Leute gekommen –, spricht mir die Veranstalterin ein schönes Kompliment aus. Weil ich jedoch so unsicher bin, was Geldangelegenheiten betrifft, überlege ich den ganzen Weg zu meinem Hotel, ob ich mich traue, das zu teilen. Aber wenn ich es nicht tue, trage ich meinen Teil dazu bei, dass Geld und Finanzen Tabuthemen bleiben. Also veröffentliche ich einen Post auf Instagram, in dem ich schreibe, was die Frau zu mir gesagt hat: «Frau Landsteiner, Sie nehmen viel zu wenig Honorar für das, was Sie leisten. Legen Sie mindestens 100 Euro drauf – aber von mir haben Sie das nicht.» Ich bekomme nicht nur viel Zuspruch in den Kommentaren, sondern auch einige private Nachrichten, in denen Frauen mir ihre persönlichen Erfahrungen mit Finanzen und Honorarverhandlungen anvertrauen – und der damit verbundenen Scham, so wenig über das Thema Geld zu wissen. Ihre Expertise, ihre Ideen nicht besser *verkaufen* zu können. Und ich schreibe zurück: Ich kenne das gut.

Mit Mitte dreißig bin ich nach wie vor schlecht darin, den finanziellen Wert für meine Arbeit zu bestimmen. Obwohl ich einen Platz am Tisch habe und mich junge Autor*innen nach Rat fragen. Jahrelang habe ich mich dafür geschämt, kein Geld zu haben, und jetzt bin ich in einer Position, in der ich immer öfter gefragt werde, welches Honorar *ich* mir vorstelle – und ich schäme mich für die vermeintlich hohen Zahlen, die dann durch meinen Kopf schwirren. Kürzlich wurde ich für eine andere Lesung angefragt, und weil ich dafür nicht verreisen musste (sie fand online statt), handelte ich mich im Vorfeld selbst herunter. Ich schrieb ein Angebot und wies tatsächlich einen Rabatt von 100 Euro aus. Es wurde sofort angenommen.

Ich frage mich, wie schwer es ist, im Kapitalismus den eigenen Wert vom Kontostand zu entkoppeln. Denn ich will mich nicht mehr dafür schämen, dass ich so vieles, was mit Geld zu tun hat, noch lernen muss. Dass ich Angst vor dem Finanzamt habe. Dass ich ständig zu wenig Honorar verlange und deshalb nicht selten Zuspruch von Freund*innen brauche, wenn es um Verhandlungen geht.

Welche Scham ist in persönlichen Prägungen verwurzelt und gedeiht im Umfeld der gesellschaftlichen – und bei welcher ist es umgekehrt? Wie komme ich aus dem Schlamassel raus, ohne mich für dieses Herausarbeiten zu schämen? Schließlich schreibe ich diesen Text auf dem Balkon einer Ferienwohnung auf Teneriffa. Es ist Januar, die Sonne scheint, und mein Blick verliert sich am Horizont, wo das Meer von zwei Palmen umrahmt wird. Ich kann es mir leisten, hier zu sein. Mein Beruf schenkt mir Freiheiten, die ich mit Geld bezahle, weil ich es mir langsam wert bin, das zu tun, was mir guttut. «Aber ist meine Arbeit es ebenfalls wert?», flüstert eine Stimme mir zu. Und da schäme ich mich für meine unendliche Selbstsabotage. Aber zumindest weiß ich: Schuld daran trage ich nicht alleine.

Verbote, Herabwürdigung und Gewalt

Eine kleine Geschichte der auferlegten Scham

1. Verbote

Bildung ist im Kapitalismus eine wichtige Ressource, um Selbstbewusstsein zu erlangen und sich behaupten zu können. Um Wissen anzureichern. Um Geld mit der daraus resultierenden Expertise zu verdienen und damit finanziell unabhängig zu werden. Kurzum: Wissen ist Macht. Indem diese Ressource jedoch nur für bestimmte Gruppen zugänglich ist, entsteht ein gezieltes Gefälle, das erhebliche Auswirkungen nach sich zieht, wenn es um Gerechtigkeit zwischen den Geschlechtern geht. Schauen wir uns das mal genauer an.

In Europa entstand die erste Universität im 11. Jahrhundert. Jedoch erst acht Jahrhunderte später (!) bekamen Frauen im deutschsprachigen Raum vollen Zugang zu Bildungseinrichtungen. Währenddessen wurde an diesen Universitäten übrigens die Verfolgung von Hexen diskutiert und befürwortet. Mit dem Buchdruck im Jahr 1450 konnte der Hass auf Hexen zum ersten Mal für ein größeres Publikum publiziert und systematisch gesteuert werden.[1] Wer nicht lesen konnte, war ausgeschlossen.

Bis 1958 herrschte in Deutschland das Bestimmungsrecht des Mannes über alle ehelichen Finanzangelegenheiten.[2] Das bedeutete, dass die Ehefrau kein eigenes Bankkonto eröffnen durfte. Stattdessen bekam sie ein sogenanntes Nadelgeld von ihm ausgehändigt, von dem sie sich Kosmetik oder Kleidung leisten durfte – nichts anderes als ein Taschengeld, das ihre Unterordnung sichtbar machte. Bis 1977 durfte sie nur mit der Erlaubnis des Ehemanns einem Dienstverhältnis nachgehen, das er über ihren Kopf hinweg kündigen konnte für den Fall, dass sie aufgrund der Erwerbstätigkeit ihre ehelichen und familiären Pflichten vernachlässigte.

2. Herabwürdigung

Das Totschlagargument derjenigen, die davon überzeugt sind, dass Frauen heutzutage alle Türen offenstehen: *Das ist alles vorbei. Das haben wir hinter uns.* Aber wer hat das tatsächlich hinter sich? Nur diejenigen, die von Geburt an schon privilegiert sind. Die finanziell weich fallen, wenn ein Investment schiefläuft. Die laut «Hier» schreien und sich nach kapitalistischen Leitfäden durchboxen, um einen Platz am Tisch zu ergattern. Die nicht täglich aufgrund ihres Geschlechts und anderer Diskriminierungsformen dermaßen benachteiligt werden, dass sie gar keine Ressourcen haben, um sich mit finanziellen Angelegenheiten auseinanderzusetzen.

Nein, wir haben das Machtgefälle zwischen den Geschlechtern überhaupt nicht hinter uns. Die Auswirkungen dieser Benachteiligung sind täglich spürbar. 2022 haben Frauen in Deutschland pro Stunde durchschnittlich 18 Prozent weniger verdient als Männer.[3] Das Einkommen von Müttern zwischen dem fünften und zehnten Lebensjahr des Kindes ist bis zu 61 Prozent niedriger als im Jahr vor der Geburt.[4] Während Frauen also viel weniger verdienen ab dem Moment der Mutterschaft, machen Männer Karriere. Weltweit verdienen Frauen heute pro Dollar, den Männer erwirtschaften, nur 80 Cent[5] – das ist der Gender-Pay-Gap, der die Gehaltslücke zwischen den Geschlechtern aufzeigt. Zudem stecken Frauen häufiger in schlecht bezahlten Jobs fest oder arbeiten unter schwierigen, unsicheren oder gefährlichen Bedingungen. Weltweit leisten sie zwei- bis zehnmal so viel unbezahlte Care-Arbeit wie Männer,[6] was zur Folge hat, dass ihnen eine der wichtigsten Ressourcen fehlt, um sich fortbilden zu können, sich um ihre Finanzen zu kümmern oder sich coachen zu lassen: Zeit. In einer vom Kapitalismus durchtränkten Welt, in der Zeit Geld ist, zieht diese Ungleichheit und Ungerechtigkeit bei vielen Betroffenen Schamgefühle nach sich. Weil die Zusammenhänge für das Unwissen bezüglich Geld oftmals nicht klar sind. Und weil jeden Tag extrem unterschiedliche Meinungen zu Geld auf uns einprasseln, sodass es schwierig ist, herauszufinden, was faktisch korrekt ist – und wie finanzielle Ungerechtigkeit mit Macht und Scham zusammenhängt:

«Frauen gehören in die Küche und halten dem Ehemann gefälligst den Rücken frei, der für sie sorgt und am Abend für die harte Arbeit belohnt werden muss», fordert das Patriarchat und tut noch immer alles dafür, damit das Unterdrückungsverhältnis bestehen bleibt.

«Wozu für jemand anderen schuften und sich an staatliche Regulierungen halten? Mach lieber *dein* Ding!», säuseln Aussteiger*innen, die es sich im Globalen Süden bequem machen und mit ihrem Onlineshop mehr Kohle im Jahr anhäufen, als Durchschnittsverdienende in Deutschland jemals auf dem Konto haben werden.

«Sei eine boss bitch, sei dein eigener Girlboss, lean *fucking* in, du kannst das, honey!», schlachtrufen die Frauen in den Vorständen, die das Verhalten alter weißer Männer kopieren. Allen anderen, die sie um Rat und Hilfe bitten, reichen sie nur die eigene Biografie anstatt einer Hand – 24,99 Euro, aber mit Widmung #yougogirl.

«Aufstiegschancen hat im Kapitalismus nur eine bestimmte Gesellschaftsgruppe, weil Minderheiten ausgebeutet werden, Frauen viel weniger als Männer verdienen und Care-Arbeit gar nicht bezahlt wird», tippen die Feminist*innen und sind müde und erschöpft, weil so vielen Menschen ihre Arbeit nichts wert ist.

Alle Frauen, die ich kenne, schämen sich an einem bestimmten Punkt für ihr finanzielles Unwissen. Weil sie *schon* über dreißig sind. Weil sie so oft die Erfahrung machen, für ihr Nachfragen von Männern belächelt zu werden. Weil sie erst *jetzt* Geld verdienen, das sie als nennenswert empfinden. «Das erledigt mein Mann», hören Finanz-Coaches regelmäßig, wenn sie Frauen fragen, wer sich um die Geldangelegenheiten in der Ehe oder Familie kümmert. Logisch, es war ja schließlich von Gesetz wegen immer so geregelt. Und auch wenn immer mehr von ihnen gut verdienen, in Führungspositionen sichtbar werden oder später Kinder bekommen als noch vor wenigen Jahrzehnten (oder kinderlos bleiben), gilt Geld nach wie vor als eines der größten Tabuthemen. Die Ökonomin Alexandra Niessen-Ruenzi berichtet in einem Interview von einer Umfrage unter ihren Studierenden: «Und es ist auch so, (...) dass bei 67 Prozent der Befragten der Vater für die Finanzplanung zuständig war, also auch so eine Art Rollen-Modelleffekt, der wahrscheinlich früh schon Unterschiede prägt in der Wahrnehmung, wer für die Geldanlage zuständig ist (...).» Die Frage, ob Geldangelegenheiten mit ihnen besprochen wurden, verneinten die meisten Studentinnen.[7] Wer also glaubt, dass Männer grundsätzlich besser mit Geld umgehen als Frauen, muss sich die Frage stellen: Tun sie das nur, weil sie es von klein auf gelernt haben? Weil sie bestärkt wurden und weil sie es aufgrund des Lebensmodells, der Versorger der Familie zu sein, auch einfach tun mussten? Und was ist mit den Männern, die das Finanzielle gerne ihren Frauen überlassen würden, es aber nicht kommunizieren, weil auch sie eine internalisierte Scham in sich tragen, die sagt: Du musst performen, du musst versorgen. Ich sage es immer wieder: Auch cis Männer sind Opfer des Patriarchats. Von Geschlechtergerechtigkeit würden alle profitieren, weil wir kollektiv toxische Leitsätze und Prägungen niederlegen können.

Wo keine weibliche Repräsentation in Geldangelegenheiten stattfindet, gibt es auch keine Vorbilder. Damit bleibt das Thema im Dunkeln. Und die Scham sitzt tief. Ihre Wurzeln gehen für viele Frauen auf Identitätsfragen zurück wie: Was bin ich überhaupt wert?

Natürlich müssen sich auch Männer fragen, wann sie eine Beförderung verlangen oder wie viel ihnen der Verkauf einer Idee wert ist. Diese Überlegungen kratzen aber in der Regel weniger an ihrem Selbst-*Wert*, weil Männer nicht derart systematisch ausgeschlossen wurden aus Bildungseinrichtungen. Ihr Selbstwert ist nicht so stark mit beschämenden Überzeugungen verknüpft wie der von Frauen. Männer überschätzen ihre Fähigkeiten und Leistungen, Frauen unterschätzen beides.[8] Qualitativ unterscheidet sich das Können beider Geschlechter nicht. Jack Zenger schreibt im *Forbes Magazine* dazu: «Männer sind von Selbstzweifeln nicht ausgenommen – aber sie lassen sich von ihren Zweifeln nicht so oft aufhalten wie Frauen.» Er verweist auf einen internen Bericht des Unternehmens HP, der ergab, dass sich Männer um eine Stelle oder eine Beförderung bewerben, auch wenn sie nur 60 Prozent der Qualifikationen erfüllen, während sich Frauen nur dann bewerben, wenn sie 100 Prozent der Qualifikationen erfüllen.[9] Und auch hier gilt: Wer hoch pokert, wer Selbstbewusstsein zeigt, wird letztendlich besser verdienen.

So viele verpasste Chancen. So viele Frauen, die stattdessen täglich mit erschöpfender Selbstzerfleischung beschäftigt sind.

3. Gewalt

Die finanzielle Abhängigkeit zieht noch größere und dunklere Kreise nach sich, wenn miteinbezogen wird, wie viele Frauen von Gewalt betroffen sind, die von ihren männlichen Partnern ausgeht. 2021 handelte es sich bei 80,3 Prozent der Betroffenen um Frauen. Insgesamt wurden im selben Jahr in Deutschland stündlich 13 Frauen Opfer von Gewalt in Partnerschaften.[10] Was hat Gewalt mit Geld zu tun? Nun, finanzielle Abhängigkeit mündet in vielen Fällen in ökonomische Gewalt – eine Folge von häuslicher Gewalt, die die finanzielle Ausbeutung einer Person miteinbezieht. Die Anwältin und Dozentin für Familien-, Kinder- und Jugendhilferecht, Asha Hedayati, schrieb dazu auf Twitter: «Gewalttätige Partner, die ihren Frauen Angst vor der Trennung machen – ‹ohne mich landest du auf der Straße›, ‹ohne mich wirst du es nicht schaffen› –, können diese Macht nur ausüben, weil das jetzige System ihnen recht gibt und ihnen diese Macht verleiht.» Ihr trauriges Fazit im Interview mit den Stuttgarter Nachrichten: «Diese Frauen müssen sich zwischen Gewalt oder Armut entscheiden – trotz Vollzeitarbeit werden jeder Dritten voraussichtlich weniger als 1000 Euro Rente zur Verfügung stehen.»[11]

Das war viel, deshalb fasse ich zusammen: Erst war es Frauen verboten, sich überhaupt zu bilden. Dann war es ihnen nur eingeschränkt möglich, sich ausbilden zu lassen und dieses Wissen zu nutzen, um arbeiten zu gehen. Das Machtgefälle zwischen den Geschlechtern wurde immer wieder durch die Gesetzgebung des Staates sichergestellt. Heute ist die Ausgangslage für viele Frauen besser, doch diese Rechte sind antastbar.

Wenn Frauen aufholen wollen, müssen sie mehr arbeiten, als sie Kapazitäten haben, und während sie über ihre Grenzen gehen, werden sie nicht geschützt vor Misogynie, Gewalt und Sexismus, sowohl zu Hause als auch am Arbeitsplatz. Sie müssen ihr neu gewonnenes Wissen sortieren und reflektieren, damit sie nicht länger ausgebremst werden von der internalisierten Scham, ihre Ziele nicht zu verdienen oder weniger wert zu sein als ihr männliches Pendant. Und dann, ja vielleicht dann, fangen sie an zu träumen. Und zwar davon, die Miete mit einer Arbeit bezahlen zu können, die auch noch Spaß macht und erfüllt. «Klingt anmaßend», flüstert meine Scham auch nach fünfzehn Jahren in verschiedenen Kunst- und Kulturbranchen.

Was kostet die Kunst im Kapitalismus?

Ist es arrogant, naiv oder schlichtweg dumm, mit dem eigenen Schreiben Geld verdienen zu wollen? Ja, ja und ja, sagt meine Scham. Nö, sage ich. Es ist anmaßend, dass Künstler*innen monetär nach wie vor weitestgehend ausgebeutet werden.

Jishnu Bandyopadhyay schrieb am 18. März 2020 folgenden Tweet:

> As you binge watch your thirteenth entire series or read a book or sleep to music, remember. Remember that in the darkest days when everything stopped, you turned to artists – Während du deine dreizehnte Serie am Stück durchsuchtest, ein Buch liest oder zu Musik einschläfst, denk daran. Denk daran, dass du dich in den dunkelsten Tagen, als alles stillstand, Künstler*innen zugewandt hast.

Die Buchbranche ist ein riesiges Zahnrad in der Kapitalismus-Maschine. Doch es wird oft vergessen, wie viele Menschen einen Platz darin suchen oder bereits auf einem sehr schlecht bezahlten sitzen. Klar ist Joanne K. Rowling (die heute ihre Reichweite leider dazu nutzt, trans Personen aktiv zu schaden) Milliardärin geworden mit ihrem Harry-Potter-Imperium. Im Durchschnitt wird jedoch (unbekannten) Autor*innen eine Summe zwischen 1000 und 20000 Euro pro Manuskript angeboten[12] – je nachdem, wie klein oder populär der Verlag ist. Dabei handelt es sich zwar um eine Garantiesumme, üblicherweise wird sie aber mit den verkauften Büchern verrechnet. Weil das in den allermeisten Fällen nicht mal den Schreibprozess finanziert – viele sitzen jahrelang an einem Buch –, wird nicht selten seitens der Verlagsbranche die Verantwortung einer wertvollen Bezahlung abgehandelt mit den Worten: «Sie werden verlegt! Seien Sie froh! Wissen Sie, wie viele Menschen einen Buchvertrag wollen? Sie haben ihn!» Na, wenn selbst die sagen, ich solle mal kleinere Brötchen backen, dann sollte ich wohl wirklich, weil die werden's schon ... wissen? 2022 lagen die Buchmarktumsätze bei über neun Milliarden Euro.[13] Schreibende Männer verdienten 2023 laut Schätzung der Künstlersozialkasse, wo die allermeisten Künstler*innen versichert sind, durchschnittlich 27226 Euro – schreibende Frauen 22337. Also ja, der Job wird im Durchschnitt recht mies bezahlt, und ein deutlicher Gender-Pay-Gap ist auch hier sichtbar. Der ist so alt, dass es an dieser Stelle einen kleinen Literatur-Exkurs braucht.

Die Schublade der «Frauenliteratur»

Wir erinnern uns: Sehr lange wurde Frauen der Zugang zu Bildung und Arbeit untersagt. Das führte auch in der Literatur zu einer Verdrängung des weiblichen Geschlechts, was bis heute daran zu erkennen ist, dass in der Schule weitestgehend Werke von Männern gelesen werden und Autorinnen auch im Kanon (dabei handelt es sich um die umstrittene Zusammenstellung von Werken, die «man kennen sollte») extrem unterrepräsentiert sind. Das hartnäckige Vorurteil, Frauen hätten einfach weniger geschrieben, widerlegt Autorin und Übersetzerin Nicole Seifert in ihrem wichtigen Buch *FRAUEN LITERATUR*. Und apropos Frauenliteratur: Warum gibt es eigentlich diesen Begriff, während man das Pendant Männerliteratur vergeblich sucht? Nun, wenn Männer, insbesondere weiße, cis-hetero Männer, schon immer geschrieben haben, wahrgenommen und ihre Werke besprochen wurden, wurde ihre Perspektive automatisch als universell geltend festgesetzt. Fragt sich, ob das heute noch immer so ist? Die Studie von #Frauenzählen liefert knackig-harte Fakten, die schwer verdaulich sind, los geht's: Zwei Drittel aller von Männern besprochenen Bücher in unterschiedlichen Medien werden von Autoren geschrieben. Im Sachbuch und Krimigenre kommt auf fünf Autoren eine Autorin. Der Raum, den Werke von Männern einnehmen, die wiederum vornehmlich von Männern besprochen werden, ist über alle Genres und Medien hinweg signifikant größer als der, der Frauen zugestanden wird. Mit einer einzigen Ausnahme: Frauenzeitschriften.[14]

Es wurde also schon immer davon ausgegangen, dass sich alle lesenden Menschen in die Erfahrungen und Erlebnisse männlicher Protagonisten hineinversetzen müssen, während es andersherum nicht möglich zu sein scheint. Literatur von Frauen, in der es um Menstruationsblutung, Kinderkriegen, Mutterschaft oder häusliche Gewalt geht, wurde und wird vom Feuilleton nicht selten abgewertet als etwas, das lediglich eine Nische besetzt und nicht interessant genug (oder zu abstoßend) ist, um den männlichen Leser abzuholen. Sprich: Er sucht da vergeblich seine Identifikationsfläche. Dieses Argument macht mich am meisten wütend. Universell wichtige

Ereignisse wie eine Geburt oder die Periode, die extrem politisch ist, werden ins literarische Abseits rezensiert, während Bücher alternder Männer, die über Hodenkrebs und Haarausfall lamentieren, ungefragt zur Weltliteratur gezählt werden.

Auf den sehr schönen Cover-Gestaltungen meiner Romane waren bislang immer Frauen zu sehen. Es geht in ihren Geschichten um Familie, Tod, Gewalt, Liebe, Verlust und Abtreibung. Trotz dieser existenziell wichtigen Themen werden meine Bücher beinahe ausschließlich von Frauen gelesen sowie besprochen. Dass Frauenliteratur ein Mechanismus ist, um das weibliche Werk abzuwerten, schneidet schon immer in die bereits vorhandene Kerbe meines Selbstwerts. Immer wieder frage ich mich: Warum wollen cis Männer nichts über körperliche Gewalt lesen, wenn über 90 Prozent von ihnen ausgeht? Warum interessieren cis Männer sich nicht für die Stigmatisierung von Abtreibung, wenn die Frage um Fortpflanzung sie doch genauso betrifft? Die Antwort ist: Weil sie es nicht müssen. Und auch nicht wollen. Wer in Geschichten eintaucht, die von patriarchaler Unterdrückung erzählen, muss sich mit ebendieser auseinandersetzen. Doch viele Männer, so literarisch versiert sie sich auch empfinden, schauen nicht hin. Zum einen, weil sie von den vorhandenen Strukturen profitieren, zum anderen, weil das Privileg, wegschauen zu dürfen, bequem ist. Sie können es sich leisten. Und außerdem wurden sie nie gezwungen, zu Schulzeiten immer und immer wieder Werke von weiblicher Hand zu lesen, die sich alle ähneln und keine neuen Erkenntnisse bereithalten. Noch größer ist hier übrigens die Diskrepanz zu schreibenden *Women of Color* – denn die Geschichte einer Schwarzen Frau muss noch härter um Gehör kämpfen als die einer *weißen*. Ebenso werden erst langsam Geschichten, die von Queerness oder Transgeschlechtlichkeit erzählen, sichtbar gemacht.

Geschlechtsunabhängig gelesen und rezensiert werden zu wollen ist keine Frage des Egos, sondern das Streben nach etwas, das Männern schon immer möglich gemacht wird und Frauen sich hart erkämpfen müssen. Es ist eine Frage von Geschlechtergerechtigkeit, denn dieser eklatante Unterschied zeigt sich eben auch monetär. Die prominentere Vermarktung der Werke von Männern bedeutet automatisch mehr Sichtbarkeit, denn: Wo viel ausgegeben wurde, muss mehr reingewirtschaftet werden, sprich: mehr Werbung, mehr Wertigkeit, mehr Geld.

Meine Geldsorgen, die ich als Kind der Arbeiterklasse mit der Muttermilch aufgenommen habe, wurden von meinen beruflichen Entscheidungen genährt. Ich weiß nicht, ob ich jemals frei sein werde von der Angst, nicht genügend zu verdienen – und dafür muss ich nicht Autorin sein, diese Angst kennen fast alle Frauen, wenn man sich die aktuellen Zahlen zur Altersarmut ins Gedächtnis ruft. Auf den Staat ist also derzeit noch kein Verlass in Sachen Geschlechtergerechtigkeit. Ein Grund, warum Finanzberaterinnen seit Jahren aus dem Boden schießen und sich darauf spezialisieren, ausschließlich Frauen bei der Finanzplanung zu unterstützen.

Die Girlboss-Strategie der «feministischen» Finanzplanung

Als vor ein paar Jahren weibliche Coaches und Finanzexpertinnen sichtbar wurden, fühlte sich das so an wie fleischgewordenes, feministisches Empowerment. Es gab einen großen Bedarf auf dem Markt, denn die meisten Menschen mit beratender Funktion sind nach wie vor männlich, gleichzeitig wollen jedoch viele Frauen, die mit einer Finanzplanung starten, sich lieber von Frauen beraten lassen – weil sie Angst haben, für bestimmte Fragen als naiv oder dumm abgestempelt zu werden, und genügend Männer (Vater, Bruder, Ehemann, Sohn) ihnen das Thema Geld schlichtweg nicht zutrauen. Es war und ist also nach wie vor eine gute Sache, dass mehr Expertinnen sichtbar werden und ihr Wissen anbieten. Wer googelt, stößt auf verschiedene Coaches, deren Angebote ähnlich aufgebaut sind: kostenloses Erstgespräch, Sammlung der Daten, persönliches Einzel-Coaching für ein Honorar im mittleren dreistelligen Bereich. Das alles klingt recht seriös. Und doch setzen einige von ihnen, vor allem bei ihren Social-Media-Auftritten, auf eine ätzende Girlboss-Strategie, die mich an das fragwürdige und wirklich überholte Empowerment-Modell von Sheryl Sandberg erinnert: *Du musst hier laut sein und dich dort behaupten, du musst schnell deine Rentenlücke schließen, du kannst das jetzt, weil du musst!!* In ihrem Memoir *Lean in* ermutigt die frühere Google-COO Frauen, sich den Platz am Männertisch zu erobern und Verantwortung für ihren Erfolg zu übernehmen. Die strukturelle Benachteiligung und Mehrfachdiskriminierung in der Arbeitswelt, unter der Frauen leiden, wird dabei komplett ignoriert. Vielmehr geht es darum – wie die amerikanische Literaturwissenschaftlerin und Autorin bell hooks in einer Analyse schrieb –, «Frauen Ratschläge zu erteilen, wie sie unter den bestehenden Bedingungen erfolgreich sein können».[15] Da winkt der neoliberale Feminismus – ihr Kinderlein kommet ...!

Neben der Girlboss-Strategie fällt mir ein Begriff bei fast allen Beraterinnen auf, der Hand in Hand damit geht: das «Money Mindset». Damit ist gemeint, dass die Tatsache, ob du Geld verdienst oder nicht, von deiner Einstellung zu Geld abhängt. Sprich: Manifestiert man negative Glaubenssätze in Bezug auf Finanzen, beeinflusst das den Umgang mit

Geld negativ. Vielleicht hört sich das im ersten Moment nach esoterischem Quatsch an, tatsächlich wurde wissenschaftlich untersucht, wie sich ein positives Mindset auf Erfolg auswirken kann. Nämlich positiv. Die Finanzexpertin Margarethe Honisch führt als eins von vielen Beispielen Serena Williams an, die nach eigenen Aussagen betont, dass Selbstvertrauen und Entschlossenheit wichtig für den Erfolg sind.[16] Meiner Meinung nach muss man das jedoch differenzierter sehen, schließlich ist Serena Williams eine wahnsinnig talentierte Tennisspielerin, die noch dazu sehr früh mit dem Training begonnen hat.

Natürlich ist es schwer, sich aus einer Schuldenfalle herauszuarbeiten, wenn man sich gar nicht zutraut, die Situation verändern zu können. Oder die eigene Scham vor Versagen einfach nicht überwinden kann. Niemand hat Bock, in negativen Glaubenssätzen festzustecken, die Scham darüber blockiert und frustriert zusätzlich. Was ich an der Money-Mindset-Strategie jedoch nicht mag, ist, wie sie rübergebracht wird. Es werden, ähnlich der Girlboss-Strategie, sämtliche äußeren Einflüsse ausgeblendet, und den Klientinnen wird nahegelegt, dass sich ihre Geldprobleme lediglich im Kopf manifestiert haben und es an ihnen ganz alleine liegt, diese zu lösen. Was auf den ersten Blick nach Empowerment klingt und ein gutes Gefühl geben soll, ganz nach dem Motto DU HAST ES SELBST IN DER HAND, kann extrem verunsichern, wenn klar wird, wie komplex unser aller Prägungen in Bezug auf Geld sind. Es klingt nach einem sehr vereinfachten *victim blaming*: Denkst du negativ über Geld? Kein Wunder, dass du keins verdienst. Also, denke positiv und lasse es endlich «für dich arbeiten».

Je tiefer man in die Coaching-Szene einsteigt, desto schneller wird außerdem klar, dass nur wenige wirklich qualifizierte

Finanzberaterinnen unabhängig und transparent arbeiten. Auf vielen Websites der Coaches findet man im «Über mich»-Text keine oder nur sehr allgemein gehaltene Informationen zu Ausbildungen, Studium oder Weiterbildung. Vielmehr finden sich Aufzählungen zu persönlichen Vorlieben, Bucketlists, Erzählungen von emotionalen Tiefpunkten und dann Phrasen wie: *Packen wir es gemeinsam an, sei dein eigener Girlboss!*

Ich frage mich, was dahintersteckt: die internalisierte Annahme, dass Frauen am besten Vertrauen aufbauen, indem sie Sympathie und Empathie gegenüber der Beraterin empfinden? Oder geht es sogar einen Schritt weiter und zeigt die misogyne Einstellung, dass man Frauen mit Zahlen und Fakten überfordert und sie lieber duzt, an die Hand nimmt und sagt, dass ihnen hier und jetzt geholfen wird? Ich schätze, dass es eine Mischung ist. Eine, die deutlich macht, dass man in puncto Sexismus nicht ausschließlich mit dem Finger auf Männer zeigen sollte, denn alle Menschen haben frauenfeindliche Denkweisen mitbekommen und geben sie oftmals munter weiter, ohne sie zu hinterfragen – natürlich auch weiblich gelesene Personen.

Ja, und dann gibt es noch die Finanzexpertinnen, die ein Mentoring anbieten, das man nicht einfach so kaufen kann, sondern für das man sich *bewerben* muss. Ich klicke mich bei einem durch und lese, dass mich erwartet, finanzielle Selbstbestimmung zu lernen, Vermögensaufbau mittels Online-Videos und Live-Calls mit dem Team. Im Bewerbungsprozess fallen Sätze wie: «Du bist bereit, einen mittleren vierstelligen Betrag in dich fürs Mentoring zu investieren.» Interessante Wortwahl. Heißt es im Umkehrschluss, dass, wenn ich über diesen Betrag schlichtweg nicht verfüge, ich mir das Mentoring nicht *wert* bin? Ganz abgesehen davon, dass der tatsächliche Betrag nirgendwo transparent einsehbar ist. Weiterhin lese ich immer wieder Aussagen wie «weiter wachsen», «große Ziele» oder «reich werden», was für mich nach Kapitalismus-Bullshit-Bingo klingt, das alle Girlbosse dieser Welt vereint. Warum muss aus *mehr* immer *noch mehr* werden? Warum muss ich bereits am Anfang diesen unsäglichen Druck spüren, weiter wachsen zu müssen, wenn mich die Angst vor der Altersarmut oder die Scham über mein finanzielles Unwissen auf die Seite geleitet haben?

Für mein Empfinden handelt es sich bei diesen Mentorings um Angebote für Menschen, die vielleicht noch nicht viel Ahnung von Finanzplanung und Investments haben, jedoch über genügend Geld verfügen, um diese Expertise zu erwerben. Und das klingt nach einem sehr exklusiven Angebot, das nicht zugänglich für alle Anfängerinnen sein soll, sondern für Anfängerinnen einer gewissen Klasse. Es ist natürlich das Recht einer jeden Beraterin, zu entscheiden, wem sie ihre Expertise gibt und wem nicht. Aber diese Art der Aussortierung empfinde ich als klassistisch. Klar, vielleicht sollte eine Investment-Anfängerin im ersten Schritt mit einem Sachbuch zum Thema anfangen, anstatt einen mittleren vierstelligen Betrag für einen Onlinekurs auszugeben. Aber dann darf für so ein Mentoring nicht damit geworben werden, dass es für alle geeignet ist. Anfängerin zu sein scheint nämlich Definitionssache mit Fußnote.

Die tiefen Wunden des Gender-Wealth-Gaps

Wenn darüber diskutiert wird, wie Geschlechtergerechtigkeit in Finanzangelegenheiten erreicht werden kann, wird vor allem auf die Schließung des Gender-Pay-Gaps verwiesen. Selbst wenn die Honorar-Lücke zwischen Mann und

Frau geschlossen wird, bleibt das Vermögensgefälle zwischen den Geschlechtern noch lange bestehen. Dafür gibt es zwei nennenswerte Gründe. Erstens: Historisch betrachtet haben Männer einen besseren und einfacheren Zugang zu den vielfältigen Möglichkeiten, Verdienst in Vermögen umzuwandeln. Sie waren einfach immer das sichtbare Geschlecht, wenn es um finanzielle Angelegenheiten ging. Zweitens: Frauen tragen mit größerer Wahrscheinlichkeit die Last der Alleinerziehung. Laut einem Bericht von Oxfam aus dem Jahr 2020 besitzen Männer weltweit 50 Prozent mehr Vermögen als Frauen, was den Gender-Wealth-Gap, also die Lücke im Vermögen, greifbar macht. Dass es diesen riesigen Unterschied gibt, verwundert nicht, denn die globalen Wirtschaftssysteme wurden überwiegend von reichen *weißen* Männern aufgebaut.

Doch was heißt es konkret, dass es für Männer einfacher ist, ihr Vermögen anzulegen oder Güter zu kaufen? Eine amerikanische Studie hat 2020 aufgezeigt, dass alleinstehende Frauen gegenüber alleinstehenden Männern beim Hauskauf zwei Prozent mehr bezahlen und beim Verkauf einen zwei Prozent niedrigeren Preis erzielen.[17] Beim Autokauf bekommen Männer in der Regel Rabatte, Frauen nicht – im Schnitt werden Käuferinnen Listenpreise angeboten, die 200 Dollar über denen liegen, die Käufer bezahlen.[18] Auch bei Reparaturen legen sie deutlich drauf. Die Datenwissenschaftlerin Lakshmi Iyengar erklärte in einem Interview mit *Yahoo*, dass dies höchstwahrscheinlich auf eine inhärente Voreingenommenheit zurückzuführen sei, «da Frauen leider ein mangelndes Wissen über Themen rund ums Auto zugeschrieben wird».[19] Wenn das wirklich so wäre, warum wird frau dann nicht fach*männisch* an die Hand genommen und zur Bestpreisgarantie beraten, sondern ihr vermeintliches Unwissen ausgenutzt und sie oftmals richtig über den Tisch gezogen?

Ach so, ja, der Gender-Wealth-Gap soll sich ja nicht schließen, denn Sexismus lohnt sich im Kapitalismus so richtig.

Während ich diese Daten lese, die Einschätzungen darüber auswerte und versuche, alles dann aufs Papier zu bringen, fühle ich mich wie ein Avatar in einem Videospiel. Ich springe von einer Ebene zur nächsthöheren, nur um dann zwei tiefer abzustürzen. Ein Grund, warum Girlboss-Mentalitäten und *Lean in*-Coaches mich so wütend machen: Klar kannst du laut sein und aggressiv verhandeln, wenn es deinem Typ entspricht oder du es dir angeeignet hast. Aber strukturelle Benachteiligung und eine tiefe Voreingenommenheit gegenüber Frauen wird immer, immer, immer wieder ausbremsen. Diese Mentalität ignoriert die Müdigkeit, den Frust und die Angst derjenigen, die nicht laut sind, die nicht aggressiv verhandeln, die nicht mal den Fuß in der Tür haben, um abzuwägen, ob sie sich das Laut-Sein überhaupt leisten können. Und so bleibt das Thema Geld für viele Menschen eine Angelegenheit, mit der man sich heimlich, still und leise auseinandersetzen muss – oder eben gar nicht.

Raus aus dem Nebel der Tabuzone

Mit Anfang zwanzig datete ich für ein paar Wochen einen etwas älteren Mann. Er besaß eine Eigentumswohnung, spielte Golf und holte mich mit dem Porsche seines Vaters ab. Wir sprachen oft über das Thema Vermögen, und einmal sagte er über einen Teller Jakobsmuscheln hinweg zu mir: «Der Lebensstil passt sich schnell an den aktuellen Lohn an. Wenn du plötzlich 5000 Euro im Monat verdienst, steigen deine Ausgaben ganz automatisch, und vieles, was du dir vorher nicht leisten konntest, kaufst du jetzt, ohne zweimal zu überlegen.»

Ich aß die Muscheln und sagte nichts, weil ich eine sechsstündige Schicht ohne Pause an der Kasse hinter mir hatte.

Da spricht jemand, der so unbekümmert aufgewachsen ist, dass er keine Angst vor Geld hat. Weil er es mit Profit verbindet und nicht mit Mangel, sich also im Kapitalismus niemals schämen muss. Die Autorin Mareice Kaiser hat für ihr Buch *Wie viel* mit sehr reichen und sehr armen Menschen gesprochen. Sie selbst sagt: «Ich schreibe von der Scham und sage: Ich schäme mich, kein Geld zu haben. Ich schäme mich, Geld zu haben. Ich schäme mich, dass es Geld gibt, und ich schäme mich vor allem, weil Geld ungerecht verteilt ist.»

Geld ist zugänglich, wenn es vorhanden ist, und ob es schon immer vorhanden war, ist vor allem eine Frage der Klasse: Menschen, die im Niedriglohnsektor schuften, haben sicherlich ein ambivalentes Verhältnis zu Geld. Die soziale Bewegung #ichbinarmutsbetroffen zeigt auf, dass noch nie so viele Menschen in Deutschland am Existenzminimum gelebt haben wie derzeit, nämlich 13,8 Millionen.[20] Wir kennen die Zahlen also ganz genau, Armutsgrenzen sind gut erforscht, und im Umkehrschluss ist genauso klar, dass heutiger Reichtum vor allem vererbt wurde und nicht ausschließlich durch harte Arbeit, Fleiß und Disziplin ermöglicht werden kann. Trotzdem wird in elitären Kreisen mit dem Geld geprotzt, es wird herumgereicht und sich damit geschmückt. Justus, Julian und Jannick werden schon früh zur Seite genommen, damit sie lernen, wie sie es vermehren. Ein geschlossener *society circle*, eine abgeschottete Welt, die nach außen hin nichts preisgibt und innerhalb der Blutlinien munter weitervererbt.

Wie kann das Tabuthema Finanzen aufgebrochen werden? Solange Geld nicht gerecht umverteilt wird, ist das wirksamste Mittel, das Unaussprechliche auszusprechen. Im Privaten über Geld zu reden, Fragen zu stellen und sich aufgrund von Unwissenheit verletzlich zu zeigen – denn das Private ist politisch, und in keiner anderen Struktur wirkt «haben oder nicht haben» so ausschlaggebend und wertend wie im Kapitalismus. Deshalb ist es wichtig, Menschen zu finden, die man ganz ehrlich fragen kann: Was verdienst du eigentlich? Investierst du? Findest du, dass ich mit meinem Talent, meinem Hobby, meiner Expertise Geld verdienen könnte? Oder auch: Ich habe keine Ahnung – kannst du es mir erklären?

Gerade junge Leute werden durch die verzerrte Darstellung von Lebensrealitäten auf Social Media massiv beeinflusst und in vielen Fällen extrem verunsichert. Anfang 2022 kam auf TikTok der Trend des «That Girl» auf: das Mädchen, das angeblich alle sein wollen. Sie steht früh auf, macht Yoga, trinkt einen Smoothie, schreibt in ihr Journal, kümmert sich um Haut- und Haarpflege – that's it. Diese ultracleane Darstellung eines Alltags von normschönen, meist *weißen* Frauen, der sich in einer steril-cremefarbenen Umgebung abspielt, übt Druck aus. Weil kaum ein Mensch in der Realität Zeit und Geld aufbringen kann, um so einen derart entspannten Tagesablauf zu zelebrieren. Und sich 24 Stunden nur um sich selbst zu drehen! Kindererziehung, Haushalt und Lohnarbeit bestimmen in den meisten Fällen den Ablauf des Alltags mit seinen ständigen Unterbrechungen. Wovon lebt also ein «That Girl»? Nicht von Luft, Liebe und Achtsamkeit, sondern von Werbeeinnahmen. Die meisten von ihnen erstellen Content. Ihr Job ist es, ein gewisses Bild zu vermitteln, um dann gezielt für Brands (Smoothies, Sportswear, Beautymarken) zu werben. Wer das nicht weiß, arbeitet sich natürlich an der Frage ab, wie zur Hölle die so ein strukturiertes, aufgeräumtes, ruhiges und verdammt hübsches Leben haben, wenn sie doch – anscheinend – nicht mal arbeiten gehen? Und da geht der

«That Girl»-Trend in den (von rechten Influencerinnen genutzten) «Trad Wife»-Trend über, eine anglizistische Abkürzung, die für *traditional wife* steht: Hier wird das Rollenbild der klassischen Hausfrau aus den 50ern glorifiziert. Auch sie wirkt makellos, die Hausarbeit mühelos, da lauert die Erfüllung hinter jeder Wollmaus! Auf den ersten Blick könnte man meinen: *Lass sie doch! Feminismus bedeutet schließlich, eine Wahl haben zu dürfen.* Auf den zweiten Blick muss der Trend jedoch näher herangezoomt werden, denn was vermittelt wird, ist ein veraltetes Rollenbild, das (neben anderen Diskriminierungen) extrem klassistisch ist und heutzutage gar nicht mehr funktionieren kann. Denn welches Paar, geschweige denn welche Familie kann es sich in den aktuellen Krisen leisten, von einem Einkommen zu leben? Nicht um zu überleben, sondern um gut zu leben, denn genauso stellen sich die «Trad Wifes» in den Videos dar. Wer in den Großstädten in Deutschland mit zwei Kindern zu Hause ist, benötigt zwischen 80000 und 100000 Euro Bruttoeinkommen.[21] Das mittlere Einkommen einer vierköpfigen Familie liegt allerdings bei rund 62500 Euro brutto. Kein Wunder, dass die Kinder beim Scrollen durch TikTok verwirrt sind und sich für ihre eigene Umgebung schämen, wenn sie auf das entschleunigte «That Girl» stoßen oder im «Trad Wife»-Trend ihre eigene Mutter vergeblich suchen.

Am Arbeitsplatz empfinde ich es als genauso wichtig, über Geld zu sprechen, wie im Privaten. Immer mehr Unternehmen legen die Gehälter offen, was ich gut finde, denn Transparenz ist wichtig, um Lücken zu schließen und Ungerechtigkeiten vorzubeugen. Das darf aber nicht vor der Chefetage haltmachen, sprich: Es hat nichts Empowerndes, wenn alle wissen, wie niedrig das Einstiegsgehalt ist, aber niemand einen Plan hat, was der Vorstand einsackt. Wenn offenlegen, dann alles. Und daraufhin Verantwortung tragen und faire Konsequenzen ziehen.

Außerdem zeigen Gewerkschaften immer wieder, dass im gemeinsamen Zusammenschluss viel erreicht werden kann. Gerade in ausbeuterischen Bereichen wie der Sexarbeit ist das wichtig. 1997 machte der Stripclub *Lusty Lady* nicht nur in seiner Heimat San Francisco Schlagzeilen, sondern weltweit, denn «etwa 100 Stripperinnen, Türsteher, Kassierer*innen und Hausmeister*innen haben mit überwältigender Mehrheit für die Ratifizierung des Einjahresvertrags gestimmt, der neben anderen Vorteilen eine garantierte Lohntabelle und Arbeitsplatzsicherheit bietet».[22]

Das beschämende Gefühl, nicht genügend Geld zu haben, darf kein Tabuthema bleiben, schon gar nicht, solange der Kapitalismus die wirtschaftlichen und gesellschaftlichen Regeln schreibt. Nichts, das eine so massiv prägende und wegweisende Rolle spielt wie Geld, sollte derart im Verborgenen liegen, dass die damit verbundenen Mechanismen unveränderlich scheinen. Zu verstehen gilt vor allem: Niemand muss sich für Unwissenheit oder Armut schämen, wenn die Wurzeln dessen strukturell verankert sind – und immer wieder sichergestellt wird, dass bestimmte Gesellschaftsgruppen von Wissen und Macht ausgeschlossen werden. Schämen, das müssen sich diejenigen, die diese Strukturen aktiv aufbauen und alles dafür tun, damit sie weiterhin bestehen. Die globale Ausbeutung wird nämlich erleichtert und mitgetragen, solange über Geldangelegenheiten geschwiegen wird. Also, fangen wir an, kritisch und differenziert über Geld zu sprechen.

Warten Sie noch auf jemanden?

ÜBER DAS SINGLE-SEIN

Seitdem ich mich für die Liebe interessiere, möchte ich verliebt sein. Glücklich verliebt, versteht sich. So eine Zweierbeziehung mit allem Drum und Dran.

Mit achtzehn befand ich mich in einer Beziehung, die ich rückblickend als meine erste richtige Partnerschaft bezeichnen würde. Wir meisterten ein paar Hürden, wir machten unseren Schulabschluss, wir zogen gemeinsam in dieselbe Stadt und deshalb zusammen. Wir hosteten Spieleabende mit anderen Pärchen und fuhren in den Urlaub. Als die Partnerschaft nach fünf Jahren zu bröckeln begann, rutschten wir in eine ungesunde On-off-Beziehung. Je mehr ich on sein wollte, desto mehr ging er off beziehungsweise fremd. Von Liebeskummer gebrochen und mit acht Kilo weniger auf den Rippen saß ich mit meiner Mutter im Auto, als ich den Satz sagte, für den ich mich bislang mit am meisten in meinem Leben schäme und der Mama nach wie vor zum Weinen bringt: «Ich bin lieber unglücklich mit ihm zusammen als glücklich ohne ihn.»

Ich wollte auf keinen Fall in diese Lücke zurück. Genau so bewertete ich das Singledasein. Als eine Lücke. Single war man nur zwischendurch, auf dem Weg von A nach B musste man ein paar Meter alleine gehen, Tränen trocknen, mit Freundinnen schlechten Wein in dunklen Bars trinken, um am Tresen nahtlos vom Nächsten angesprochen zu werden. Ich hatte komplett vergessen, wie es sich anfühlte, frei zu sein. Frei von Herzschmerz, Kummer, ja sogar frei davon, verliebt zu sein. Mir war es so miserabel ergangen in den letzten Monaten dieser Beziehung, dass ich vollkommen vergessen hatte, ein Recht auf Heilung zu haben. Nicht die nächste Beziehung wie ein Pflaster auf die alte zu pappen, sondern ein Recht darauf zu haben, gesund zu werden. Ich musste verstehen, dass Alleinsein keine Bestrafung war, sondern eine selbstbestimmte Befreiung sein durfte. Ein Neusortieren, ein Zu-sich-Kommen, ein *Wenn überhaupt verlieben, dann doch erst mal in mich selbst.* Ich wollte mich nicht als unvollständiges Mängelwesen sehen. Aber warum fühlte ich mich überhaupt so? Und warum dauerte es so viele Jahre, bis ich die tief sitzende Scham über den eigenen Singlestatus abbauen konnte? Weil Alleinsein verpönt ist und die Welt den Paaren gehört sowie der heteronormativen Kernfamilie – ein Modell, das darauf ausgelegt ist, dass sich alle schämen, die Single und kinderlos sind. Weil sie's einfach nicht geschafft haben, jemanden abzubekommen und sich zu reproduzieren – und damit an der Normvorstellung der Gesellschaft gescheitert sind. Schade!

Mann, Frau, Kind – die heilige Dreifaltigkeit der Leistungsgesellschaft

Die Nuklearfamilie, auch Zwei-Generationen-Kernfamilie genannt, besteht aus cis Mutter, cis Vater, Kind(ern), also einer heterosexuellen Beziehung, aus der Nachwuchs hervorgeht. In den 1950ern entwickelte sie sich in westlichen Kulturen zum Standardmodell unter den Beziehungsformen, auch wenn es verschiedene Theorien gibt, die besagen, dass diese

Familienkonstellation bereits seit dem 13. Jahrhundert in England vorrangig arrangiert wurde. Populär wurde das Modell aufgrund des industriellen Aufschwungs und der damit geschaffenen Arbeitsplätze für Männer, die auf den ersten Blick von diesem Modell profitierten – weil sie einen bezahlten Job hatten, während sich zu Hause die Ehefrau umsonst um Haushalt und Kinderbetreuung kümmerte, um ihnen den Rücken frei zu halten. Frauen, die einer Erwerbstätigkeit nachgingen, wurden hingegen so schlecht bezahlt, dass sie ganz automatisch in die Rolle der zu Hause bleibenden Person, schließlich Mutter, gedrängt wurden. Das heißt nicht, dass es damals und heute keine Menschen gab und gibt, die unbezahlte Care-Arbeit verrichten und damit glücklich sind. Es heißt, dass Frauen aufgrund der schlechten Gegebenheiten auf dem Arbeitsmarkt gar keine Wahl gelassen wurde. Sie lebten in ökonomischer Abhängigkeit von ihren Ehemännern. Bis zum Gleichberechtigungsgesetz im Jahr 1958 war es Ehefrauen in Deutschland sowieso nur bedingt möglich, einem eigenen Beruf nachzugehen. Er durfte nämlich die Care-Arbeit nicht gefährden, und der Ehemann konnte den Dienstvertrag jederzeit über ihren Kopf hinweg kündigen. Frauen wurden also systematisch in eine finanzielle Abhängigkeit von ihrem Mann gedrängt, weil die Kinderbetreuung, der Haushalt und die Pflege bedürftiger Familienmitglieder nicht bezahlt wurden und nach wie vor nicht werden. Das Spektrum der Care-Arbeit dient als unsichtbares Rückgrat, damit die tief im Kapitalismus verankerte Lohnarbeit überhaupt funktionieren kann – aber eben nur, weil die restliche Arbeit in den privaten Bereich geschoben wird. Bis heute greift in Deutschland für Ehepaare das Ehegattensplitting, welches steuerliche Vorteile bringt, sofern die Höhe der Gehälter der Ehepartner*innen weit auseinanderliegt. Im besten Fall arbeitet eine Person gar nicht. Frauen verdienen aufgrund des Gender-Pay-Gaps noch immer schlechter als Männer, nämlich, um genau zu sein, durchschnittlich 18 Prozent weniger.[1] In der Kunst- und Kulturbranche liegt er bei stolzen 30 Prozent. Auch wenn von staatlicher Seite aus immer wieder Maßnahmen angekündigt werden, die finanzielle Kluft zwischen den Geschlechtern zu schließen, zeigt er durch die Befürwortung der Kernfamilie deutlich auf, dass es diese Konstellation ist, die er unterstützt.

Die gesellschaftlichen Strukturen sind auf Partnerschaften ausgelegt: Kinderlose Singles zahlen hierzulande so viel Steuern wie kaum woanders in Europa, nämlich beinahe die Hälfte des Einkommens.[2] Im Supermarkt geben Alleinstehende mehr Geld aus, weil Großpackungen und XXL-Angebote auf Beziehungen und Familien ausgerichtet sind. In 23 von 80 deutschen Städten müssen Singles für die Kaltmiete mindestens ein Viertel ihres Nettoeinkommens ausgeben – mit einer Höchstbelastung von 42 Prozent für Münchner*innen.[3] Und auch wer alleine verreist, bezahlt in vielen Hotels für das Einzelzimmer fast genauso viel wie fürs Doppelzimmer, nur ist der Grundriss wesentlich kleiner und weckt mit dem schmalen Bett entlang der Wand Erinnerungen ans Schullandheim. Gerechtfertigt wird das Narrativ der Kernfamilie und der damit verbundenen Care-Arbeit, indem Frauen suggeriert wird, der Wert ihrer Tätigkeiten sei unbezahlbar und ihr Lebensglück liege einzig in dieser Erfüllung. Wer sich dem nicht fügt – alleinstehende und kinderlose Frauen –, setzt sich gemeinen und zutiefst beschämenden Zuschreibungen wie der der *alten Jungfer* aus: Eine ältere unverheiratete Frau hat «keinen abbekommen». Ganz wichtig ist die Passivität, die in der Bewertung steckt. Sie lässt gar nicht den Raum der Möglichkeit, die betreffende Frau habe sich eventuell bewusst gegen einen

Partner entschieden. Die Psychologin Katherine R. Allen hat herausgefunden, dass Frauen, die Anfang des 20. Jahrhunderts geboren wurden, oftmals ledig und kinderlos geblieben sind, weil sie sich ihr ganzes Leben lang um Familienmitglieder, oftmals pflegebedürftige Eltern, gekümmert haben. Das muss man gesellschaftlich erst einmal schaffen: Frauen unbezahlt Care-Arbeit tätigen lassen, die sie so einschränkt, dass sie kein anderes Leben führen können, und sie später mit ekelhaften Zuschreibungen wie «alte Jungfer» beschämen, damit junge Frauen abgeschreckt werden und das Singledasein stigmatisiert wird. So wurde ein Spannungsverhältnis geschaffen, in dem sich Frauen konstant befinden und nichts richtig machen können.

Konträr dazu arbeiten sich immer mehr Menschen aus dem Tabu des Alleinseins heraus, um Wahlmöglichkeiten für sich selbst zu schaffen. In Deutschland waren im Jahr 2021 42,5 Prozent aller Frauen und 57,5 Prozent aller Männer bis 49 Jahre Single.[4] Diese Zahlen schließen allerdings alle ledigen Menschen ein, die alleine wohnen, obwohl ein Singlehaushalt nicht automatisch bedeutet, mit niemandem zusammen zu sein. Jede zweite Person zwischen 18 und 29 in Deutschland ist Single.[5] Jeder fünfte Single ist es auf lange Zeit, also zehn Jahre aufwärts. Weltweit kann man seit Jahren einen Anstieg der Singles in Industriestaaten beobachten.[6] Warum das so ist, schlussfolgerte Psychologieprofessorin Bella DePaulo in *Psychology Today*: «Wenn (...) immer mehr Frauen bis mindestens Ende 40 ledig bleiben, wenn die Menschen, die heiraten, immer später im Leben heiraten und wenn mehr Menschen, die heiraten, sich scheiden lassen, wird die Gesamtbevölkerung der Erwachsenen im Laufe der Zeit weniger Menschen umfassen, die verheiratet sind, und mehr, die es nicht sind.»

Könnte man also sagen, das Modell der heterosexuellen Ehe mitsamt der Kernfamilie läuft aus? Sicherlich wird es noch lange bestehen bleiben, aber vielleicht entwickelt es sich hin zu einer Option unter vielen? Auch wenn der aktuelle Zeitgeist gesellschaftliche Umbrüche in einer Schnelligkeit hervorruft, die schwindelig macht, sind mitgegebene Überzeugungen über Generationen hinweg nicht zu unterschätzen. Viele Singles – egal ob glücklich oder unglücklich mit dem Status quo – leiden darunter, ihr aktuelles Lebensmodell ständig rechtfertigen oder gut gemeinte Ratschläge abfedern zu müssen. Die Scham, alleine zu sein, sitzt tief. Dazu kommt, dass viele Männer an alten Rollenbildern festhalten und sich von der Emanzipation bedroht fühlen. Es heißt nicht ohne Grund: *It's a man's world.*

Spiel mir das Lied vom einsamen Mann

In Filmen gibt es eine bekannte Trope, also ein wiederkehrendes Motiv, und zwar das des *Drifters*. Der Einzelgänger, der sich herumtreibt und in der Welt alleine zurechtkommt. Häufig gesehen in der Rolle des Cowboys: Er sitzt schweigend am Tresen, kippt einen Bourbon nach dem anderen und ignoriert die Blicke im Rücken.

Der *Drifter*, den man auch mit dem *Lonesome Rider* (Einzelkämpfer) vergleichen kann, ist nicht nur in Western zu sehen. Es handelt sich grundsätzlich um einen Mann, der eines Tages irgendwo auftaucht, meist in einer Kleinstadt, in der ihn niemand kennt. Die Männer sind skeptisch, die Frauen finden ihn anziehend, denn der Mysteriöse wirkt stark und doch gleichzeitig verletzlich, weil er nichts über seine (in der Regel schwierige) Vergangenheit preisgibt. Doch alle wissen bald:

Der ist ein Guter. Der ist hier, um irgendetwas zu richten. Harte Schale, weicher Kern, dessen ist man sich spätestens sicher, als er jemandem aus der Patsche hilft oder seinen eigenen Namen reinwäscht. Es kann sein, dass er sich hier und da mal prügeln muss, wahrscheinlich schläft er auch mit der schönsten Frau des Ortes, die sich rettungslos in ihn verliebt, doch generell – und spätestens nachts in der Bar – bleibt er in sich gekehrt, ruhig und gelassen, mit maximal einem zuckenden Lächeln in den Mundwinkeln. Durch und durch ein Stoiker eben, und der bleibt er auch, als seine Arbeit getan ist und er gen Horizont reitet, auf seiner Harley davonfährt oder am Highway den Daumen in die Luft streckt. Der *Drifter* bleibt ganz bewusst alleine auf seinem Weg, er ist ein Kämpfer, an dessen Seite es gefährlich werden kann, deshalb zieht er es vor, sich auf niemanden einzulassen. Heute hier, morgen dort – immer *lonesome*, aber stets *wholesome*.

Perfektioniert und auf pulsierende Männlichkeit zugeschnitten wurde dieses Bild durch die fiktive Werbefigur des *Marlboro Man* – auch, weil die Zigarettenmarke zuvor weiblich konnotiert war[7]. Es musste eine Kampagne her, und kein Image passte besser als das des einsamen Wolfs, der im Wilden Westen lebt, seine Arbeit verrichtet und dabei leidenschaftlich am Glimmstängel hängt. Seine Werte, sein Lifestyle – Freiheit, Unabhängigkeit und Coolness – waren sehr schnell unlösbar an das Rauchen einer Zigarette geknüpft. Das Image hatte außerdem einen starken Einfluss auf Männer, die ihr Leben ebenfalls im Griff haben, die unabhängig, frei, mutig, cool, tough sein wollten. Mit dem *Marlboro Man* und auch dem *Drifter* assoziierte man Eigenständigkeit. Sie verkörpern bis heute, wenn auch nicht bis ins letzte klischeebehaftete Detail, den Junggesellen, den Frauenheld, den Bachelor. Sein Umfeld geht davon aus, dass er gute Gründe für das Alleinsein hat und er sich binden wird, wenn er bereit dafür ist. Eigentlich ein sehr respektvoller Umgang mit dem Lebensstil eines anderen Menschen, nämlich: Der wird schon am besten wissen, was er tut. Und deshalb lässt man ihn in Ruhe.

Schade nur, dass für die Singlefrau ganz andere Regeln gelten. Wenn sie alleine an der Bar sitzt, ist das für viele irritierend. Was hat die auch ohne Begleitung da zu suchen? Irgendwie provokant. Außerdem treten Frauen doch nur im Rudel auf und gehen immer zusammen zur Toilette. Es gibt unzählige Artikel aus weiblicher Perspektive, die von den Erfahrungen, alleine am Tresen zu sitzen, berichten. Alle erzählen das Gleiche: Sie werden von Männern schnell angesprochen, angeflirtet oder direkt angefasst, vor allem, weil sie oftmals für Sexarbeiterinnen gehalten werden. Meist werden sie auch nach einem ausgesprochenen *Nein* nicht in Ruhe gelassen, weil die Abweisung als Aufforderung zur Jagd missverstanden wird. Eine Frau alleine am Tresen will schließlich etwas, nämlich einen Mann. Ein Mann alleine am Tresen will auch etwas, nämlich seine Ruhe, höhöhö.

Singlemänner werden bewundert, Singlefrauen bemitleidet. Das hat zur Folge, dass sehr viele von ihnen darunter leiden, ständig nach ihrem Beziehungsstatus gefragt, zu Rechtfertigungen gedrängt oder für den Status quo regelrecht beschämt zu werden. Dafür gibt es eine Bezeichnung: Single-Shaming. Die negative Beurteilung einer Person, die alleinstehend ist und damit – auch als Unverheiratete – den gesellschaftlichen Erwartungen nicht entspricht.

Die Doppelmoral des Singlestatus zwischen den Geschlechtern

George Clooney galt jahrelang als der ewige Bachelor, Prädikat wertvoll. Je älter er wurde und je länger er Single blieb, desto stärker war seine Anziehungskraft auf einen Großteil der Menschen. Zweimal wurde er zum *Sexiest Man Alive* gekürt, zuletzt 2006, mit 45 Jahren. Wenn eine Frau dieses Alter erreicht, kein Partner in Sicht ist und sie kinderlos lebt, wird sie entweder bemitleidet, oder es wird davon ausgegangen, dass etwas mit ihr nicht stimmt und sie deshalb selbst schuld ist. Schuld an was? Daran, dass sie von menschengemachten Normen abweicht? Das liest sich beinahe, als wäre sie auf die schiefe Bahn geraten.

Unter den Augen der Weltöffentlichkeit und von der Klatschpresse zum schwarzen Single-Schaf ernannt, ist die Schauspielerin Jennifer Aniston auf dem besten Wege, eine *old maid* zu werden. Im Alter von 53 Jahren gab sie dem Magazin *Allure* ein Interview, in dem sie zum ersten Mal erzählte, dass sie jahrelang versucht hat, schwanger zu werden, und durch mehrere Prozesse der künstlichen Befruchtung gegangen ist. Laut der Presse habe sie sich nur um ihre Karriere gekümmert; jahrelang wurde von Klatschblättern über ihre Kinderlosigkeit spekuliert. «Und Gott bewahre, dass eine Frau erfolgreich ist und kein Kind hat. Und der Grund, warum mein Mann mich verlassen hat, warum wir uns getrennt und unsere Ehe beendet haben, war, dass ich ihm kein Kind schenken wollte. Das waren absolute Lügen.»[8] Dass ihr Ex-Mann Brad Pitt dann Angelina Jolie heiratete, die bereits Kinder mit in die Ehe brachte, und die beiden dann weitere bekamen, fütterte das Narrativ eines Mannes, der lange Zeit ein Opfer der karrieregeilen Ehefrau war und dabei doch nur eines wollte: Familie. Seufz.

Ein paar Jahre zuvor unterstützte die von Aniston gespielte Figur Rachel in der Serie *Friends* genau diesen Druck auf Frauen mit. Diese schießt nämlich an ihrem dreißigsten Geburtstag den jüngeren Lover ab, weil sie durchrechnet, dass sie bereits jetzt mit dem Mann zusammen sein müsste, den sie mal heiraten wird, um mit spätestens 35 mit der Nachwuchsplanung anfangen zu können. Geschenkt, dass es sich dabei um die Szene einer Comedy-Serie handelt, die auf Lacher des Publikums ausgerichtet ist und auch ganz bewusst übertreibt, um ebendiese zu erzielen. Doch Rachel trennt sich tatsächlich von dem jungen Mann, mit dem sie vorher nichts als Spaß und sexuelle Befriedigung erlebt hat; ein trauriger, berührender Moment, in dem ich mich als Zuschauerin bei dem hoffnungsvollen Wunsch ertappe, Rachels Plan würde aufgehen und sie doch bitte glücklich werden mit Traummann und drei Kindern plus. Jetzt könnte man argumentieren, dass diese Folge aus dem Jahr 2001 stammt und sich seither viel verändert hat im gesellschaftlichen Diskurs, was weibliche Selbstbestimmung und Geschlechterrollen angeht. Aber ist das wirklich so? Denn *Friends* läuft noch immer auf verschiedenen Streamingplattformen rauf und runter, obwohl das Finale 2004 abgedreht wurde. Ein Grund für die Beliebtheit ist, dass die Show als «zeitlos» gilt. Eine Serie, in der sich enge Freund*innen tatsächlich unterhalten, anstatt auf Handys zu glotzen, sich mit Themen beschäftigen, die nach wie vor auch das Publikum umtreiben, sogar die Generation TikTok, obwohl die in weiten Teilen wesentlich entspannter und selbstbestimmter mit Dating, Beziehung und Familienplanung umgeht.

Für ältere Generationen sieht es aber diesbezüglich noch immer mau aus, was ein Blick auf alleinstehende, kinderlose Politikerinnen zeigt, die weltweit für ihren Lebensstil angefeindet werden. Im gleichen Atemzug spricht man ihnen Kompetenzen ab auf Basis des gewählten Lebensstils, und sie werden wesentlich härter für Fehler kritisiert und angegriffen als ihre männlichen Kollegen. Der *Sydney Morning Herald* schrieb über die ehemalige australische Premierministerin Julia Gillard: «Ihre Medienpersönlichkeit entspricht nicht den Erwartungen einiger Wähler: eine alleinstehende Frau, kinderlos, deren Leben ihrer Karriere gewidmet ist.»[9]

Singlehood und Kinderlosigkeit sind eng miteinander verknüpft, und nach wie vor herrscht in weiten Teilen der Gesellschaft die Auffassung, nur als Teil einer Kernfamilie sei eine Frau wirklich eine Frau. Veränderungen von Lebensmodellen und familiären Konstrukten sickern nämlich erst langsam in das Mainstream-Denken der Gesellschaft, und es braucht eine Weile, bis sie generationenübergreifend wirksam werden. Die Doktorandin Jessica Smith, die am Birkbeck College in London forscht und sich dabei auf Elternschaft und Führungspositionen fokussiert, bestätigt das. Sie sagt, dass trotz sich verändernder Rollen in der Gesellschaft die vorrangige Auffassung herrscht, dass Frauen Mütter sind.[10] Da es sich bei dem Rollenbild der Ehefrau und Mutter eben auch um männliche Projektionen handelt, muss sich diese Perspektive dringend verändern. In ihrem Buch *Warum Liebe wehtut* beschreibt die Soziologin Eva Illouz das ähnlich: «Solange die Institutionen der Wirtschaft und der biologischen Reproduktion im Rahmen heterosexueller Familien die Geschlechterungleichheit institutionalisieren, wird die sexuelle Freiheit eine Belastung für Frauen sein.»

Diese Rollenbilder aus den 1950ern schaden auch Männern, die daraus ausbrechen möchten. Emilia Roig schreibt in ihrem Essay *unlearn liebe*: «In einer heteropatriarchalen Gesellschaft lernen (...) Männer Frauen geringzuschätzen und zu dominieren und Männer zu respektieren und zu bewundern.» Sie erklärt das anschaulich anhand von fiktiven Charakteren aus der Welt der Superhelden wie Spiderman, Superman, Actionman, die von Jungs und erwachsenen Männern geliebt, verehrt und nachgeahmt werden. Ebendiese schauen oft abschätzig auf Puppen wie Barbies. Stärke, Härte, Durchsetzungsfähigkeit und Übernatürlichkeit werden dem Männlichen zugeordnet. Sanftheit, Vorsicht, Sexyness und Fürsorge (siehe Puppenküche) dem Weiblichen. «Es ist eine verwirrende Doppelbotschaft für die Jungs», schreibt Emilia Roig weiter. «Liebe alles an Männern, aber verliebe dich nicht in sie – und verachte Frauen, aber verliebe dich in sie.»

Dass viele erwachsene Männer Probleme damit haben, dem Weiblichen zugeschriebene Emotionen wie Weinen zu zeigen, ihre feinfühlige Seite zuzulassen oder als Zeichen der Zuneigung einen anderen Mann zu umarmen, ist der Tatsache geschuldet, dass ebendiese Sanftheit in ihnen unterdrückt wird. Cis Männer, die diese Binarität bewusst aufbrechen – Harry Styles oder Timothée Chalamet –, indem sie sich öffentlich verletzlich zeigen oder für Frauen entworfene Kleidung tragen, erfahren extreme Ablehnung bis hin zu Hass aus den eigenen Geschlechterreihen. Währenddessen werden Frauen durch das Heroisieren des Männlichen erzogen, Männer als die besseren Menschen wahrzunehmen und sich in Männer verlieben zu müssen, um vollständig zu werden. Vereinfacht zeigt das auf, was der *Marlboro Man* und viele andere Marketingkampagnen allen implantiert haben: Männer können, ja *müssen* sogar in vielen Fällen unabhängig sein und sich nicht binden. Abenteuer erleben! Dem Ruf der Freiheit folgen! Karriere machen! Die Überlegenheit dem anderen Geschlecht gegenüber zelebrieren!

Das ändert sich nun aber. Der Psychologe Gregory Matos hat herausgefunden, dass immer mehr heterosexuelle Männer Single sind.[11] Der Grund: Auf den Dating-Apps registrieren sich mehr Männer als Frauen. Dazu kommt, dass sich immer mehr Frauen immer häufiger von ihren Partnern emotionale Verfügbarkeit, mehr Respekt und Gleichberechtigung wünschen, sprich: *Marlboro Man* is out. Die passive, empfängnisbereite Rolle reicht Frauen nicht mehr aus. Sie wollen auch nicht länger die Lücke der emotionalen Intelligenz zwischen den Geschlechtern ausgleichen. Matos' Fazit: Wenn Männer diese Entwicklung nicht ernst nehmen und anfangen, Gleichberechtigung aktiv mitzugestalten – und vor allem mitgestalten zu wollen –, sieht es in Zukunft ziemlich düster für sie aus.

Single und fabelhaft – Fragezeichen?

Single-Shaming äußert sich nicht nur in offensichtlich gewaltvollen Worten, sondern in vermeintlicher Sorge, Unterstellungen und Manipulation. Einer der meistgehörten Sätze, mit denen Singles zu kämpfen haben, ist die Behauptung von außenstehenden Personen, «sicherlich bald jemanden zu finden». Eine übergriffige Aussage, die keinen Raum lässt für ehrliches Interesse an der (vielleicht komplexen) Situation des Gegenübers. Weil überhaupt nicht klar ist, ob die alleinstehende Person überhaupt auf der Suche ist. Vielleicht hat sie sich aus einer gewaltvollen Beziehung befreit und befindet sich nun in einer intensiven Therapie. Eventuell stellt sie gerade fest, dass sich ihre sexuelle Präferenz ändert, und dieser

Entwicklung möchte sie erst mal nachspüren. Es kann auch sein, dass der Mensch so lange in einer festen Partnerschaft war, dass er*sie sich nach einem Alleinsein regelrecht sehnt. Vielleicht hat die Person ihre große Liebe vor Jahren verloren und ist seitdem nicht bereit, sich einer neuen zu öffnen. Eventuell ist sie so introvertiert, dass die Möglichkeiten des Kennenlernens sie überfordern. Alles gute Gründe, warum Menschen Single sind. Und es kann auch sein, dass die Person einfach sehr viel Spaß an wechselnden Geschlechtspartner*innen hat und sich deshalb nicht binden will. Das Überstülpen ungefragter Ratschläge und Aussagen hilft in den wenigsten Fällen weiter, sondern vergrößert vielmehr die Scham, die Erwartungen des Umfelds nicht erfüllen zu können – oder zu wollen. Gerade bei der zweitbeliebtesten Aussage, die Singleperson *müsse sich doch einsam fühlen*, frage ich mich oft, wer wirklich Angst hat, alleine zu sein – Sender*in oder Empfänger*in? Denn wie kommt man auf die Idee, einer (oftmals sogar fremden) Person die Annahme überstülpen zu wollen, sich einsam zu fühlen. Selbst wenn man sicher um die Einsamkeit wüsste: Was treibt Menschen an, sie auszusprechen? Ist es eine Reaktion, die erwünscht wird? Will man Trauer oder Wut herauskitzeln? Soll die alleinstehende Person die Annahme bestätigen und damit die gesellschaftliche Norm validieren? Diese verbale Übergriffigkeit hat in den meisten Fällen viel mehr mit der absendenden Person zu tun als mit der Empfangenden, denn Singles erzeugen bei vielen Menschen nicht nur – oftmals vorgetäuschtes – Mitleid, sondern vor allem Angst und Neid:

Angst, weil Singles das festgezurrte Konstrukt der Kernfamilie einer heteropatriarchalen Gesellschaft schwächen und zum Einsturz bringen können. Neid, weil immer mehr Menschen das engmaschige Netz vieler ungesunder Beziehungen bewusst wird und Singles die Rolle der Antagonist*innen übernehmen: Alleinstehende Menschen, gerade diejenigen, die sich bewusst dafür entscheiden, sind frei. Sie müssen keine Kompromisse eingehen, sie können spontan agieren, sie verfügen über mehr Zeit und Ressourcen, sich um sich selbst zu kümmern. Das sind Privilegien, zu denen man eigentlich mal gratulieren sollte. Nimm dir alle Zeit der Welt und gönn dir!

Als die Protagonistin Carrie Bradshaw in der Serie *Sex and the City* für das Covershooting einer Zeitschrift angefragt wird, muss sie schließlich feststellen, dass der Titel der Ausgabe, über ihrem Bild platziert, *Single & Fabulous?* lautet. Das vorab abgesprochene Ausrufezeichen war ersetzt worden durch ein Fragezeichen. Aus Anerkennung wurde Skepsis, und obwohl Carrie zu dem Zeitpunkt ihr Singledasein als Empowerment feierte, kroch ihr das Fragezeichen unter die Haut und verunsicherte sie extrem.

Wie wäre es, wenn die Unterstellung, ein Single müsse sich doch einsam fühlen, in eine aufrichtige und liebevolle Frage umgewandelt werden würde: *Fühlst du dich einsam?* Das signalisiert ehrliches Interesse an einer aufrichtigen Antwort. Eine solche Frage lässt Raum und zeigt die Möglichkeit einer Konversation auf. Die Sache ist nämlich die: Seit Jahrzehnten steigt die Einsamkeit unter jungen Erwachsenen weltweit an.[12] Wer ihnen keine konkrete Hilfe, sondern beschämende Ratschläge anbietet, bewirkt, dass sich Betroffene eventuell noch mehr zurückziehen oder sich in eine neue Beziehung drängen lassen, für die sie noch nicht bereit sind. Es braucht dringend ein kollektives Verständnis dafür, wie wir füreinander da sein und Bedürfnisse erfüllen können, auch oder gerade weil man Single ist. Regelmäßiger physischer Kontakt ist extrem wichtig für soziale Wesen; der Entzug dessen wirkt sich negativ auf das eigene Wohlbefinden aus, kann Reaktionen wie Depressionen und Stress hervorrufen und tief verunsichern.[13] «Mit platonischen Freund*innen zu kuscheln sollte etwas total Normales sein», sagt meine Freundin und Paartherapeutin Dr. Sharon Brehm dazu. Eigentlich etwas vollkommen Menschliches – und doch schrecken so viele davor zurück, weil sie den Akt des Kuschelns oder einer liebevollen Berührung als etwas Romantisches oder gar Sexuelles einstufen. Ein Aufbrechen solcher als Tabus abgewerteten Verhaltensweisen ist gerade rechtskonservativen Kreisen ein Dorn im Auge. Sie glorifizieren die Kernfamilie als das einzig erstrebenswerte Modell, weil dieses ganz bewusst die Heteronormativität stabilisiert und sie Lebens- sowie Liebensweisen wie queere Beziehungen, bewusste Kinderlosigkeit oder Singlehood ablehnen. Damit unterbinden sie die Möglichkeit der Intimität mit unterschiedlichen Personen, indem sie physische Nähe nur in der Partnerschaft zulassen. Kein Wunder also, dass Alleinstehende, die sich einsam fühlen, dem Druck des Shamings kaum standhalten können. Der Vorwurf bestätigt und vergrößert damit die Scham, anstatt sie aufzufangen und abzumildern.

Single und fabelhaft – Ausrufezeichen!

Als ich kürzlich nach langer Zeit wieder Single war, wachte ich morgens auf und fühlte mich für einen kurzen Moment so glücklich wie nie. Es war Sommer, die Sonnenstrahlen wanderten über die Bettwäsche, und meine Hündin kuschelte sich neben mich. Ich stand auf und schaltete die Siebträgermaschine ein, öffnete alle Fenster und ging mit einem Kaffee zurück ins Bett. Erst mal lesen. Später arbeitete ich für ein paar

Stunden und machte dann früh Feierabend, um noch in den See zu springen. Ich war frei von Liebeskummer, aber auch frei von Verlangen und Sehnsucht. Frei von Erwartungen, frei von Kompromissen. Ein ganzer Sommer voller Leichtigkeit und lockerem Dating lag vor mir. Und doch spürte ich diese Gelassenheit, dieses Durchatmen nur für kurze Momente. Am Abend saß ich oft auf dem Balkon einer Freundin und tauschte mich mit ihr darüber aus, wie sehr wir uns eine romantische Beziehung wünschten. Eine sichere Verbindung, einen Anker, einen Hafen oder wie diese ganzen maritimen Metaphern heißen, die für Rückhalt im Abenteuer Leben stehen sollen. Ich spürte den Druck, mich hinter die Suche nach dem nächsten Partner klemmen zu müssen, indem ich auf mehreren Dating-Apps aktiv war, meine Fotos regelmäßig austauschte, die Infos über mich hoffentlich interessant hielt, nur um festzustellen: Onlinedating ist ein fucking Fulltime-Job. Oder zumindest zeitlich so einnehmend wie ein Hobby, das nur Früchte trägt, wenn man 100 Prozent gibt. Boah, keinen Bock mehr.

Gleichzeitig kroch immer wieder die Befürchtung in mich hinein, dass mir ohne Partner etwas fehlt, ich nicht vollständig bin und deshalb wieder jemanden an meiner Seite brauche. Nicht irgendwen und nicht sofort, aber in absehbarer Zukunft. Ich wollte, ganz klar, kein Dauer-Single sein. Und tat damit dem Alleinsein so sehr unrecht.

Ein ganz wichtiger Aspekt wird nämlich oft vergessen. Auf ihn wies mich die Literaturwissenschaftlerin Dr. Gunda Windmüller hin, die sich in ihrem Buch *Weiblich, ledig, glücklich, sucht – nicht* mit dem Thema der alleinstehenden Frau beschäftigt hat. «Menschen, die in Beziehungen sind, können viel von Singles lernen. Denn eine Singlezeit kann wahnsinnig guttun, wenn es einem gelingt, sich selbst zu priorisieren, kennenzulernen und gut für sich zu sorgen. Ultimativ gibt es nur eine Beziehung, eine Liebe, die bis zum Lebensende hält, und das ist die Liebe zu uns selbst.»

In Gundas sanften Worten steckt eine hilfreiche Klarheit. Außerdem erinnerte sie mich an die Zeit, als ich mit Anfang zwanzig drei Wochen lang den Jakobsweg lief. Natürlich, wie es sich gehört, mit Liebeskummer hoch tausend und keinem Cent in der Tasche. Obwohl ich mich damals beinahe für den Entschluss schämte – entsprach die große Wanderung nach einer Trennung doch dem absoluten Klischee –, zog mich das Abenteuer trotzdem an, und ich setzte den Fuß auf den Camino. Ich möchte die Zeit retrospektiv nicht romantisieren, weil es mir mental beschissen ging und ich viele Menschen kennenlernte, die extrem litten, es war also weniger aufbauend als vielmehr ein gemeinsames Sitzen im Erdloch und darüber Nachdenken, wie wir da alle wieder rauskommen. Doch als ich langsam mein Heimweh rausgelaufen hatte und am Abend in weinfröhlichen Runden saß, bekam ich Stück für Stück die Kontrolle über meinen Liebeskummer und über die Sorgen, was meine finanzielle Zukunft betraf, zurück. Trotz schmerzender Füße fühlte ich mich seltsam getragen, und der feste Ablauf einer mehrwöchigen Wanderung gab meinen Zweifeln, Sorgen und Ängsten einen Rahmen, in dem ich sie zu bewältigen wusste. Das Laufen tat mir gut, das Im-Moment-Bleiben tat mir gut. Mich ausschließlich um die Basics wie Aufstehen, Laufen, Pausemachen, Essen, Duschen und Schlafengehen kümmern zu müssen tat gut. Als ich nach drei Wochen zurückflog, kannte ich mich besser als vorher und fühlte mich gefestigter in meinem jungen Ich.

Niemand muss zu einer Wanderung oder Weltreise aufbrechen, um sich selbst zu finden oder Wertigkeit im Alleinsein zu spüren. Bücher wie *Wild* oder *Eat, Pray, Love* haben trotzdem Millionen Menschen darin unterstützt, sich selbst zu priorisieren und sich selbst genug zu sein. Sie zeigten ganz deutlich auf, dass das nichts mit Egoismus, sondern mit Heilung und Selbstliebe zu tun hat. Am Ende des Tages muss ich mich selbst aushalten können, im besten Fall ein bisschen mehr als das, weil ich nicht sagen kann: Ciao, Kakao, danke für den schönen Abend, sondern weil ich mich immer mit nach Hause nehme, neben mir im Bett liege und auch mit mir aufstehe.

In jenem Dating-Sommer, in dem ich mich morgens oft federleicht fühlte, kam mir gar nicht in den Sinn, wandern oder reisen zu gehen. Vielleicht weil ich es bereits getan hatte und wusste, dass ich das auch im Kleinen herstellen konnte. Als mir bewusst wurde, dass ich eine Pause von der ewigen Suche nach der anderen Hälfte brauchte, deinstallierte ich für mehrere Wochen alle Dating-Apps und konzentrierte mich auf die Empfindungen, die mir guttaten: mich nach niemandem zu sehnen und stattdessen in der Ruhe zu baden, die mich nach jeder Yogastunde erfüllte, während ich duschte und ins frisch bezogene Bett schlüpfte. Mit mir ganz allein.

Paare können von Singles wahnsinnig viel lernen. Eine beinahe schmerzhafte Feststellung, wenn man bedenkt, dass Alleinstehende nicht nur skeptisch betrachtet und bemitleidet, sondern von einer ganzen Industrie durchtherapiert werden. In der Selbsthilfe-Bubble wird Menschen mit Selbstwertkomplexen gerne durch den Weihrauchnebel hindurch zugehaucht, sie müssten sich erst mal selbst lieben, um von jemand anderem geliebt werden zu können.

Ich bin ein großer Fan von Selbstliebe, sofern das Wort nicht missbraucht wird, um Menschen das Recht auf eine sichere Beziehung abzusprechen oder um es zu kommerzialisieren. Jede Person kann und darf sich Hilfsmittel suchen oder eine Auszeit gönnen – in dem Wissen, dass alle auf diesem Planeten ihr Päckchen zu tragen und Erlebnisse aufzuarbeiten haben. Das darf aber auch innerhalb einer Beziehung passieren. Sich selbst zu kennen und zu lieben stellt eine schöne und hilfreiche Basis für eine neue Beziehung dar, ist allerdings keine Voraussetzung. Wie absurd ist es bitte, Menschen, die mit ihrer mentalen Gesundheit ringen, eine Beziehung abzusprechen? Das würde im Umkehrschluss bedeuten, dass sich alle, die in eine Depression rutschen, umgehend trennen müssten, um wieder gesund zu werden. Dabei kann gerade der Rückhalt einer Partnerschaft auf dem Weg zur Gesundung unterstützen. Letztlich geht es immer darum, wie ein Problem, eine Herausforderung oder eine Krankheit angegangen wird und nicht darum, ob es überhaupt möglich ist, gemeinsam daran zu arbeiten. Schließlich ist eine Partnerschaft nicht das oberste Level in einem Videospiel, das man erst erreicht, wenn man alle Herausforderungen zuvor alleine gemeistert hat – als sei die Beziehung der Gewinn und damit unantastbar und unveränderbar, weil das Spiel damit zu Ende ist.

Warum die Esoterik-Blase gerne in Gut-und-Böse-Kategorien argumentiert, liegt daran, dass sie die Komplexität der Welt ausblendet und die Baustellen Einzelner ausschließlich individuell betrachtet. Ich verstehe, was dahintersteckt: das Recht, sich zurückzuziehen aus der Überforderung einer komplexen Gesellschaft und sich auf sich selbst zu konzentrieren. Nichts anderes habe ich schließlich getan, als ich für mehrere Wochen alle Dating-Apps löschte. Sich auf sich selbst besinnen darf man natürlich immer – doch genau diese Entscheidung wird von manchen Unternehmen aus der Branche schnell ausgenutzt: Wenn eine Frau, die Single ist und sich einsam fühlt, einen Meditationskurs besucht, in dem ihr das Zitat *Willst du glücklich sein im Leben, dann sei es!* hingeworfen wird, kann sie das extrem verunsichern, weil sie das Gefühl vermittelt bekommt, sich für das Glücklichsein schlichtweg zu blöd anzustellen. Die gut gemeinte Motivation, die in dieser Aussage steckt, ist derart verkürzt, dass ich gar nicht weiß, wem sie überhaupt helfen könnte. Einer sowieso schon glücklichen Person vielleicht, die einfach einen miesen Tag hatte und weiß, dass alles okay sein wird, wenn sie sich gleich in die Badewanne legt. Kurz ausgedrückt: Ja zum Ratgeber, wenn's hilft. Ja zur Therapie, wenn sie hilft. Ja zum Coaching, wenn es hilft. Ja zum Räuchern, wenn es hilft. Nein zu allen vermeintlichen Hilfsangeboten, die das Recht auf eine erfüllende und sichere Beziehung an Voraussetzungen knüpfen, die die Identität eines Menschen infrage stellen oder ihn verunsichern – um dann ihre Produkte wie Onlinekurse, Bücher oder Retreats zu verkaufen. Ja, es wäre prima, wenn alle einfach glücklich sein könnten. In einer Welt, in der die Verantwortung für den eigenen Seelenfrieden ausschließlich dem Individuum zugeschoben wird, anstatt all jene zu kritisieren, die dem Individuum das Glück, die Ruhe und den Frieden immer wieder absprechen, ist das viel zu vereinfacht dargestellt. Menschen, die – auch im Datingleben – belastenden Diskriminierungsformen wie Sexismus, Rassismus oder Fetischisierung ausgesetzt sind, können sich diesen nicht einfach so entziehen und den Gedanken zulassen, einfach mal glücklich zu sein.

Die romantische Lüge des Patriarchats ist das Happy End

Es ist toll, wenn Beziehungen lange oder vielleicht sogar bis zum Tod halten. Wenn zwei Menschen auf Augenhöhe bleiben, sich Freiräume geben und diese respektieren, daran arbeiten, dass beide sich innerhalb der Partnerschaft erfüllt fühlen. Doch in einer Welt, in der die heterosexuelle Paarbeziehung (im besten Fall in die Kernfamilie mündend) als das Nonplusultra unter den Lebensmodellen gilt, wird viel zu wenig darüber gesprochen, wie unsicher, verletzend und toxisch so viele von ihnen sind.

Damit eine glückliche Partnerschaft auf lange Sicht möglich ist, benötigt es von beiden Seiten Hingabe zur Beziehungspflege. Und Beziehungspflege ist einfach ein schöneres Wort für Arbeit. Dieser sind sich viele nicht bewusst, denn romantische Erzählungen enden in 99 Prozent der Fälle genau dann, wenn die beiden Verliebten alle Hindernisse überwunden und zueinandergefunden haben. Weiter wird die Geschichte nicht erzählt, die beiden sind schließlich *happily ever after*, mehr gibt's nicht zu wissen. «Und sie lebten glücklich bis ans Ende ihrer Tage» ist eine altbekannte Phrase, die am Schluss von Märchen oft erzählt wird. Perfekt zum Einschlafen, Ende gut, alles gut. Das böse Erwachen wartet dann, wenn die Zweierbeziehung nach ein paar Jahren einzuschlafen droht. Dabei ist genau das, also die Arbeit am gemeinsamen Glück das eigentliche Abenteuer – während sich jahrhundertealte Erzählungen lediglich auf die Suche nach der anderen Person fokussieren.

Viele Paare leben innerhalb eines sichtbaren Rahmens (zum Beispiel Ehe), zwischen ihnen herrscht aber weder Intimität noch Verbundenheit und Verletzlichkeit. So etwas nennt man in der Paartherapie einen *Fantasy Bond*, also eine Fantasie-Verbindung. Sie suggerieren Verbundenheit durch den Rahmen der Ehe oder, um es kleiner zu halten, die Präsenz bei einer gemeinsamen Tätigkeit wie einem Urlaub oder Restaurantbesuch. Doch innerhalb dessen hält die beiden nichts zusammen. «Ein Fantasy Bond entsteht als Schutzmechanismus oft in der Kindheit mit Eltern, mit denen wir auch keine echte Intimität hatten – aber dann in Gedanken geflohen sind», erklärt mir Sharon Brehm in unserem gemeinsamen Podcast «Hello, Lovers!». Wichtige Dinge wie Kindererziehung oder Organisatorisches werden innerhalb eines Fantasy Bonds zwar besprochen, aber intime Gespräche werden ausgespart, um die Illusion der Verbindung nicht auf die Probe zu stellen. Ich kann gut nachvollziehen, wie schnell man in dieses «Zweisam-einsam-Phänomen» hineinrutschen kann. Sich zu öffnen, um Intimität zulassen zu können, ist etwas, das viele Menschen überhaupt nicht gelernt haben. Da die Wissenschaft mittlerweile weiß, dass Menschen generationenübergreifende Traumata mit sich tragen, ist eher das Gegenteil in uns abgespeichert: ein emotionales Verschließen, um nicht noch weiter verletzt zu werden. Menschen aus früheren Generationen, die sich in Kriegszeiten Eheversprechen gaben, hatten in den meisten Fällen keine Ressourcen, sich über Beziehungspflege Gedanken zu machen – vielmehr ging es um Teamplay, Kinderversorgung und sehr oft ums nackte Überleben. Heute gibt es zahlreiche und zugängliche Möglichkeiten, eine Beziehung intakt zu halten. Immer mehr Menschen entschließen sich zu einer Paartherapie, es gibt unfassbar viele Ratgeber, und das Internet ist voll mit kostenlosen Tipps und schnellen Hilfestellungen. Ob es sich bei einer Partnerschaft um einen Fantasy Bond handelt, eine Zweckgemeinschaft, eine Ehe, in der toxische Verhaltensweisen reproduziert werden oder gar Gewalt herrscht, ist dadurch immer schneller zu erkennen. Menschen, die sich aus gewaltvollen Beziehungen befreien, queere Menschen, die sich eine Wahlfamilie aufbauen, Menschen, die polyamor leben, Menschen, die bewusst alleinstehend sind, Menschen, die Co-Elternschaften ohne eine romantische Verbindung eingehen – das alles sind flammende Plädoyers dafür, sich aus den Fängen des Patriarchats zu befreien, welches noch immer predigt, die Kernfamilie sei das Zentrum der Gesellschaft. Das Single-Shaming steht demnach nicht alleine in der Opposition. Im Endeffekt werden all diejenigen beschämt, die einen bewusst unkonventionellen Weg einschlagen und sich dadurch unabhängig machen.

Dass das kein neuer Trend ist, zeigt ein Blick in die vielfältigen Kulturen indigener Völker: Das Mosuo-Volk ist eine Minderheit in Südwestchina. Männer und Frauen heiraten nicht, da sie wirtschaftliche Güter einer vergänglichen Bindung wie der Ehe nicht unterwerfen. Die Verantwortung für die Familie bleibt bei den Frauen, die wiederum ihre Herkunftsfamilie nicht verlassen. In der Praxis bedeutet das, dass die Frauen zu Hause wohnen bleiben, Besitz und Namen an die Kinder vererben und die jeweiligen Brüder der Gebärenden sich um die Kinder kümmern. Der Erzeuger lebt ebenfalls bei der eigenen Herkunftsfamilie, besucht die Mutter seiner Kinder, wenn beide das wollen, und er kann bei ihr über Nacht bleiben – die sogenannte Wanderehe gilt als harmonisches und kluges Konzept, bei dem alle ledig bleiben und sich Aufgaben wie Care-Arbeit nicht vermischen mit finanzieller Unabhängigkeit. Wenn also Tante Hilde am siebzigsten Geburtstag nach Partner*in, Hochzeit und/oder Kinderwunsch fragt, hilft es, sich in Erinnerung zu rufen, dass diese auferlegten Anforderungen nicht überall auf der Welt gelten – und romantische Beziehungen so vielfältig funktionieren können, wie wir Menschen es sind. Das Patriarchat mit der Kernfamilie an der Spitze der Anerkennungspyramide ist nur eine Idee von vielen. Seinen Unterdrückungsmechanismen darf sich jede*r entziehen – und damit einen Weg einschlagen, der gerade frisch getrampelt wurde, für die nachfolgenden Generationen aber vollkommen selbstverständlich sein wird.

Allen Singles, die unter dem Status quo leiden, möchte ich mitgeben, dass bewusstes Alleinsein einen Triumph über die von der Gesellschaft auferlegte Scham darstellen kann. Auch wenn ein Mensch verlassen wurde und sich nun einsam fühlt, kann er*sie die Singlezeit im Nachhinein ganz bewusst wählen und für sich neu bewerten. Single zu sein kann empowern, und was in dieser wertvollen Zeit steckt, darf im eigenen Tempo entdeckt werden. In der Geschichte stecken hierfür positive Vorbilder: «Schaut man auf das 20. Jahrhundert zurück, erkennt man schnell: Frauen ohne feste Partnerschaft waren Pionierinnen in vielen Bereichen, etwa, wenn es um das Frauenwahlrecht geht. Die alleinlebende Frau ist ein mächtiger Modernisierungsfaktor aus Fleisch und Blut, ob sie es im Einzelfall beabsichtigt hat oder nicht», sagte die Autorin des Buches *Die singuläre Frau*[14], Katja Kullmann, in einem Interview mit ihrem Verlag.

Es kann ein großes Geschenk sein, sich für einen bestimmten Zeitraum oder sogar für immer nicht fest zu binden. Wer gut mit sich alleine klarkommt, holt sich Selbstermächtigung zurück und sagt durch die eigene Sichtbarkeit dem Patriarchat den Kampf an – denn nichts bringt es mehr zum Wackeln als das aktive Kritisieren seiner toxischen Glaubenssätze. Das heißt überhaupt nicht, dass es sich in Beziehungen nicht ebenso erkämpfen lässt. Es heißt, dass Partnerschaften kein Nonplusultra sind, auf dem man sich dann ausruhen kann. Ganz im Gegenteil.

Botox to go und Sex on the beach

ÜBER REALITY-TV

Das Paar, das sich in der Badewanne aneinanderschmiegt, könnte mit 200000 Dollar nach Hause gehen – wenn sie es schaffen würden, die Finger voneinander zu lassen. Aber weil sie sich selbst als dauergeil bezeichnen, empfinden sie diese Challenge als so herausfordernd wie andere Dokumentationen über Schlachtbetriebe.

In der Netflix-Show *Too Hot to Handle* (dt.: *Finger weg!*) geht es um Sex und Geld. Besser gesagt: Sex oder Geld. Während ich die aktuelle Staffel inhaliere und mich zwischen Scham und Fremdscham bewege, scheinen immer wieder unerwartete Empfindungen hindurch: Mitgefühl. Sympathie. Begeisterung. Rührung! Uaah, wie kann das passieren, wenn ich doch alles längst durchschaut habe?

Es ist ja offensichtlich: Ein Reality-TV-Format herauszubringen, in dem Sex und Geld in einem permanenten Spannungsverhältnis stehen, ist nichts Neues und absolut nicht einfallsreich. Fühlt sich an, als würden Patriarchat und Kapitalismus wild knutschen – und wir gucken dabei zu. Während andere Genres sich ständig neu erfinden müssen, spiegelt Reality-TV ganz automatisch die Auswirkungen des Widerstreits dieser beiden Bullshit-Brüder wider. Aber auch den Zeitgeist: Identitätskrisen, Geschlechterrollen, Privilegien, Sexualität und olle Fragen wie *Darf man das noch sagen?*. Ganz normale Menschen tun fragwürdige Dinge vor der Kamera und heben mein Empfinden von Fremdscham auf ein ganz neues Level. Aber es wäre extrem kurz gedacht, wenn es bei diesem Eingeständnis bleibt, denn Fakt ist: Viele der Contestants werden ausgebeutet, damit für wenig Geld viel Quote erzielt wird, damit Millionen Menschen unterhalten und die Produzent*innen reich gemacht werden. Ein geniales Konzept. Ein ekelhaftes Konzept? Dem gegenüber stehen Formate von Streamingplattformen, die das Luxusleben der Superreichen beleuchten, welche wiederum wahnsinnig davon profitieren. Wo sich Fremdscham, Voyeurismus, Kapitalismus und Klassenfragen die Hände reichen, muss hinterfragt werden, wer sich hier wirklich zu schämen hat. Und wofür.

Wie Reality-TV mein Aufwachsen geprägt hat

In den frühen 2000ern bin ich am Nachmittag von der Schule nach Hause gekommen, habe mir schnell Essen vom Vortag aufgewärmt und mich damit vor den Fernseher gesetzt. Dort verbrachte ich dann die Stunden, bis meine Eltern nach Hause kamen. Dabei wurde ich bestens unterhalten, denn eine Talkshow folgte auf die nächste – Richard bekam das Ergebnis seines Vaterschaftstests vor laufenden Kameras überreicht, Birgit beichtete ihrer Partnerin den Seitensprung, und Manfred kommentierte die Fotos seiner Messie-Wohnung fürs Livepublikum. Fremdscham hoch tausend, schließlich handelte es sich um echte Geschichten: kein Drehbuch, keine Handlungsanweisungen, keine Laiendarsteller*innen. Je höher der Peinlichkeitsfaktor, desto näher rutschte ich ran an den Bildschirm. Die Moderator*innen hießen Arabella, Bärbel, Ricky, Andreas und Britt, sie wirkten sympathisch, weil sie sich wohldosiert frech, neugierig, aber auch empathisch gaben. Gleichzeitig stellten sie genau die richtigen Fragen, um die Stimmung anzuheizen und zu provozieren. Sie moderierten einen Raum, in dem diejenigen vorgeführt wurden, die armutsbetroffen oder bildungsschwach oder beides waren. Deshalb wurden diese Talkshows während ihrer Ausstrahlung mindestens genauso kritisiert wie gesuchtet. In einem Interview mit dem *Zeit Magazin* sagte Arabella Kiesbauer 2022 dazu: «Mit welcher Motivation sieht man sich eine Talksendung an? Das kann im besten Fall Empathie sein. Aber natürlich haben Leute das auch mit einem voyeuristischen Blick geschaut. Da muss sich eigentlich jeder Zuschauer an die eigene Nase fassen.»[1] Auf dem Höhepunkt ihrer Talkshow schalteten mehr als 14 Millionen Menschen ein. Angesichts dieser riesigen Zahl stellt sich für mich schon die Frage, wer hier welche Verantwortung trägt. Das Wissen um die Fragwürdigkeit und Gefahr einzelner Formate ist seit Jahren da. Statistiken liegen vor, die aufzeigen, dass die zugespitzten Dramen und Auseinandersetzungen zu einem erhöhten Aggressionspotenzial beim Publikum führen.[2] Die Diskriminierungen und das Vorführen der Leute, das zu diesen Shows gehörte wie die Butter aufs Brot, wären heute Grund, ein Format zu canceln. Shitstorm inklusive, bye-bye! Damals waren die Grenzüberschreitungen als flapsige Bemerkungen verpackt, welche die Quote befeuerten. Es waren andere Zeiten.

Je älter ich wurde, desto mehr fiel mein Interesse dann schließlich auf den Fernsehsender MTV, dem damals noch gefühlten Underdog zwischen alteingesessenen deutschen Kanälen. Und der strahlte schließlich immer weniger Musikvideos aus, sondern setzte mehr und mehr auf Reality-Formate. Mit der Datingshow *Dismissed* oder *MTV Cribs*, wo bekannte Stars die Türen zu ihren spektakulären Häusern öffneten, spülte der Sender mir ersehnte amerikanische Coolness ins Wohnzimmer. «Nehm ich!», dachte ich mir und sprach nur noch davon, wie *obsessed* ich war.

Mein Reality-TV-Konsum heute: erst Scham, dann Verteidigung

Reality-TV ist nicht gleich Reality-TV. Nach den Talkshows, Gerichtssendungen und Castingshows der späten 1990er und frühen 2000er erlebt das Genre seit wenigen Jahren eine zweite Geburt – und zwar auf Streamingplattformen. Hier stehen vor allem Dating-Formate (*Love Island, Love Is Blind*) und das Leben von Promis oder Superreichen im Vordergrund (*Real Housewives, Selling Sunset*). Beide Trends erinnern extrem an die erfolgreichen Mechanismen der Boulevardpresse, die es bereits seit Anfang des 19. Jahrhunderts gibt und die mit dem menschlichen Hang zum Voyeurismus ihr Geld verdient.[3] Heute werden Hypes rund um das Genre Reality-TV gleichermaßen gefeiert wie auseinandergenommen, und viele derjenigen, die die Formate hassen, schalten trotzdem ein, woraus sich die Bezeichnung *Hate Watching* entwickelt hat: Man schaut, um über Teilnehmende zu spotten; man fühlt sich davon unterhalten, sich über die Absurdität des Ganzen lustig machen zu können. Ein paar enge Freundinnen, die nicht auf Social Media unterwegs sind und dementsprechend Hypes um neue Streaming-Formate gar nicht oder sehr spät mitbekommen, stehen meinem Konsum von Reality-TV skeptisch gegenüber. Nicht selten höre ich: «Du schaust so was? Das hätte ich nicht von dir erwartet!» Von mir, der Feministin, die zu jeder gesellschaftskritischen Diskussion den passenden Buchtipp hinterherschiebt und an weinseligen Tafeln auch mal als Spielverderberin bezeichnet wird. Die, bei der alles politisch korrekt sein muss (muss es nicht). Die Frage, die sich mir also immer wieder aufdrängt, ist: Schließen sich feministische Werte und der Konsum von Reality-TV aus? Und wenn die Antwort Ja lautet, wie sehr sollte ich mich wirklich fürs Angucken schämen? Ist das Einschalten, um sich bewusst fremdzuschämen, okay? Einige von mir respektierte Feministinnen und Aktivistinnen konsumieren Reality-TV. Sie teilen ganz unverblümt ihre Lieblingsshows auf Social Media und machen sogar Werbung für einzelne Formate. Also schämen sie sich wohl ... nicht? Um diesen Überlegungen auf den Grund zu gehen, will ich erst einmal verstehen, welche Bedürfnisse das Genre befriedigt – denn so durchschaubar und oberflächlich das Phänomen scheint, so vielschichtig sind die Gründe für den Erfolg.

Also ziehe ich es aus. Schicht für Schicht wird jedes Bedürfnis unter die Lupe genommen. Das Erste: Nahbarkeit. Das Erleben einer Identifikationsfläche. Denn wer sich selbst in den Gesprächen und Handlungen der Teilnehmenden wiedererkennt, gesehen und repräsentiert fühlt, schaltet ein. Und nicht so schnell wieder ab.

Nahbarkeit und Identifikationsfläche

Reality-TV ist ein Genre, bei dem versucht wird, die Realität abzubilden. Oftmals wird allerdings nur vorgegeben, dass es versucht wird – die Grenzen und Intentionen verschwimmen von Format zu Format. Aber die Ursprungsidee war, dass die Menschen sich vor der Kamera so nah an der Wirklichkeit wie möglich bewegen sollten. Das Skript – wenn es eines gibt – umfasst in der Regel keine engen Vorgaben wie festgeschriebene Dialoge, sondern lässt Raum für Improvisation. Eine Schlüsselrolle in der Entstehungsgeschichte von Reality-TV spielt die 1992 erstmals auf MTV ausgestrahlte Show *The Real World*. Das Konzept ist schnell erklärt: Ein paar junge Leute, die sich vorher nicht kannten, leben gemeinsam in einem Haus und werden rund um die Uhr gefilmt. Klingt ähnlich wie *Big Brother*, mit dem Unterschied, dass die Menschen nicht eingesperrt werden, sondern das Grundstück jederzeit verlassen können. Das wiederum erinnert vielmehr an das Leben von Student*innen in einer großen WG, welches sich um Jobsuche, Studiengänge, Partys und Lovestorys dreht. Hintergedanke der Produktionsfirma war, eine Show schnell und einfach aufzubauen, ohne viel Geld ausgeben zu müssen. Dieses Format und viele, die einem ähnlichen Konzept folgen, fühlen sich rückblickend an wie die Basis von Reality-TV: keine spektakuläre Umgebung wie bei *Survivor*, keine *Promis unter Palmen*, keine psychischen und physischen Herausforderungen wie beim *Dschungelcamp*, kein polarisierendes Datingkonzept wie bei *Love Is Blind* ... sondern schlichtweg ein Mix aus jungen Menschen, auf deren Zusammenleben die Kamera gehalten wird. Aber ist das nicht todlangweilig? Warum sollte man sich das anschauen? Indem suggeriert wird, normale Leute heranzuzoomen, wird Intimität zwischen dem Publikum und den Teilnehmenden der Show erzeugt. Das klingt auf den ersten Blick kuschelig und nett, kann aber gehörig für Reibung sorgen. Im Intro von *The Real World* wird darauf angespielt, dass die Kamera festhält, was passiert, wenn Menschen aufhören, höflich zu sein – und anfangen, ihr wahres Ich zu zeigen. Der wichtigste Baustein hierfür, den bis heute alle Reality-Formate nutzen: aus den vielen Bewerbungen diejenigen heraussuchen, die besonders konträr zueinander stehen – People of Color treffen auf *weiße* Menschen, unterschiedliche Religionen und politische Ansichten clashen mit sexuellen Neigungen. Eine explosive Mischung, die das Drama vor laufender Kamera garantiert. Oft gelobt daran wird bis heute die Tatsache, dass das Zusammenwürfeln so unterschiedlicher Menschen die Sichtbarkeit von queeren Leuten, PoC oder Menschen mit Behinderungen in den Mittelpunkt stellt. Gerade in den 1990ern, als das Genre aufkam, war die Fernsehlandschaft derart *weiß* und heteronormativ besetzt, dass diejenigen, die nicht in dieses Bild passten, keine Repräsentierung auf dem Bildschirm fanden. Das hat sich mit diesen Formaten schnell geändert. Gleichzeitig wurden viele der Teilnehmer*innen (aus)genutzt, um Stereotype zu reproduzieren: Der schwule Mann der Show entspricht genau der Klischeevorstellung, die Menschen ohne Berührungspunkte mit queeren Personen haben. Die Schwarze Frau, die einen Platz im Format bekommt, gibt sich tendenziell selbstbewusst und mit starker Meinung, also wird sie als *angry black woman* eingestuft – ein diskriminierendes Vorurteil, das besagt, Schwarze Frauen würden in der Regel schnell aggressiv werden. Wo eine Identifikationsfläche für Zuschauende geboten wird, weil die Leute auf den ersten Blick die Vielfalt der Gesellschaft repräsentieren, zeigt sich auf den zweiten Blick, dass das Drama seitens der Sender bewusst zugespitzt wird, um den Unterhaltungswert zu steigern – es geht schließlich darum, private Emotionen in die Öffentlichkeit zu ziehen. Je skandalöser, desto besser. Apropos: *Sex sells* natürlich, wie immer. Und dann ist der auch noch echt!

Werteverschiebung und Sensationalisierung

In der ersten deutschen Staffel von *Big Brother* hatten die Bewohner*innen Alex und Kerstin vor laufender Nachtsichtkamera Sex unter der Bettdecke. Ich war zwölf Jahre alt, als ich diese Szene verbotenerweise anschaute und mich extrem fremdschämte. Sie irritierte mich wahnsinnig, schließlich kannte ich Sexszenen (wenn überhaupt) aus Filmen, in denen diese von professionellen Schauspieler*innen lediglich angedeutet wurden. So ein intimer Akt war nun plötzlich im Fernsehen zu sehen, durchgeführt von Leuten, die nebenan wohnen könnten. Ich fand das extrem unangenehm und gleichzeitig total aufregend. An diese Gefühlsmischung kann ich mich noch genau erinnern und auch daran, dass ich hoffte, es würde wieder passieren. Uff, die nervöse Scham war kaum auszuhalten, und in der Popkultur gab es tagelang kein anderes Thema als diese beiden Turteltäubchen – bäm, das Konzept war aufgegangen und mit dem Sex vor laufender Kamera vielleicht sogar über das Ziel der Produzent*innen hinausgeschossen. Jetzt schalteten auch diejenigen ein, die sich überhaupt keinen Identifikationsfaktor gewünscht haben, ganz im Gegenteil. Immer mehr Zuschauende grenzten sich durch ihren Voyeurismus ab von dem, was da passierte – weil sie es niveaulos, eklig oder beschämend fanden. Die bewusste Distanzierung geht nicht selten mit einer herabwürdigenden Haltung gegenüber den Contestants solcher Shows einher. Sehr viele Menschen ließen nach dem erotischen Zwischenspiel von Kerstin und Alex Wut und Hass regnen, weil sie den Sex als hinterwäldlerisch, als ordinär werteten. Oftmals bilden sich bei solchen Dynamiken dann zwei Lager: Die einen verteidigen die Gespräche und Handlungen der Teilnehmenden. Die anderen stellen sich bewusst über sie und zelebrieren ihr *Hate Watching*. Das funktioniert vor allem für diejenigen gut, die sich nicht kritisch mit Diskriminierungsformen beschäftigen oder sogar von ihnen profitieren.

Herabwürdigung und Distanzierung

«Unterschichtenfernsehen», «Assi-TV», «Menschenzoo» – das Medienecho hat die ersten Reality-TV-Formate befeuert, indem es die Shows verurteilte. Fremdscham als Geschäftsmodell sozusagen. Als Jugendliche hatte ich keine Ahnung, wie herabwürdigend mein Blick auf die Leben der Teilnehmenden war, weil ich ihn mir nicht bewusst machte und weil er von diesen Sendungen so geformt wurde, dass ich wirklich dachte: Armut und fehlende Bildung, das ist in einem Sozialstaat wie Deutschland ja wohl selbst verschuldet. Hier in der Mitte Europas können es alle schaffen, sich ein ordentliches Leben aufzubauen. Wer dann in eine Talkshow geht oder sich in ein Haus einschließen lässt, um vor der gesamten Republik private Probleme auszubreiten, ist doppelt selber schuld. Und diese Haltung gilt für viele als Freifahrtschein, Klassismus zu befeuern. Während meiner Schulzeit fiel der Begriff weder im Sozialkundeunterricht noch in den vielen Jahren Geschichtskunde jemals. Dabei ist er so elementar wichtig, um gesellschaftliche Strukturen aufzudröseln, denn er bezeichnet die Diskriminierung aufgrund sozialer Herkunft oder Position. «Diskriminierung heißt für mich, dass Personen negativ von einem Unterdrückungsverhältnis betroffen sein müssen, das heißt, dass (...) sie systematisch abgeschnitten sind von Ressourcen wie Bildung, gesellschaftliche Teilhabe, Geld und Mitbestimmung», erklärte mir die Social-Justice-Trainerin

Tanja Abou in meinem Podcast «Bleibt unter uns». Sie teilte Statistiken mit mir, die aufzeigen, dass Kinder aus Haushalten der Armutsklasse mit wesentlich geringerer Wahrscheinlichkeit eine Gymnasialempfehlung bekommen (als Kinder von Eltern mit Hochschulabschluss), basierend auf der Annahme, dass die Unterstützung ihrer Eltern nicht gegeben ist.[4] «Es wird von vornherein aussortiert, es geht um Vorurteile, nicht um Begabung», sagte Abou. Einer der hartnäckigsten Vorbehalte ist, dass Menschen, die Transferleistungen beziehen, faul sind. Um diesen Glauben zu füttern, passiert es nicht selten, dass Kamerateams bestimmte Bezirke aufsuchen und Wohngegenden komplett stigmatisiert werden, indem Vorurteile durch Verdrehung von Wahrheiten reproduziert werden:

Die Serie *Familien im Brennpunkt* war eine Pseudo-Doku-Soap – hier wurde alles komplett frei erfunden und den Laiendarsteller*innen genau gesagt, was sie zu tun haben, um ein bestimmtes Bild zu vermitteln. In der öffentlichen Wahrnehmung wurde das Format jedoch oftmals so verstanden, dass tatsächliche Ereignisse dokumentiert würden. Diese sogenannten Scripted-Reality-Formate verwässern bis heute die Grenzen zwischen Fiktion und Realität. In vielen Folgen von *Familien im Brennpunkt* wurden Wohnungen in heruntergekommenen Hochhäusern mit unaufgeräumten Zimmern gezeigt, in denen Chaos zwischen abgewetzten Sofas und ungemachten Betten herrschte – bewohnt von kinderreichen Familien, die aggressiv miteinander umgingen: das Vorführen von Armut als Selbstverschulden von Leuten, die ein *anständiges* Leben nicht hinbekommen.

Als im Format *Frauentausch* die Teilnehmerin Nadine erzählte, dass sie von Bio-Lebensmitteln gar nichts halte und am liebsten Erdbeerkäse esse, kam eine unglaubliche Spottwelle ins Rollen. *Nadine the Brain* wurde sie genannt, eine böswillige Anspielung auf ihre vermeintlich niedrige Intelligenz. Noch heute wimmelt das Internet von Memes mit ihren Zitaten, und es finden sich Beiträge und Videos, die mit Überschriften wie «Was macht Erdbeerkäse-Nadine» locken – über zehn Jahre später.

Meine Fremdscham, die ich empfand, als wir uns kollektiv auf dem Schulhof über Nadine lustig gemacht haben, ist mittlerweile der Scham gewichen, nicht kritischer hingeschaut zu haben. Ich schäme mich also noch immer, nur damals für die Protagonistin und heute für mich. Gut, ich war jung, und in der Schule fiel ausschließlich der Begriff Klassizismus im Kunstunterricht – und doch erinnere ich mich an zwei Freundinnen, die schon zu Schulzeiten meinten, dass man sich mit dem Konsum dieser Formate nur über andere lustig machen würde.

Was ich heute sicher sagen kann, ist, dass sich mein Hang zu Reality-TV stark verändert hat. Sendungen, die mit der bewussten Zurschaustellung ökonomisch schwacher und bildungsarmer Menschen ihr Geld verdienen, unterhalten mich schon lange nicht mehr, sondern machen mich wütend. Ich wünschte nur, ich hätte das früher verstanden.

Ein beliebtes Argument, um den eigenen Konsum klassistischer Formate zu rechtfertigen, lautet: «Niemand wird gezwungen, in diese Shows zu gehen.» Das stimmt, aktiv gezwungen werden sie nicht, aber wer ökonomisch schwach dasteht, lässt sich vielleicht leichter mit schnell verdientem Geld oder dem Erlangen einer Bekanntheit, die eventuell ganz neue Türen öffnet, locken. John Milz, der Gewinner der ersten Staffel von *Big Brother*, ging mit 250000 DM nach Hause. Jürgen Milski und Zlatko Trpkovski, die für ihre Bromance im Container gefeiert wurden, verkauften nach der Show über 800000 Exemplare ihres gemeinsamen Songs «Großer

Bruder». Milski arbeitet bis heute als Moderator und Schlagersänger und wird immer wieder in diverse Reality-Formate eingeladen.

Dass die Teilnehmenden selten Mitgefühl und stattdessen eher Verachtung ernten, liegt auch daran, dass Gespräche und einzelne Aussagen so geschnitten werden, dass sie nicht immer der Wahrheit entsprechen, sondern vielmehr polarisieren. Ex-RTL-Chef Helmut Thoma ging sogar so weit, in einem Interview mit *Focus* zu sagen: «Es ist alles gespielt und nichts wahr. Die Leute lieben es, wenn sie eine scheinbare Realität vorgespielt bekommen.»[5] Ehrlich, Helmut? Wem ist denn wirklich bewusst, dass es sich bei *Familien im Brennpunkt* um eine scheinbare Realität handelte? In einem Land, in dem auf von Armut betroffene Menschen herabgeschaut wird, haben viele Sendungen den Hass in der Gesellschaft legitimiert: «Da seht ihr es doch, so sieht's bei *denen* zu Hause aus!» Indem einzelne Aussagen aus dem Zusammenhang gerissen werden, werden Teilnehmer*innen oft absichtlich in einem schlechten und oftmals falschen Licht dargestellt – und das ohne ihre Zustimmung. Es ist demnach einfach, sich als Zuschauende zurückzulehnen und zu sagen: selber schuld. Die Ausbeutung in klassistischen Reality-TV-Formaten anzuerkennen ist eben viel schwieriger, als die eigene Bequemlichkeit und den Hang zur Herabwürdigung kritisch zu hinterfragen. Wer damit anfängt, schämt sich automatisch selbst. Und das macht wesentlich weniger Spaß, als sich über andere lustig zu machen.

Müsste also hier schon das Resümee stehen, dass Reality-TV der Endgegner ist und man kein einziges Format unterstützen sollte? So einfach ist das wohl nicht. Es lohnt sich ein Blick auf die Shows moderner Streaminganbieter; dort herrschen nämlich ganz andere Trends als im Deutschland der frühen 2000er:

Liebe, Lust und Luxus. Und manche vermitteln sogar Nützliches.

Ey, du kannst hier auch was lernen!

Sich persönlich weiterentwickeln

Die Sendung *Too Hot to Handle* im Schnelldurchlauf: paradiesische Kulisse, ein Resort, in das mehrere attraktive und extrem leicht bekleidete Menschen einziehen, deren Liebesleben sich einzig um One-Night-Stands und schnelle Affären dreht. Emotionale Verbindungen und tiefgründige Gespräche umgehen sie dabei erfolgreich. Die selbst ernannten *naughty boys and girls* sind deshalb mit dem Konzept der Show vollkommen überfordert: Sie müssen die Finger von sich und voneinander lassen, denn jedes Mal, wenn es zu einer sexuellen Handlung kommt, wird ein bestimmter Betrag vom möglichen Preisgeld abgezogen. Wie am Anfang dieses Textes erwähnt, ist das Spannungsfeld von Geld und Sex nichts Neues. Aber Menschen dabei zuzusehen, wie sie übereinander herfallen, um dann voller Scham mit gesenktem Kopf zu beichten, dass ihre Handlungen die Gruppe mal wieder Beträge im vier- oder gar fünfstelligen Bereich gekostet haben, ist schon wirklich unterhaltend. *Wer wechselt heute Nacht das Bett? Welcher Mann macht sich im Yoni-Workshop über Vulven lustig, und welche Frau zelebriert unter Anleitung eines Coaches ihre Weiblichkeit mit einem Urschrei?* Es wird bei alldem viel gelacht, die Kamerad*innenschaft zwischen ihnen wirkt echt, und wenn sich dann doch zwei unter der Bettdecke oder in der Dusche verabreden, machen sie sich im Anschluss oft über sich selbst lustig – oder sie erklären so verzweifelt, warum sie ihre Finger von dieser bestimmten Person nicht lassen können, dass es beinahe rührt.

Bei Datingshows wie *Too Hot to Handle* beobachte ich oft, dass das Drama zwar nie zu kurz kommt, aber die Stimmung nicht beleidigend oder aggressiv wird. Vielmehr wollen sich die meisten weiterentwickeln. Die Autorin Marie Krutmann teilte in einer Kolumne zu Reality-TV anhand von *Love Island* außerdem folgende Beobachtung, nachdem ein Teilnehmer einem anderen dessen Fehlverhalten aufgezeigt hatte: «Männer wie Marc erklären nicht nur im Einzelinterview, dass das, was die anderen Jungs gemacht haben, für ihn ein ‹No-Go› war, Männer wie Marc suchen auch das Gespräch mit den problematischen Männern.»[6] Auch deshalb sind Wohlfühlformate wie *Queer Eye* so beliebt: Fünf queere Expert*innen helfen Leuten dabei, ihren Lebensstil zu verbessern. Jede Episode macht Spaß, empowert Menschen weltweit und fühlt sich an, als würde man selbst kurz in den Arm genommen werden. Ob Kritiker*innen von Reality-TV es wahrhaben wollen oder nicht – manche Shows prägen Zuschauende auch positiv, und die Menschen vor der Kamera können zu Vorbildern werden.

Den eigenen Horizont erweitern

Ein ganz anderes Konzept verfolgt das Format *Selling Sunset*. In der Immobilienagentur *The Oppenheim Group* arbeiten neben den beiden Besitzern mehrere Frauen als Maklerinnen, die durch die Bank reich, schön und privilegiert sind. Die Serie ermöglicht einen Blick in absurd teure, außergewöhnliche Villen in und um Los Angeles. Zusätzlich und in absoluter Hau-drauf-Manier breiten die Maklerinnen vor sonniger Kalifornien-Kulisse ihre persönlichen Dramen aus. Ich würde den Vibe so beschreiben: viel *bitch boss* auf Stilettos, weniger *beach babe* von nebenan. Wer mit der ersten Staffel anfängt und bis zur aktuellen durchschaut, wird ziemlich schnell feststellen, dass sich über die Jahre hinweg fast alle diversen Schönheitseingriffen unterzogen und die Klamotten sich von extravagant zu exorbitant entwickelt haben. Hätte ich *Selling Sunset* vor zehn Jahren geschaut, hätte ich mich mit Freundinnen zu einem Pizza-Abend verabredet und über die Affektiertheit der Maklerinnen, die omnipräsent aufgespritzten Lippen und Outfits jenseits jeglicher Alltagstauglichkeit gelästert. Wenn mich heute die Schameswelle überkommt, weil ich *Selling Sunset* schaue, das von Filmkritiker*innen als bodenloser Trash bezeichnet wird, erinnere ich mich daran, dass ich die – durchaus zu Recht kritisierten – (Konsum-)Entscheidungen dieser Frauen nicht gutheißen muss, sondern mich vielmehr mit ihren Prägungen und Lebensrealitäten auseinandersetzen möchte. Ein Leben in der Immobilien-Bubble von L.A. ist eine ganz andere Hausnummer als mein Leben in Jogginghose am Schreibtisch. Ich will nicht aus der Ferne urteilen, ich will in diesen Lifestyle eintauchen, um festzustellen: Krass, das gibt es ja auch. Die Frauen in diesen Sendungen sind genauso tief geprägt von der Überzeugung, mit mehr Sexappeal mehr verkaufen zu können, wie ihre reichen Kunden, die denken, wer Minirock und Stilettos trägt, *will* zu einem Date gedrängt werden. Ich war selbst mal in L.A. und kann guten Gewissens sagen, dass ich dem unfassbaren Schönheits- und Performancedruck keinen Tag standhalten würde. Will ich aber auch nicht. Ich will dabei zuschauen, um mich daran zu erinnern, dass meine soziale Bubble nicht der Nabel der Welt ist. Klingt logisch, ist aber etwas, wozu wir alle tendieren – die eigene Meinung, die eigene Lebensweise als die beste und als universell richtig zu sehen.

Reichtum verstehen

Ich bleibe mal bei *Selling Sunset*, weil ich alle Staffeln mehrfach gesehen habe und sie mir gute Beispiele liefern. In der dritten Staffel lässt die Maklerin Christine Quinn eine Hausbesichtigung unter dem Motto *Burgers & Botox* laufen: Kaufinteressierte können sich am Burgerbuffet bedienen und zum Abschied noch die Verjüngungsspritze to go setzen lassen. Wer auf so eine Idee kommt, weiß, wie der Real-Estate-Hase hoppelt. Das ist dermaßen surreal, dass ich, so irritierend das klingen mag, etwas dabei lerne. Ich meine damit nicht, dass dieses Format einen Bildungsauftrag erfüllt, aber dass es Reichtum dokumentiert, von dessen Ausmaßen ich keine Ahnung habe. Um ehrlich zu sein, habe ich mich komplett ertappt gefühlt, als ich im Zuge dieser Recherche auf einen Artikel von *Medium* gestoßen bin. Überschrift: «You have no idea how much $1 billion is». Der Autor Noah Omdal beschreibt darin treffend, was ich ständig versuche zu überprüfen: «Der Gedanke, dass reich gleich reich ist, führt zu einer ungenauen Sicht auf unsere Wirtschaftslandschaft und das Ausmaß der Ungleichheit.»[7]

Natürlich kann man nun argumentieren, dass die Lektüre eines themenspezifischen Sachbuchs oder irgendeine schlaue Doku in der Arte-Mediathek mehr Licht ins Zahlendunkel bringen würde, aber ich will Reality-TV gar nicht mit tatsächlicher Wissensvermittlung vergleichen, sondern aufzeigen: Solche Formate machen die riesigen Unterschiede realer Leben lebendig, weil sie mit Emotionen erzählt werden. Weil sie in Echtzeit passieren und einen Teil des Zeitgeistes abbilden. Nicht umsonst sind die Shows der Superreichen wie *Bling Empire* oder *My Unorthodox Life* so beliebt. Die Schere zwischen Arm und Reich wird in Fernsehformaten oft thematisiert, doch ich glaube, dass die meisten Durchschnittsverdiener*innen viel schneller nachvollziehen können, was es bedeutet, auf Essensmarken angewiesen zu sein, als ein Haus zu besitzen, in dessen Garage zehn Autos parken. Und warum nicht in diese Garage glotzen? Die Besitzer*innen haben kein Problem damit, ihren Wohlstand vor laufender Kamera auszubreiten – im Gegenteil. Es scheint also, dass sich nicht nur die Formate in den letzten Jahrzehnten verändert haben, sondern auch die Motivation der Zuschauenden. Lieber Porsche zählen in Beverly Hills als abgelaufene Gurkengläser in Berlin-Marzahn.

Noch immer höre ich beim Schreiben den Vorwurf vieler Leute, dass es trotzdem total peinlich ist, solche Shows anzuschauen. Ich muss an meinen Vater denken, der Reality-TV unterirdisch findet, allerdings sein Nachmittagsnickerchen zu Sitcoms wie *Two and a Half Men* macht, wo misogyne Witze schneller gedroppt werden, als Eminem sie rappen könnte. Herrlich, diese Doppelmoral. Denn nur weil ein Format professioneller wirkt, heißt es nicht, dass es eine größere Daseinsberechtigung hat. Trotzdem spüre ich, wie schnell sich seine Meinung auf mich auswirkt, schließlich will ich von anderen so wahrgenommen werden, wie ich mich selbst sehe, nämlich als Mensch, der fähig ist, zu differenzieren und zu reflektieren. «Du kannst doch echt was Sinnvolleres mit deiner Zeit anstellen!», rufen die lauten Stimmen in meinem Kopf. «Nö!», schieße ich zurück. Denn je kleinteiliger ich mich mit dem Thema befasse, desto sicherer fühle ich mich dabei, mit meiner Fremdscham umgehen zu können. Erst informieren, dann urteilen. Und in diesem Prozess stoße ich auf Fakten, die zeigen, wie komplex die Welt vor und hinter der Kamera von Reality-TV ist.

Die Kraft des Genres: Zwischen Empowerment und Ausbeutung

Sobald eine neue Staffel von *Too Hot to Handle* startet, wachsen die Social-Media-Profile der jeweiligen Contestants in Rekordzeit. Sie bauen eine so große Fanbase auf, dass ihnen nach der Show viele Türen offenstehen. Von Unternehmer*innen zu Medienpersönlichkeiten, Models oder Moderator*innen ist so ziemlich alles dabei, was sich gut vermarkten lässt. Ich freue mich über ihre Erfolge – zu Recht, wie ich finde, denn die meisten werden für ihre Teilnahme gar nicht bezahlt. Kost und Logis sind gedeckt, ansonsten ruht sich die Produktionsfirma auf dem Fame aus, den sie ihnen im Vorfeld verspricht. Der tritt oftmals ein, hängt aber davon ab, wie viel Sendezeit die Leute bekommen und wie sie dargestellt werden. Im Fall von *Too Hot to Handle* werden seitens des Formats die Flugtickets ins Paradies gestellt sowie der Aufenthalt in einer Luxusvilla inklusive einer 5-Sterne-Verpflegung. Trotzdem fühlt es sich so an wie die Ausbeutung vieler Unterhaltungskünstler*innen, die für ihren Auftritt nicht bezahlt werden, weil ihnen eingeredet wird, dass sie dadurch schnell bekannt würden. Dabei handelt es sich allerdings um eine Verlagerung der Verantwortung, denn Fakt ist: Das Format würde es ohne die Teilnehmenden nicht geben – und diese Teilnahme muss bezahlt werden.

Es ist ziemlich einfach, Menschen, die keine Erfahrungen im Entertainment-Business haben, für Reality-TV auszubeuten. Motivierende Faktoren wie Geld, Ruhm oder Liebe nutzen Produzent*innen dieser Sendungen aus, um Contestants zu locken. Das ergibt Sinn, wenn man den Aufstieg des amerikanischen Reality-TV in einen Kontext setzt: 2007 kam es in Hollywood zu einem monatelangen Streik von (Drehbuch-)Autor*innen, der viele Serien zum Stillstand brachte.

Schnell und effektiv mussten neue Formate aufgezogen werden – das Reality-TV zurückzubringen war dabei die logische Konsequenz. Laiendarsteller*innen standen und stehen bis heute nicht unter dem Schutz von Gewerkschaften, sie treten nicht organisiert auf, sondern sind oftmals recht grün hinter den Ohren. Bei der Ausstrahlung wundern sie sich dann nicht selten über die Person auf dem Bildschirm, in der sie sich gar nicht wiedererkennen: Jessica Batten, eine Teilnehmerin der Show *Love Is Blind*, wurde als unehrlich und untreu dargestellt, sodass sie der Hass, der ihr entgegenschlug, nicht nur überraschte, sondern unfassbar verletzte. Die Autorin Ilene Krall schreibt dazu: «Am überraschendsten war jedoch, dass sie die Produzenten angefleht hatte, die Sendung zu verlassen, als sie erkannte, wie wenig sie für ihren Partner empfand und wie schlecht es ihr ging. Anstatt dies zu akzeptieren, zwangen die Produzenten sie zu bleiben, um den Vertrag zu erfüllen.»[8]

Wer also hält die Zügel in der Hand? Welche Teilnehmer*innen sind von den Produzent*innen abhängig und welche wissen ganz genau, was sie tun, und verfolgen dabei eine eigene Agenda, die sich am Ende auszahlt? Die ehemalige *Selling Sunset*-Darstellerin Christine Quinn beherrschte die Rolle der manipulativen Platin-Blondine aus dem Effeff. Ich habe keine Ahnung, ob sie abseits der laufenden Kamera genauso polarisierend auftritt oder ob sie lediglich Facetten ihrer Persönlichkeit so für das Format auslebte, dass sie wie eine Filmfigur wirkte. Auf ihrem Instagram-Account finden sich vor allem inszenierte Aufnahmen von ihr, die Unnahbarkeit, Perfektion und Luxus ausstrahlen. 2022 veröffentlichte sie ihr erstes Buch mit dem Titel *How to Be a Boss Bitch*. In der Beschreibung heißt es: «Quinn wurde schon als *die meistdiskutierte Frau im Fernsehen* oder als *Schurkin, die 2020 gebraucht wurde* bezeichnet, und sie scheut sich nicht, über die Eigenschaften zu sprechen, die ihr den Erfolg beschert haben, den sie heute hat: Hartnäckigkeit, Selbstvertrauen und Furchtlosigkeit, und das alles in voller Glamour- und Designerkleidung.»

Bei Christine Quinn gehen die Meinungen weit auseinander. Wer aufseiten der restlichen Maklerinnen ist, wirft Quinn Manipulation und das bewusste Kreieren von Missverständnissen vor. Andere finden, dass die Gruppe sich von Christine abgewandt hat, sie nun alleine dasteht und gemobbt wird. Wer hat recht? Keine Ahnung. Fakt ist aber, dass Quinn diese Rolle für sich beansprucht hat, sie für sich nutzt und eine Medienpersönlichkeit geschaffen hat, mit der sie Millionen verdient, denn sie sagt selbst: «Ich war die Einzige, die gesagt hat: ‹Hey, das ist eine Show, und ich werde der Welt eine Show liefern.›»[9] Sie ist also kein Opfer von Reality-TV, sie melkt den Kapitalismus derart unverblümt und kompromisslos, dass ich mich immer wieder an ihr abarbeite, weil ich nicht weiß, was ich davon cool finde – und was ausbeuterisch. Doch egal ob man sie für ihre Erfolge feiert oder sie als antifeministisch einstuft, weil sie ihre Privilegien ausnutzt und andere dabei manipuliert – sie liebt es, im Mittelpunkt zu stehen und ihr Leben vor laufender Kamera auszubreiten. Das ist eine Sozialstudie auf dem Silbertablett, die deutlich aufzeigt, wie vertrackt das (Über-)Leben im Kapitalismus ist, denn: Einerseits können Formate wie *Selling Sunset* empowernd wirken, schließlich verkaufen hier Frauen erfolgreich Luxusimmobilien in einer männerdominierten Branche. Andererseits zementieren solche Shows kapitalistische Maßstäbe bezüglich Schönheit und wirken extrem einflussreich auf Zuschauer*innen, allen voran junge Frauen. Sie zeigen deutlich auf: Wer schön ist, wird schneller reich. Und was Schönheit bedeutet, das bestimmen *wir*.

Ich habe für diesen Essay viele Artikel gelesen und mit einigen Journalistinnen gesprochen, wobei mir eine große Gemeinsamkeit aufgefallen ist: Egal wie kritisch die Stimmen waren, egal wie viele Statistiken geteilt wurden, egal wie niederschmetternd das Urteil zu Reality-TV ausfiel – alle Autorinnen schalten trotz ihres Wissens am Ende des Tages ein, um selbst abzuschalten. Das überrascht mich insofern, als man sagen könnte, die müssten es ja besser wissen. *Die* sind aber auch nur Menschen und dürfen in Zeiten von Pandemie, Kriegen und Klimakrise den Kopf ausschalten und wegdösen, während zehn Leute darauf warten, eine Rose überreicht zu bekommen. Als die Pandemie ausbrach, fühlten sich viele einsam und sehnten sich nach sozialer Interaktion. Reality-TV hat dabei eine sichere Wohlfühloase geboten. Eine Realitätsflucht ermöglicht, die zeigt: Ah, auch eine Kardashian läuft gegen Glastüren. Na, dann ist ja alles gut.

Ist es natürlich nicht. Shows, in denen es vordergründig um Attraktivität und körperliche Performance geht, feuern Essstörungen an, und die Dating-Formate, in denen alte heteronormative Muster als Romantik verkauft werden, stellen eigene Erwartungen ans Liebesleben auf den Kopf. Nicht zu vergessen, dass Reality-TV den 45. Präsidenten der USA fürs Volk in Form gegossen hat. In der Show *The Apprentice*, die bis 2017 ausgestrahlt wurde, traten Kandidat*innen gegeneinander an, um eine Jury von sich und ihren Fähigkeiten als potenzielle Auszubildende zu überzeugen. In dieser saß auch Donald Trump, und er winkte mit einem Jobangebot im hauseigenen Imperium. Laut James Poniewoziks Buch *Audience of One: Trump, Television, and the Fracturing of America* sollte er in der Show vor allem wohlhabend und legitim rüberkommen.

Judy Berman schreibt dazu im *Time Magazine*: «Nun, es hat funktioniert. Und Trump, der vollendete Reality-Star, brachte die Leitprinzipien des Mediums – Konflikt, Chaos und öffentliche Demütigung – in den Westflügel.»[10] Das stimmt. Und es ist so gruselig, dass es zeigt: Reality-TV muss ernst genommen anstatt belächelt werden. Sich einfach nur für die Inhalte fremdzuschämen, ist genauso kurz gedacht, wie Fans der Formate beschämen zu wollen. Aber was ist nun die Lösung? Ehrlich gesagt habe ich keine, sondern nur einen persönlichen Leitfaden, der für alles in der Unterhaltungsbranche gilt: mit Vorsicht genießen. Denn das Genre bleibt. Und es verändert die Art und Weise, wie gerade junge Menschen Shows konsumieren.

… und die Scham keinen Platz hat

Für mich als Jugendliche, die viel Fernsehen geschaut hat, stellt dieses Hobby bis heute einen persönlichen Wohlfühlort dar. Ich liebe das Hintergrundgeräusch einer bereits mehrfach gesehenen Show, wenn ich koche oder putze, weil ich alleine lebe und mich das «Nebenbei-Fernsehen» ganz warm in die Erinnerung meiner Jugend verpackt. Jahrelang habe ich die Nachmittage alleine verbracht, weil ich Einzelkind bin und meine Eltern beide arbeiteten. Wenn ich dann mitbekam, dass in einigen Familien meiner Freund*innen alle zusammensaßen und Spiele spielten, im Garten Pflanzen säten oder überhaupt eine zweite Person anwesend war, schämte ich mich oft für meinen Fernsehkonsum, empfand ihn als Sucht und überlegte, ob mich meine Eltern wirklich vor dem Gerät «parkten», ob mein Zuhause zerrüttet und Fernsehen wirklich nur etwas für Dumme und Faule sei – so das gängige und hartnäckige

Urteil einer Gesellschaft, die klassistisch denkt und handelt. 2021 veröffentlichte die Unternehmerin Madeleine Darya Alizadeh auf Instagram einen Post, in dem sie beschreibt, warum Fernsehen, insbesondere Reality-TV-Formate, einen wichtigen Stellenwert in ihrem Leben hat: «Fernsehen ist für mich ein Zuhause, denn es spendete mir Trost und gab mir Gesellschaft, wenn mein Bruder und ich jeden Nachmittag allein zu Hause waren. Für manche mag es lächerlich erscheinen, dass etwas wie ein Fernseher einen emotionalen Wert haben kann, aber für mich hat er das tatsächlich.» Insbesondere weil die Kritik an Fernseh- und Reality-TV-Konsum oft so einseitig ist, finde ich die Entwicklung hin zum heutigen Streaming so interessant: 22 Euro im Monat geben deutsche Haushalte für Streaming-Anbieter aus.[11] Leute *bingen* Serien in einer Nacht und schämen sich nicht für den übermäßigen Konsum, weil es ja ein englisches Kultwort dafür gibt und weil man dieses und jenes Format gesehen haben *muss*. Was früher peinlich und verpönt war, ist heute salonfähig im eigenen Wohnzimmer – und wird durch Social Media weitergedreht.

Nicht selten erschafft die Zielgruppe, die heute noch guckt, schon morgen ein eigenes Format – denn die Videos auf YouTube und TikTok, in denen Leute ihr Leben dokumentieren, sind nichts anderes als eine weitere Spielart von Reality-TV. Bestes Beispiel ist die Amerikanerin Emma Chamberlain, gerade mal Anfang zwanzig und bereits seit Jahren eine bekannte Internetpersönlichkeit. Sie setzte auf YouTube den Trend, den Reality-TV schon vor zwanzig Jahren bediente: Nahbarkeit. In vielen Videos quatscht sie ungeschminkt in die Kamera, wirkt ein bisschen schräg und chaotisch. Mittlerweile arbeitet sie als millionenschwere Unternehmerin, hat eine Kaffee-Marke aufgebaut, hostet einen Podcast und interviewte auf dem roten Teppich der *Met Gala* 2022 weltbekannte Stars. Mit wachsender Reichweite entstehen aus Kinderzimmervideos extrem erfolgreiche Formate. Und die, die das erschaffen haben, vermitteln denjenigen, die dabei zuschauen: Wenn ich das kann, kannst du das auch.

Ich verstehe, was viele daran inspirierend finden, und ich verstehe genauso gut, dass es gefährlich ist, wenn Grenzen verschwimmen und die einzige Regel lautet: Je unterhaltsamer, desto erfolgreicher und je erfolgreicher, desto süchtiger werden Zuschauer*innen – und desto reicher Produktionen. Doch Reality-TV spielt lediglich eine neue Rolle in einem Entertainment-Business, in dem diese Abfolge schon unendlich lange umgesetzt und zelebriert wird. Deshalb sollte das Genre nicht isoliert betrachtet und verachtet werden. Wer sich jetzt noch sicher ist, dass seine Konsument*innen sich schämen sollten, müsste jedes andere Unterhaltungsformat genauso kritisch unter die Lupe nehmen – vor und hinter der Kamera. Die logische Konsequenz wäre: abschalten, und zwar alles.

Frauen und Kinder zuerst

ÜBER UNGEWOLLTE SCHWANGERSCHAFT

Als mir meine Schwangerschaft bestätigt wurde, fragte ich mich immer wieder, wie ich es dem Mann, mit dem ich mich ein paar Mal getroffen hatte, sagen sollte. Der Satz «Ich bin schwanger» kam mir so schwer über die Lippen, weil es sich so anfühlte, als würde ich ihn in etwas reinziehen, was meinen Körper betrifft, ihm jedoch die Zukunft verbaut. Ich fühlte mich als Überbringerin schlechter Nachrichten. Deshalb versuchte ich mich davon zu überzeugen, dass «Ich bin» wenigstens nicht so übergriffig klang wie «Wir sind», obwohl ich, rein rational betrachtet, natürlich wusste, dass es zum Schwangerwerden noch immer zwei Personen braucht. Die Situation, in der ich mich befand, war nicht komplett selbst verschuldet – eigentlich war sie überhaupt nicht selbst verschuldet, denn verhütet hatten wir natürlich. Und doch fand ich es unglaublich ungerecht, dass ich in den Tagen voller Angst und Panik wie gelähmt in meinem Bett lag, während er nichts davon wusste und tun und lassen konnte, was er wollte. Aus der Scham heraus, ihm ins Leben zu grätschen, suchte ich nicht das Gespräch. Aus der Scham heraus, wie er mich dann anschauen würde. Aus der Scham heraus, dass *mir* das passiert war.

An zwei Dinge kann ich mich gut erinnern. Als ich mit Anfang zwanzig ungewollt schwanger war, lag ich tagelang im Bett und tat nichts außer Niels Freverts Album «Zettel auf dem Boden» in Dauerschleife zu hören und die *Sex and the City*-Folge «Hätte, würde, sollte» ein Dutzend Mal zu gucken. In der Episode findet Miranda heraus, dass sie schwanger ist, und stößt damit ein Gespräch über Abtreibungserfahrungen unter den Freundinnen an, was mit Charlottes unerfülltem Kinderwunsch kollidiert. Der Rest dieser Zeit ist schwammig: Ich weiß nicht, was ich gegessen habe und ob jemand mal angerufen hat und wenn ja, wer. Aber ich kann mich ganz genau an die Gefühle erinnern, die Musik und Serie in mir ausgelöst haben: Freverts Songs trösteten mich. Und diese eine Folge der vierten Staffel *Sex and the City* munterte mich auf. Weil sie – vor allem für die damalige Zeit – die Causa «Ungewollt schwanger» ehrlich und kompromisslos, aber auch witzig und mitfühlend erzählt. Die Message der Folge: Du hast immer eine Wahl. Und das fühlte sich an wie die Umarmung dieser vier Freundinnen, die ich mir in der Realität nicht zugestand, weil ich mich unendlich schämte. Um ehrlich zu sein, hat diese ungewollte Schwangerschaft das größte Schamgefühl ausgelöst, das ich bislang erlebt habe.

«Ich kann nicht fassen, dass mir das passiert ist» – das zementierte sich zuerst in meinem Kopf, bis ich den Gedanken schließlich laut aussprach. Zu dem Zeitpunkt wusste ich noch nicht mal sicher, dass ich schwanger war, denn ich wartete verzweifelt darauf, meine Periode vielleicht doch noch zu bekommen und den Test, der anklagend auf dem Küchentisch lag, einfach wegwerfen zu können. Trotzdem hatte die Scham mich längst in ihren Klauen. Und mich an den Tagen, an denen ich keinen Bissen herunterbekam, verlässlich mit

Feststellungen wie «Jetzt hast du dir dein Leben versaut» und «Selbst schuld» gefüttert. Auch gut: «Alle haben Sex, aber ich bin schwanger geworden.» Viele Jahre später weiß ich, dass ich mir diese Bosheiten damals nicht ausgedacht, sondern lediglich das wiederholt habe, was mir vor allem die Medien beigebracht hatten: In Wohlfühl-Serien wie *Gilmore Girls* wurden ungewollte Schwangerschaften junger Menschen als ein großes Drama dargestellt, das nur durch das intensive Zusammenrücken liebevoller Menschen zu bewältigen war. In Reality-TV-Formaten wie *Teen Mom* machte man sich über ebendiese lustig, die erst zu inkompetent waren, um zu verhüten, und dann zu inkompetent, um ein Kind großzuziehen.

Ich schämte mich sehr lange für meine ungewollte Schwangerschaft, ohne ultrakonservativ und religiös aufgewachsen zu sein. Ich schämte mich sehr lange für meine ungewollte Schwangerschaft, obwohl ich durch die intensive Auseinandersetzung damit zur Befürworterin reproduktiver Selbstbestimmung wurde. Der gesellschaftliche Konsens darüber, dass ich mich in einer äußerst unerfreulichen und vollkommen selbstverschuldeten Situation befand, reichte damals jedoch locker aus, um mich im nächsten Erdloch verkriechen zu wollen – denn die Scham, die sich wie selbstverständlich in meinen Uterus einnistete, war so mächtig, dass ich mich heute tatsächlich nicht mehr daran erinnern kann, was vor all den Jahren im Detail passiert ist. Die Wände dieses Kapitels sind so dunkel angestrichen, dass einzig Niels, Carrie, Samantha, Charlotte und Miranda hell darin leuchten.

Verhütung ist Frauensache ist Frauensache Verhütung?

1960 wurde die Antibabypille als sexuelle Befreiung der Frau gefeiert, und erst seitdem ihre starken Nebenwirkungen hinterfragt werden, wird sie immer häufiger abgesetzt. In einer Umfrage von 2018 wurde deutlich, dass in der Altersgruppe von 16 bis 29 Jahren die Nutzung der Pille um 16 Prozent gesunken ist, nämlich von 72 auf 56 Prozent.[1] Gleichzeitig wird das Kondom öfter verwendet, auch wenn nicht jeder Mann weiß, wie man es richtig nutzt, damit die Verhütung sicher ist – rund 80 Prozent aller Männer kaufen die falsche Kondomgröße, und viele wissen nicht, wie man es korrekt abzieht, damit es nicht reißt oder platzt. Die Pharmaindustrie stellt nach wie vor eine Bandbreite an (hormonellen) Verhütungsmitteln für Frauen zur Verfügung, für Männer gibt es nach wie vor einzig die Optionen Kondom oder Vasektomie, was also noch immer suggeriert: Verhütung ist Frauensache. Eine Absurdität an sich, schließlich kann sich im Uterus nur einmal im Monat ein Ei einnisten, während der Penis theoretisch mehrmals am Tag ein Kind zeugen kann. Dabei wurde schon vor der Zulassung der Antibabypille an möglichen Verhütungsmitteln für den Mann geforscht, doch erst ein Mal hat es eine Hormonspritze für den Mann in die dritte Testphase der Entwicklung geschafft. Sie war zu 95 Prozent sicher.[2] Zugelassen wurde sie nie, denn die Probanden klagten über Nebenwirkungen und Symptome, die Frauen von der Antibabypille nur allzu gut kennen: Nachlassen der Libido und extreme Stimmungsschwankungen, um nur zwei zu nennen. Begründet wird die Nichtzulassung damit, dass sich die Ansprüche an Medikamente im Laufe der Zeit erhöht haben. Die Antibabypille von damals würde heute gar nicht mehr permittiert werden. Trotzdem tut sich was in der Forschung: An der Washington State University haben Wissenschaftler*innen das Gen identifizieren können, das für die Bildung der Spermien zuständig ist, und herausgefunden, wie es blockiert werden kann.[3]

Aufgrund der Vielzahl solcher verschreibungspflichtiger Verhütungsmittel sitzen viele Frauen bereits in jungen Jahren im gynäkologischen Beratungsgespräch, wo sie lernen sollen, Verantwortung für ihren Körper zu übernehmen. In den meisten Fällen bedeutet das, dass ihnen sehr schnell die Pille verschrieben wird. In weiblicher Sozialisierung liegt aber dadurch auch der Subtext: Auf den Mann kannst du dich nicht verlassen – ob du schwanger wirst oder nicht, hängt von dir ab. Das erhöht bei vielen den Druck, aufmerksam zu sein, verantwortungsvoll zu handeln, und baut gleichzeitig für heranwachsende Männer eine Distanz zum Thema auf. «Nimmst du die Pille?», ist gerade in den 20ern eine Frage, die junge Männer ihren Sexpartnerinnen stellen, weil sie gelernt haben, dass sie sich auf Frauen verlassen können, und Frauen wissen, dass sie keine andere Wahl haben, als sich mit Verhütung auseinanderzusetzen.

Wenn beim Geschlechtsverkehr in puncto Verhütung irgendwas schiefgelaufen ist, gibt es die «Pille danach» als Notfallverhütung. Je nach Produkt kann sie bis zu 120 Stunden nach dem Sex eingenommen werden, um eine Schwangerschaft zu vermeiden. Das Medikament gibt es seit 2015 rezeptfrei in der Apotheke, was auf viel Gegenwind stieß. «Die Pille danach ist kein Smartie», sagte der damalige Bundesgesundheitsminister Jens Spahn 2018 und unterstützte damit die Skepsis vieler Apotheker*innen: In einer wissenschaftlichen Erhebung der Universität Fulda, bei der Einflussfaktoren beim Zugang zu

Notfallkontrazeptiva untersucht wurden, wurde festgestellt, dass über 70 Prozent der befragten Apotheker*innen das Medikament bedenklich finden, und über 50 Prozent waren der Meinung, dass es Frauen zu verantwortungslosem Handeln verführen würde.[4] Vor allem für sehr junge Menschen, Frauen mit geringen Deutschkenntnissen und nach Sexualdelikten gestaltete sich der Kauf des Medikaments als schwierig. In einigen Fällen haben sich Angestellte sogar geweigert, es herauszugeben. Daraufhin hat der Bundesverband pro familia eine Umfrage unter Käufer*innen der «Pille danach» durchgeführt.[5] Die Befragten haben angegeben, dass sie beim Gang in die Apotheke eher ausgefragt als beraten worden sind. Mehrere berichten von übergriffigen Aussagen, Unterstellungen und ungefragten Ratschlägen, die vor allem von männlichen Mitarbeitern ausgegangen sind. Andere empfanden das Gespräch vor Ort als absolut indiskret. Der Kauf der «Pille danach»? Für viele ein Walk of Shame.

Verantwortungslose Penisse

«Es ist eigentlich unglaublich», sagt meine Freundin am Telefon zu mir. «Mein Leben lang hatte ich nach jedem Sex Angst, schwanger zu sein. Dabei habe ich mich nie gefragt, ob ich überhaupt schwanger werden kann.» Seit wenigen Monaten weiß sie: Die Chancen, auf natürlichem Weg ein Kind zu zeugen, sind sehr gering. Ich nicke, auch wenn sie meine Reaktion am anderen Ende der Leitung nicht sehen kann. Denn ich kenne diese Panik gut. Viele sind in jungen Jahren permanent damit beschäftigt, nicht schwanger zu werden, weil die Hypersexualisierung von Mädchen- und Frauenkörpern in den Medien ein Bild dauerfruchtbarer Sexobjekte zeichnet.

Als ich siebzehn war, schlug meine Mutter vor, dass ich mir die Pille verschreiben lasse. Fand ich super, allerdings hatte ich dadurch fast zehn Jahre lang keine Ahnung, wie der cis weibliche Zyklus, insbesondere mein eigener, überhaupt funktioniert. Erst als ich das Medikament absetzte, erinnerte ich mich daran, was ich eigentlich mal gelernt hatte: Ich kann nur an einigen Tagen pro Zyklus schwanger werden und sicherlich nicht an allen. Die durchgehende Einnahme von hormonellen Verhütungsmitteln hatte dieses Wissen komplett vernebelt.

Heranwachsende cis Männer werden noch viel mehr von diesem Thema abgeschottet. In Straßenumfragen zur Periode wird oft deutlich, wie viele von ihnen kaum etwas über den cis weiblichen Zyklus wissen, was dann oftmals von blöden Witzen über Hormonschwankungen begleitet wird.[6] Dabei ist die Enttabuisierung des Zyklus ein wichtiger Schritt, um in Verhütungsfragen Gleichberechtigung zu erlangen. Ich kann mir die verantwortungslose Leichtfertigkeit im Umgang mit dem Thema nur so erklären: Entweder vertrauen viele Männer ihren Geschlechtspartnerinnen blind in puncto Verhütung – was den gesellschaftlichen Konsens bestätigt, dass sich Menschen mit Uterus nach wie vor darum kümmern. Oder die Männer aus den Straßenumfragen wissen, dass sie zwar zu einer Schwangerschaft beitragen, diese aber nicht automatisch zu einem Problem für sie wird.

Mit Anfang zwanzig hatte ich eine Freundin, die bereits damals «natürlich» verhütete. An einem im Kalender rot markierten Tag, also einem Tag, an dem die Zyklus-App sie als fruchtbar einstufte, überredete ihr Freund sie zu ungeschütztem Sex mit der Aussage: «Wenn du schwanger wirst, dann soll es so sein und wir kriegen eben ein Kind.» Nach langem Hin und Her willigte meine Freundin ein. Als sie ein paar Wochen später tatsächlich einen positiven Schwangerschaftstest in der Hand hielt, hatte ihr Freund plötzlich nur eine Reaktion parat: Schock. Er meinte, das sei eigentlich nur ein Scherz gewesen, und zog den spontanen Kinderwunsch so schnell zurück wie eine schlechte Karte beim Pokerspiel. Die Gedankenlosigkeit, mit der manche Männer das Risiko einer Schwangerschaft verharmlosen, ist sicherlich nicht die Regel, aber eben auch nicht die Ausnahme.

Seitdem Manipulation und Machtmissbrauch beim Sex differenzierter betrachtet werden, können sie besser benannt und damit auch immer öfter strafrechtlich verfolgt werden. Das Phänomen «Stealthing» macht es deutlich: Die Person mit Penis zieht das Kondom ab, ohne die andere Person darüber zu informieren, was zu ungeschütztem Sex führt. 2018 gab es das erste Stealthing-Urteil in Deutschland.[7] Begründung: sexuelle Übergriffigkeit. Das Opfer wird durch die Handlung der Gefahr ausgesetzt, sich mit einer Geschlechtskrankheit anzustecken oder schwanger zu werden. Die amerikanische Juristin Alexandra Brodsky wertet Stealthing als Verletzung der Würde und Autonomie der betroffenen Person. In einem Paper für das *Columbia Journal of Gender and Law* kommt sie zu dem Schluss, dass «Befürworter von Stealthing ihre Unterstützung in einer Ideologie der männlichen Vorherrschaft verankern, in der Gewalt das natürliche Recht des Mannes ist».[8] Der deutsche Sexualstrafrechtler Joachim Renzikowski bestätigt das: «Bei den meisten Sexualstraftaten geht es um Macht, Gewalt und Unterwerfung.»[9] Macht übertrumpft Verantwortung. Deshalb tauschen sich Männer in Onlineforen über ihre Stealthing-Erfahrungen aus, prahlen mit Erfolgen und geben Tipps zu Manipulationstechniken. Die Journalistin Nora Burgard-Arp hat sich durch diese Foren gelesen und einen Ratschlag gefunden, den ein Mann an seine Stealthing-Kumpels weitergibt. Er sagt den geschockten Frauen nach dem Sex: «Ich dachte, du wüsstest, dass ich das Kondom ausgezogen habe? Wieso hast du das nicht gespürt?» Im Forum schreibt er, er habe eine hohe Erfolgsquote. Ich glaube es ihm sofort.

Nach der Ohnmacht kommt der Wettlauf gegen die Zeit

Als ich in den wenigen Wochen meiner Schwangerschaft durch mein Leben stolperte, nahm mich irgendwann eine nahestehende Person in den Arm und fragte zum allerersten Mal: Was willst du tun? Nach Tagen des Luftanhaltens atmete ich endlich lange und tief aus. Mir wurde bewusst, dass ich mir diese Überlegung gar nicht zugestanden hatte. Vielmehr waren meine Gedanken darum gekreist, wie ich als alleinstehende junge Berufsanfängerin ein Kind bekommen sollte, das ich nicht geplant hatte. Da fiel mir ein, wie meine Frauenärztin reagiert hatte, als sie mir die Schwangerschaft bestätigte. Sie hatte mir keine einzige Frage gestellt, sondern lediglich zwei Medikamente in die Hand gedrückt, die mich in den ersten Wochen der Schwangerschaft unterstützen sollten. Die einzige Tür, die sie daraufhin geöffnet hatte, war die zur Rezeption, um einen Folgetermin auszumachen.

Ich dachte also wirklich, ich hätte keine Optionen. Kein Recht auf Selbstbestimmung, kein Recht darauf, zu beeinflussen, zu entscheiden, was in *meinem* Körper passiert. Und dann passierte, was in 10 bis 15 Prozent der Fälle von Schwangerschaften eintritt: Ich verlor den Embryo. In einem so frühen Stadium, in dem viele Betroffene übrigens gar nicht wissen, dass sie überhaupt schwanger waren.

Weltweit gibt es jährlich 121 Millionen ungewollte Schwangerschaften.[10] Das macht ungefähr 48 Prozent aller Schwangerschaften aus. Mehr als 60 Prozent davon werden durch eine Abtreibung abgebrochen, die Hälfte davon aufgrund staatlicher Illegalisierung unter gefährlichen Umständen. In Deutschland werden über 100000 Abbrüche im Jahr durchgeführt, was beinahe der Anzahl von jährlichen Blinddarmoperationen entspricht.[11] Hierzulande bricht jede fünfte Schwangere eine Schwangerschaft ab. Diese Zahl lässt vermuten, dass es sich bei einer Abtreibung um einen gängigen medizinischen Eingriff handeln muss – doch der Abbruch ist im Strafgesetzbuch verankert. Konkret sieht es in Deutschland so aus, dass eine schwangere Person, die abtreiben möchte, sich von einer staatlich anerkannten Schwangerschaftskonfliktberatungsstelle beraten lassen muss – viele von ihnen haben allerdings einen kirchlichen Hintergrund und verfolgen eine Pro-Life-Agenda. «Es ist ganz furchtbar gewesen, nach dem positiven Test überhaupt an Informationen zu kommen. Es kamen nur christliche Adoptionsseiten und ich habe mich wie eine Mörderin gefühlt», sagt eine Betroffene gegenüber dem Medium *Correctiv*.[12] Die Bescheinigung über das geführte Gespräch muss dann in der Praxis oder der Klinik, wo der Abbruch vorgenommen wird, vorgelegt werden. Außerdem muss der Eingriff innerhalb von zwölf Wochen nach der Empfängnis stattfinden. Wenn das alles erfüllt wird, bleibt die Abtreibung straflos. Zwölf Wochen klingen in unterschiedlichen Kontexten unterschiedlich lang – im Falle einer ungewollten Schwangerschaft bedeutet es, dass die betroffene Person sehr schnell handeln muss. Statt flächendeckender medizinischer und barrierefreier Versorgung wartet jedoch ein Hindernisparcours auf sie, der sich so zusammensetzt: Die Suche nach Informationen beginnt oft online – medizinische Fakten, Beratungsstellen, die gesetzliche Regelung und Kosten für den Abbruch sind abrufbar. Doch das Internet ist eben auch gespickt mit absichtlichen Fehlinformationen von Abtreibungsgegner*innen, die mithilfe von Beschämung und Schuldzuweisung versuchen, ungewollt Schwangere in die Austragung zu manipulieren. Wer falsche Informationen von Fakten getrennt hat, ist dann damit beschäftigt, einen Termin für das verpflichtende Beratungsgespräch zu bekommen – das muss man nämlich auch dann führen, wenn man sich bereits entschieden hat. Ich finde das Angebot einer neutralen und wertfreien Beratung gut für alle, die unsicher sind. Doch eine generelle Verpflichtung dazu zeigt auf, dass Schwangeren nicht zugetraut wird, sich eigenständig entscheiden zu können. Und sie nicht eigenmächtig entscheiden dürfen. Die Ärztin Kristina Hänel wurde bereits mehrfach für das Bereitstellen von Informationen zu Abtreibungen auf ihrer Website verurteilt, weil sie gegen das sogenannte Werbeverbot verstoßen hat, das in § 219a festgehalten war – dieser wurde inzwischen jedoch abgeschafft. In der mündlichen Urteilsbegründung des ersten Prozesses hieß es, dass schwangere Frauen aufgrund ihres hormonellen Zustandes nicht in der Lage seien, frei zu entscheiden.

Wer schließlich die Bescheinigung über das Beratungsgespräch ausgehändigt bekommt, benötigt einen Termin in einer Klinik oder Praxis, wo ein medizinischer oder medikamentöser Abbruch vorgenommen wird. Den zu bekommen ist allerdings gar nicht so einfach, denn nicht alle Gynäkolog*innen führen Schwangerschaftsabbrüche durch, und manche Betroffene müssen mehr als fünfzig Kilometer zur nächsten Einrichtung fahren. Die Abtreibung muss aus eigener Tasche bezahlt werden, sofern keine kriminologische oder medizinische Indikation vorliegt oder man nicht als sozial bedürftig eingestuft wird. In der Regel kostet sie zwischen 350 und 600 Euro.

Ich kann bestätigen, was auf den Websites vieler Beratungsstellen geschrieben steht: Eine ungewollte Schwangerschaft stellt für Betroffene oftmals eine psychisch extrem belastende, mitunter auch eine körperliche Herausforderung dar. Nach der Abtreibung stellt sich bei den meisten Erleichterung ein. Das geht auch aus einer umfangreichen Langzeitstudie hervor, deren Schlussfolgerung ist, dass fast alle Menschen, die einen Abbruch vornehmen ließen, fünf Jahre später immer noch hinter der Entscheidung stehen – während diejenigen, denen er verweigert wurde, unter negativen psychologischen Folgen leiden.[13] Pro familia schreibt dazu: «So kann ein Schwangerschaftsabbruch als etwas Sinnstiftendes in die Biografie eingewoben werden, statt als etwas Äußerliches weiter zu wirken, das man am liebsten vergessen würde.»[14]

Warum wird der Weg zum Beenden einer Schwangerschaft derart erschwert und dadurch emotional aufgeladen, sodass der Abbruch noch immer als Tabuthema gilt, über das Betroffene lieber schweigen als sprechen?

Der kriminalisierte Abbruch zeigt zwei Dinge

1. Der «Schutz des Lebens» ist antastbar

Um zu verstehen, warum die Abtreibung seit dem Jahr 1871 im Strafgesetzbuch steht und auch in vielen anderen Ländern ganz verboten oder nur unter bestimmten Voraussetzungen erlaubt ist, muss man sich anschauen, mit welchem Argument diese Regelung «zum Schutz des ungeborenen Lebens» legitimiert wird.

Wann beginnt Mensch-Sein? Wenn die Seele in den Körper einzieht? Wenn er Bewusstsein erlangt? Oder wenn er als individuelles Wesen gilt? Rein rechtlich trägt in Deutschland ein ungeborenes Kind die Menschenwürde. In der Debatte um Schwangerschaftsabbrüche geht es immer wieder darum, ob ein Mensch oder ein Zellhaufen abgetrieben wird. Doch in der Pro-Life-Rhetorik berufen sich Christ*innen oftmals auf die Bibel, in der ihrer Überzeugung nach geschrieben steht, dass «Abtreibung Mord ist» oder, um den Papst direkt zu zitieren, «einem Auftragsmord gleichkommt». Tatsächlich wird diese Theorie von der Bibel nicht gestützt.

Die Schweizer Theologin Tania Oldenhage hat vor einigen Jahren ein Seminar an der Harvard Divinity School zum Thema «Schwangerschaft, Geburt und Bibel» geleitet. Sie schreibt in einem Artikel, dass allen Studierenden der harte Kampf um das Recht auf Abtreibung bewusst war und sie somit gemeinsam in eine «vielstimmige, widersprüchliche und oft überraschende biblische Welt» eintauchen konnten. In dem Kurs sprachen sie auch darüber, warum sich Propheten in Krisensituationen manchmal mit gebärenden Frauen verglichen, und diskutierten, ob solche Referenzen problematische Vereinnahmungen von Männern waren, die die Herausforderungen einer Geburt gar nicht nachempfinden konnten. «Lest die Texte!», schlussfolgert Oldenhage. «Dann hört ihr die Stimmen von Menschen, die vor langer Zeit bereits wussten, in welche Krisen eine Schwangerschaft führen kann.»[15]

Die Frage, wann Leben beginnt, kann nicht eindeutig beantwortet werden. Die Wissenschaft bestätigt nicht, dass es sich bei einem Zellhaufen um einen Menschen mit Seele handelt – das kann man sich lediglich durch den eigenen Glauben beantworten, und da haben wir das Problem, das gleichzeitig

Lösung ist: Religion und Spiritualität darf jede*r für sich nutzen, allerdings anderen nicht überstülpen. Glauben ist eine extrem subjektive und persönliche Angelegenheit, die sich verändert, je nach Religions- und Kulturkreis. Ich verstehe den Grundgedanken, Abtreibung zu verbieten, um Leben zu schützen, doch er ist in unserer Welt viel zu kurz gedacht. Der Schutz des Lebens darf nicht nur bis zur Geburt gelten, sondern muss auch bedeuten, das Wohl des Kindes zu schützen – und dieses Grundrecht sehe ich in den meisten Ländern der Welt extrem angegriffen. Das Wohl und die Sicherheit von Kindern und Jugendlichen, die bereits aktiv an unserer Gesellschaft teilnehmen, spielen eine dermaßen untergeordnete Rolle, dass ihr Überleben durch aktuelle politische und wirtschaftliche Entscheidungen gefährdet ist: Als im Sommer 2022 der Oberste Gerichtshof der USA das grundsätzliche Abtreibungsrecht aus der Verfassung gestrichen hat, befanden sich im selben Land fast 400 000 Kinder und Jugendliche in Pflegefamilien. Bis zu 80 Prozent von ihnen leiden unter psychischen Erkrankungen. Gleichzeitig stellen Schusswaffen die häufigste Todesursache von US-amerikanischen Kindern und Jugendlichen dar.[16]

Während der Corona-Pandemie haben psychische Erkrankungen wie Essstörungen und Depressionen weltweit bei Kindern extrem zugenommen, doch in Deutschland gibt es kaum freie Therapieplätze, und die Dringlichkeit, mentale Gesundheit ernst zu nehmen, wird erst langsam aus der Stigma- und Tabuzone gezogen. In Deutschland fehlen derzeit 378 000 Kitaplätze,[17] gleichzeitig müssen in immer mehr Familien beide Parteien lohnarbeiten, um überleben zu können. Jedes fünfte Kind ist von Armut betroffen – die im Koalitionsvertrag verankerte Kindergrundsicherung würde über 2,8 Millionen Kindern helfen,[18] sie hat bis jetzt noch nicht die Zustimmung des Bundesrats (Stand November 2023). Gleichzeitig versagt die Bundesregierung in der Klimakrise und fokussiert sich nicht darauf, ihre Verpflichtungen bezüglich des Pariser Klimaabkommens einzuhalten. In einer weltweiten Umfrage unter 10000 jungen Menschen haben 75 Prozent angegeben, Angst vor der Zukunft zu haben – fast die Hälfte von ihnen gibt die Klimakrise als Grund an.[19] Weltweit sind über 13 Millionen Kinder unter fünf Jahren akut unterernährt.[20] Kinder gelten weltweit als die größten Verlierer*innen von Finanz- und Wirtschaftskrisen.[21] Fast 13 Millionen Geflüchtete sind unter 18 Jahre alt.[22] Während es einen «Billionaire Boom»[23] gibt, wächst die Anzahl in Armut aufwachsender Kinder, was bedeutet: Die Reichen werden noch reicher und die Armen dadurch noch ärmer.

Ich sage nicht, dass Pro-Life-Befürwortende, insbesondere Privatpersonen, Schuld an Kinderarmut oder der Klimakrise tragen – es gibt keinen kausalen Zusammenhang zwischen diesen Themen. Dem globalen Versagen liegen vor allem politische Fehlentscheidungen und patriarchaler Machtmissbrauch zugrunde. Doch wem es um den «Schutz des Lebens» geht, dem muss es auch um das Wohl des geborenen Kindes gehen. Stattdessen wird in der Abtreibungsdebatte das Wohl eines Fötus über die Gesundheit und Selbstbestimmung des Menschen gestellt, in dem er heranwächst. Diejenigen, die hinter der Doktrin stehen, dass es sich bei einem Embryo um ein vollständiges Lebewesen handelt, sollten sich für eine strukturelle Unterstützung dieses Lebens einsetzen, sobald es tatsächlich geboren ist – und müssen dringend damit aufhören, ihre dermaßen unterkomplexe und viel zu linear gedachte Pro-Life-Propaganda anderen aufzuzwingen.

2. Der Krieg gegen Frauen

In einem Video, das im April 2023 viral ging, spricht der kanadische Premierminister Justin Trudeau beim Besuch eines Uni-Campus mit einem Teenager, der sich gegen das uneingeschränkte Recht auf Abtreibung ausspricht. Daraufhin fragt der Politiker ihn: «Meinen Sie, dass Sie das Recht haben sollten zu entscheiden, was mit dem Körper einer Frau geschieht?», woraufhin der Teenager antwortet: «Wenn Frauen herumvögeln, sollten sie nicht abtreiben dürfen.» Er plappert das nach, was ihm das Patriarchat beigebracht hat: Eine Frau, die ein aktives Sexleben mit unterschiedlichen Männern hat, kann als Schlampe denunziert werden. Wenn aus ihrem Verhalten eine ungewollte Schwangerschaft resultiert, muss sie es (auch) gegen ihren Willen austragen. Ein Stempel, der sagt: «Haste jetzt davon.»

Ein Mann, der herumvögelt, ist ein Hengst. Ein Fuckboy. Ein Bachelor, der sich nach der Richtigen umguckt und dem dabei kumpelhaft auf die Schulter geklopft wird. Im Sprachgebrauch gibt es keine adäquat herablassende oder gar männerfeindliche Verurteilung wie die Bezeichnung «Schlampe» für die Frau. Das entlarvt folgendes gesellschaftliches Bild: Männer nehmen sich, was ihnen zusteht, Frauen geben sich her, sind billig, *voll die Nutten.* Die misogyne Dominanz und damit Entscheidungsgewalt des männlichen Geschlechts über das Weibliche ist eine gelebte Selbstverständlichkeit, die ich in den vorangegangenen Texten bereits deutlich gemacht habe. Spannend finde ich an dieser Stelle Folgendes: Im Gegensatz zur Kriminalisierung der Abtreibung steht in der Bibel ganz deutlich geschrieben, dass die Frau unter Schmerzen gebären soll. Dieser niedergeschriebene Frauenhass setzt sich seit Jahrtausenden in christlich geprägten Kulturkreisen fort, und natürlich nicht nur da, sondern in allen patriarchalen Gesellschaften. Die Journalistin Laurie Penny schreibt: «Diese Gesetze (...) sollen die Maximalkontrolle über Frauen als Kernprinzip konservativer Herrschaft verankern. Sie sollen Frauen als Besitz markieren. Sie sollen Frauen als Sachen definieren.» Das muss man sich vor Augen halten, wenn mal wieder behauptet wird, wir hätten in Deutschland in puncto Gleichberechtigung so viel erreicht. Denn je größer diese Errungenschaften sind, desto stärker der konservative Backlash. Und der zeigt sich in der Umfrage von Mai 2023, in der sich 54 Prozent aller Befragten dafür aussprechen, dass der Schwangerschaftsabbruch in Deutschland weiterhin durch das Strafgesetzbuch geregelt werden soll,[24] heißt: Alles soll so bleiben, wie es ist.

Demnach lernen Frauen, dass tatsächliche Selbstbestimmung eine Illusion ist. Gäbe es sie wirklich, würde sie nicht im Strafgesetzbuch kriminalisiert werden. Weil man ihnen aufgrund ihrer Hormone nicht zutraut, eigenständige Entscheidungen treffen zu können, stattdessen werden sie in den Medien als naiv, nuttig, dumm oder alles zusammen dargestellt, um dann in Shows wie *Teenie-Mütter – Wenn Kinder Kinder kriegen* vor laufender Kamera beschämt zu werden. Es ist vollkommen paradox, einer Frau kein Recht auf Selbstbestimmung zuzugestehen, ihr dann aber aufzuerlegen, ein Kind großzuziehen. Da drängt sich die Vermutung auf, dass das Patriarchat Frauen in ungewollte und oftmals prekäre Lebenssituationen hineindrängt. Die rechtliche Situation eines Landes wirkt sich nämlich nicht auf die Abtreibungsrate aus, allerdings auf die Sicherheit der Durchführung – denn illegale Abbrüche gehören zu den häufigsten Todesursachen von Schwangeren weltweit.[25] In Ländern des Globalen Südens stirbt nach Auswertungen der WHO alle acht Minuten eine schwangere

Person an den Komplikationen eines unsicheren Abbruchs. Aber auch in Europa ist die Lage von Land zu Land beängstigend unterschiedlich: In Irland dürfen Schwangere seit 2019 legal abtreiben. Dafür hat die Mehrheit des Landes gestimmt. Gleichzeitig herrscht in Polen beinahe ausnahmsloses Abtreibungsverbot, was laut den Recherchen des EU-Parlaments bereits mindestens sechs Frauen das Leben gekostet hat.[26] Sie sind an den medizinischen Folgen eines unterlassenen Abbruchs gestorben. Warum gilt das sogenannte Recht auf Leben nicht für die schwangeren Personen, die bereits leben?

Nachdem in den USA das landesweite Abtreibungsrecht gekippt wurde – damit sind die Bundesstaaten für die jeweilige Regelung verantwortlich, in einigen gibt es nun keine legale Möglichkeit der Abtreibung –, wurde auf Demos weltweit und in Social-Media-Kommentarspalten eine Kampfansage besonders laut: «We're not going back». *Wir gehen nicht zurück.* Gemeint ist damit, dass der Kampf um das Recht auf legale und sichere Abtreibung weitergehen wird, um nicht in die Zeit zurückzufallen, als ungewollt Schwangere sich nicht anders zu helfen wussten, als mithilfe eines Kleiderbügels die Fruchtblase zu zerstören. Die Journalistin Jia Tolentino schrieb daraufhin einen Artikel, in dem sie erklärt, warum wir nicht in diese Zeit zurückgehen, sondern an einen Ort, der viel schlimmer ist. Denn in den US-amerikanischen Staaten, in denen Abtreibung verboten ist, herrscht «eine weit verbreitete staatliche Überwachung und Kriminalisierung». Und diese Auswirkungen betreffen nicht nur schwangere Menschen, sondern auch Ärzt*innen, Apotheker*innen, Freiwillige und Familienangehörige, die «mit einer Schwangerschaft in Berührung kommen, die nicht mit einer gesunden Geburt endet». Im Klartext heißt das, dass nun jeder Schwangerschaftsverlust als Straftat untersucht werden kann und dies auch bereits getan wird. Tolentino schreibt: «Suchverläufe, Browserverläufe, Textnachrichten, Standortdaten, Zahlungsdaten, Informationen aus Apps zum Tracking der Periode – all das können Staatsanwält*innen untersuchen, wenn sie glauben, dass ein Schwangerschaftsverlust möglicherweise vorsätzlich herbeigeführt wurde.»[27]

Abgesehen davon, wie gruselig die Vorstellung ist, sich als schwangere Person nicht mehr zu trauen, nach bestimmten Informationen online zu suchen, gibt es auch Menschen, die gar nicht damit vertraut sind, dieses Netz aus gewaltvoller Unterdrückung zu durchschauen. Menschen, bei denen die Staatsanwaltschaft ihre Beschämungsmechanismen besonders gut anwenden kann, weil die Betroffenen unsicher in der Entscheidungsfindung sind, aus einem konservativen Haushalt kommen, sich einfach nur einer Freundin anvertrauen wollten oder überhaupt nicht vorhatten, abzutreiben, sondern eine Fehlgeburt erlitten – und ängstlich zum Handy griffen. Die amerikanische Anwältin Daphne Delvaux veröffentlichte ein Jahr nach der Abschaffung des Abtreibungsrechts folgendes Statement auf Social Media: «Rechtlich gesehen kann eine Mutter erst nach der Geburt des Kindes Kindergeld beantragen. Das Gesetz erkennt den Vater während der Schwangerschaft nicht als Elternteil an. Für die Erzeuger ist das ungeborene Kind rechtlich gesehen keine Person. Ist das nicht praktisch? Das zeigt uns deutlich, dass es sich um einen #waronwomen handelt.»[28] Ein Krieg gegen Frauen (und alle Personen, die schwanger werden können).

Für Menschen, denen bewusst ist, dass reproduktive Selbstbestimmung untrennbar vom Recht auf Gleichberechtigung ist, mag es schwierig sein, sich vorzustellen, wie viel Scham in der Suche nach der nächsten Abtreibungsklinik stecken kann. Aber wer treibt denn wirklich ab – und warum?

Der Abbruch als medizinische Grundleistung

In der Klinik Stapf im Süden Deutschlands werden rund 3000 Abbrüche im Jahr vorgenommen. Der Leiter Friedrich Stapf erzählt in einer SWR-Dokumentation, dass es sich bei den Betroffenen, die zu ihm kommen, durchschnittlich um Menschen zwischen 18 und 34 Jahren handelt. Bei 250 bis 300 Schwangeren, die einen Abbruch wünschen, muss er im ersten Schritt eine Kupferspirale aus dem Uterus ziehen, die ihren Dienst versagt hat.[29] Ergo: Verhütet wurde hier bewusst und verantwortungsvoll, die Spirale kann nämlich nur in einer gynäkologischen Praxis eingesetzt werden und gilt, wenn richtig platziert, als sehr sicher.

40 Prozent der Betroffenen in Stapfs Klinik sind verheiratet, 60 Prozent haben bereits Kinder. Viele von ihnen finden sich in der Klinik wieder, weil sie die Familienplanung bereits abgeschlossen haben, gerade erst entbunden haben oder aufgrund medizinischer Komplikationen bei der vorangegangenen Geburt keine weitere erleben wollen. Manchen wurde ausdrücklich geraten, kein Kind mehr zu bekommen. Das ist der Grund, warum ich Einzelkind bin. Meine Mutter hat massive psychische und physische Gewalt im Kreißsaal erlebt. Unser beider Leben hing am seidenen Faden, und nach der Entbindung wurde ihr nahegelegt, kein Kind mehr zu bekommen. Ich weiß nicht, ob sie unter anderen Umständen noch einmal schwanger geworden wäre. Aber ich weiß, dass der Paragraf, der das Recht auf Abtreibung einschränkt, gestrichen werden muss, weil der Vorgang ein selbstverständlicher Teil unserer

medizinischen Grundversorgung sein sollte – und deshalb Pflichtbestandteil der gynäkologischen Ausbildung werden muss. Doch das ist er nicht. Angehende Gynäkolog*innen können ihn nur erlernen, wenn sie sich aktiv um eine Fortbildung bemühen. Die Organisation *Doctors for Choice* fordert, dass der medikamentöse und der chirurgische Schwangerschaftsabbruch in der Theorie im Medizinstudium verpflichtend sein müssen – auch weil das Wissen so wichtig für Fehlgeburten ist, die noch immer selten wie ein medikamentöser Abbruch behandelt werden. Alicia Baier, Mitgründerin von *Doctors for Choice*, weist darauf hin, dass es in Schweden undenkbar ist, sich als Gynäkolog*in zu weigern, die Durchführung zu erlernen und wertfrei ungewollt Schwangeren gegenüberzutreten. «Da muss jeder den Abbruch lernen, der das Fach Gynäkologie wählt.»[30]

Auch wenn ich damals in der Praxis meiner Frauenärztin noch gar nicht an die Möglichkeit eines Abbruchs gedacht habe, weiß ich, dass sie mir die Option nie gegeben hätte. Wenn eine zitternde, weinende junge Frau die Nachricht erhält, in der sechsten Schwangerschaftswoche zu sein, dann ist es mir aus heutiger Sicht unbegreiflich, sie mit den Worten «Alles Gute» nach Hause zu schicken.

Auch die Medizin ist nicht wertfrei und bietet nicht automatisch einen Raum, zu dem die Scham keinen Zutritt bekommt – im Gegensatz zur Regelung in der DDR, wo der Schwangerschaftsabbruch legal gewesen ist. In Deutschland ist das zum Teil auf die Überhöhung und Fetischisierung der «deutschen Mutter» während des Nationalsozialismus zurückzuführen. Die Autorin Irmgard Weyrather erklärt in ihrem Buch *Muttertag und Mutterkreuz*, wie die arische Frau als höchstes Gut des Volkes gefeiert wurde: «Mutterschaft war keine private und persönliche Angelegenheit, sondern Staatsaufgabe und religiöse Handlung. Hierbei spielte das Mutterkreuz mit seinen drei Verleihungsstufen eine besondere Rolle. Millionenfach verliehen, war es die einzige und äußerst begehrte Auszeichnung, die der NS-Staat für seine verdienten Frauen übrig hatte.» Die Überbleibsel dieses Mutterkults sind noch heute daran erkennbar, dass Mütter nach wie vor in die Rolle der abhängigen Frau gedrängt werden, anstatt weibliche Unabhängigkeit zu bestärken, sodass Mütter nicht unterprivilegiert sind und die Möglichkeit haben, ein (finanziell) unabhängiges Leben zu führen. Der legale und barrierefreie Zugang zu Schwangerschaftsabbrüchen ist ein längst überfälliger Schritt in eine echte gleichberechtigte Zukunft – auch, um sich von den Auswüchsen des historischen Faschismus zu befreien.

Mein Körper lässt los. Die Scham hält er fest

So viel Blut.

Nachdem mir am Morgen von einer anderen Gynäkologin bestätigt wurde, dass der Fötus natürlich abgegangen ist, sitze ich am Abend in einem Restaurant mit einer Freundin. Wir sprechen über vieles, auch darüber, was gerade in meinem Körper passiert. Immer wieder muss ich mich entschuldigen und auf der Toilette die Binde wechseln. Sie liegt schwer in meiner Hand, bevor ich sie in den Mülleimer werfe und eine neue aus der Handtasche ziehe.

Ein paar Tage später ist alles vorbei. Ich schiebe die Ereignisse so weit weg von mir wie möglich. Denn ich bin jung, ich habe so viel vor, und ich will nicht, dass diese Geschichte ein Teil von mir ist. Das ist die Scham, die spricht. Lange redet sie auf mich ein, um ehrlich zu sein so lange, bis ich entschieden habe, das hier nicht nur zu schreiben, sondern auch zu veröffentlichen – obwohl viele Momentaufnahmen von damals längst verwässert sind. Die Scham hat jahrelang meine Erinnerungen zerfetzt und schließlich Teile davon komplett ausradiert.

Bei der Entscheidung, die Bruchstücke aufzuschreiben, hat mir eine Frau besonders geholfen, obwohl ich sie nicht persönlich kenne: Laura Dornheim, die das Buch *Deine Entscheidung – Alles, was du über Abtreibung wissen musst* geschrieben hat. Es klärt neutral und respektvoll auf. Es nimmt Betroffene an die Hand. Und auch wenn ich mich noch heute sehr glücklich schätze, dass Carrie, Charlotte, Samantha und Miranda mir beigebracht haben, was weibliche Selbstbestimmung bedeutet, weiß ich, dass ich damals diesen Ratgeber gebraucht hätte. Umso besser, dass es ihn nun gibt.

Aber du bist doch noch so jung!?

ÜBER DAS ALTERN

Mit 35 meldete ich mich zum ersten Mal auf einer Datingplattform an. Nicht selten stieß ich dabei auf Profile, in denen Männer in ihrer eigenen Profilbeschreibung definierten, wer sich bei ihnen melden dürfe und wer nicht. «Singlefrauen ab 35 bloß nicht schreiben, mit euch stimmt was nicht!», las ich einmal. Der Mann war 35. Und ich war 35. Der Unterschied zwischen uns? Er bediente ein Narrativ, für das er gesellschaftliches Back-up bekommt – nicht von allen, aber von vielen: Das Haltbarkeitsdatum weiblicher Attraktivität läuft extrem schnell ab, und wenn Frauen mit 35 Jahren alleinstehend und kinderlos sind, stimmt etwas nicht mit ihnen. Obwohl ich schon lange hinter die Doppelmoral schaue, was das Altern der Geschlechter betrifft, schämte ich mich sofort. Ich bin schon fünfund-fucking-dreißig, dachte ich stundenlang. Was zur Hölle mache ich auf einer Dating-App?

Hallo, mein Angstalter ist derzeit 40, und deins?

Lange Zeit schien es mir unvorstellbar, tatsächlich mal dreißig zu werden. Die Zahl schien so weit weg von mir zu sein, und ich projizierte alle möglichen Erwartungen darauf. Mit dreißig würde ich definitiv verheiratet sein, mindestens ein Kind haben und wahrscheinlich ein Haus bauen oder schon darin leben. Diese Vorstellung fühlte sich warm und wohlig an, wie ein behütetes Nest. Dann bin ich angekommen, dann habe ich alles erreicht. Die 30 stellte für mich also den Endpunkt einer Reise dar.

Jetzt bin ich 37. Bestandsaufnahme: Ich habe keine Kinder, aber eine Hündin, bin in einer Beziehung, arbeite Vollzeit und lebe alleine in einer Mietwohnung, weil ich mir den Traum, ein Haus zu bauen, nicht leisten kann.

Ich bin nicht unglücklich.

Träume verändern sich, weil wir uns selbst verändern. Außerdem waren die Vorstellungen meines Teenager-Ichs dermaßen geprägt von den Wünschen anderer, dass ich gar nicht sicher sagen kann, inwiefern sie mir wirklich entsprachen. Ich hatte diese Meilensteine von mir erwartet und für ein bestimmtes Alter festgelegt, weil ich wusste, dass die Uhr tickt. Auch wenn ich bereits wenige Jahre später diese Illusionen für mich abgelegt hatte, legte sich an meinem dreißigsten Geburtstag ein Schalter um. Ich begann, mich vor den kommenden Jahren regelrecht zu fürchten. Ich spürte, dass mein Kopf noch immer erwartete, dass mein Leben auf eine bestimmte Art und Weise funktionierte – auch wenn mein Herz gar nicht mehr nach der Erfüllung dieser alten Vorstellungen lechzte. Ich wollte die von außen auferlegten Erwartungen nicht bedienen und spürte gleichzeitig ein Gefühl der Scham, sobald ich von ihnen abwich.

So viele Meilensteine knüpfte ich an bestimmte Jahreszahlen, dass ich, in die Zukunft blickend, für die Jahrzehnte ab vierzig ganz neue kreieren muss. Das Magazin *Forbes* stellt jedes Jahr die Listen «30 Under 30» auf. Darin werden Menschen aus unterschiedlichen Bereichen vorgestellt, die vor dem dreißigsten Geburtstag Großes erreicht haben, was einerseits außergewöhnliche Errungenschaften anerkennt, andererseits den Druck aufs Alter enorm erhöht. Für Frauen multipliziert sich dieser, denn wenn sie es auf die Liste geschafft haben, werden sie trotzdem in vier von fünf Interviews gefragt, ob und wann sie eine Familie gründen werden.

Mental befinden wir uns ständig in der Zukunft, obwohl sie nie eintrifft, und wenn dann ein «kritisches Alter» erreicht ist, steht plötzlich alles still. Zu hässlich, zu unfruchtbar, zu faltig, zu altmodisch. Aber angesichts dessen, wie alt wir durchschnittlich werden, haben wir mit Mitte vierzig gerade mal die Hälfte unserer Lebenszeit erreicht.[1] Das ist der Grund, warum ich mich konstant jünger fühle, als ich bin – und deshalb mit meinem tatsächlichen Alter kämpfe. Ich schiebe Dinge, die ich erreichen möchte oder über die ich mir noch nicht im Klaren bin, vor mir her, und weil das nicht ewig so funktioniert, korrigiere ich mein sogenanntes Angstalter nach oben – das, vor dem ich mich fürchte, weil ich bis dahin irgendwas erreicht oder erlebt haben muss, um mich nicht schämen zu müssen. Mein Angstalter war lange Zeit 35. Als ich diese Zahl erreichte, war ich mit meinen Eltern im Urlaub, frisch getrennt und mit einem Eis in der Hand. Anstatt glücklich über so einen Rückhalt zu sein, das mich in dieser Lebenskrise auffing, schämte ich mich pausenlos. Den ganzen Urlaub lang. Auf der Fahrt zurück nach München korrigierte ich mein Angstalter auf 40 und atmete durch, während die Landschaft Südtirols am Auto vorbeizog. Fünf weitere Jahre. Verarschung auf Knopfdruck.

Wenn ich sage, dass ich Angst vor dem Altern habe, spüre ich die Angst, allein zu sein. Im Sinne von: isoliert. Und das nicht nur auf mein persönliches Umfeld bezogen, sondern gesamtgesellschaftlich betrachtet. Im öffentlichen Leben ignoriert und von Jüngeren nicht mehr nach meiner Meinung gefragt zu werden. Aktuelle Trends nicht mehr zu verstehen, nicht mehr fit zu sein und ja, vor allem: nicht mehr von Männern attraktiv gefunden zu werden. Je tiefer ich in diese Angst hineinspüre, desto klarer wird für mich der Kern: Hinter der Altersangst steckt eine Verlustangst. Verlust von Wertigkeit. Wer bin ich noch, wenn ich nicht mitreden kann, wenn ich nicht gesehen und mitgedacht werde? Wenn ich den Platz in der Gesellschaft, auf dem ich mich sehe, nicht mehr bekomme? Ich schäme mich so sehr für diese Zeilen, dass ich weinen muss. Aber weil ich weiß, dass ich damit nicht alleine bin, möchte ich ergründen, worin meine Scham wurzelt – und warum unsere Gesellschaft so altersfeindlich ist. Denn während sich immer mehr junge Menschen um (potenzielle) Falten Sorgen machen, werden wirklich alte Menschen schlichtweg unsichtbar gemacht. Altersdiskriminierung fängt, gerade für Frauen, früh an. Und hat im Laufe der Jahre viele Gesichter.

Weibliche Repräsentation in den Medien: jung, schön und knackig

In Hollywood war in den letzten Jahren eine Vielzahl weiblicher Charaktere wesentlich jünger als männliche – die meisten bedeutenden Schauspielerinnen sind in ihren Zwanzigern und Dreißigern, die meisten Männer in ihren Dreißigern und Vierzigern. Eine Studie von 2016 ergab, dass das Angebot an Dialogrollen für Frauen, die über vierzig Jahre alt sind, deutlich abnimmt. Bei Männern ist es genau umgekehrt: Es gibt mehr Rollen für ältere Schauspieler.[2] Die Tatsache, dass sich das ganz langsam verändert – bei den Oscars 2023 gewann die 60-jährige Michelle Yeoh den Preis für die beste Hauptdarstellerin –, ist einem Trend geschuldet, der daraus resultiert, dass der Wunsch nach weiblicher Repräsentation größer und lauter wird. Ob sich die Situation wirklich nachhaltig verbessert, kann man noch nicht einschätzen. Martha Lauzen, die geschäftsführende Direktorin des Center for the Study of Women in Television and Film an der San Diego State University, sagte in einem Interview dazu: «Wir sehen eine Handvoll reifer Schauspielerinnen und nehmen an, dass der Altersdiskriminierung in Hollywood ein Ende gesetzt wurde. Aber wenn ihr Nachname nicht zufällig Streep oder McDormand lautet, ist die Wahrscheinlichkeit groß, dass sie nicht mehr viel Arbeit bekommen.»[3] Und selbst Schauspiel-Ikone Meryl Streep, die auf eine große Bandbreite an Rollen zurückblicken kann, erzählte in einem Interview, dass ihr, nachdem sie vierzig wurde, in nur einem Jahr dreimal Rollen als Hexe angeboten wurden.[4] Begründung: für alles andere zu alt. Für die Hexe hat es noch gereicht, schließlich wird die mit den Attributen hässlich, Furcht einflößend und gefährlich assoziiert. Könnte auch die Definition für «alte Frau» sein.

Jennifer Aniston will wahrscheinlich keine Hexe spielen, denn sie ist mit ihren 54 Jahren superschön und schlank, und ihre Haut ist straff. Für das Cover des Magazins *Allure* wurde sie 2022 in einem ultraknappen Bikinioberteil abgelichtet. Doch Aniston ist *trotz* ihrer 54 Jahre auf dem Cover – nicht *wegen* ihnen. Im Gegensatz zu Sunnyboy George Clooney, der mit jeder weiteren Stirnfalte Tausende Herzen schmelzen lässt und ständig von Cover zu Cover hüpft – auch *wegen* seiner grauen Haare.

In der deutschen Filmlandschaft sieht es nicht besser aus als in Hollywood: Bis Mitte dreißig sind Frauen genauso häufig auf der Leinwand zu sehen wie ihre männlichen Kollegen, dann aber geht's rapide bergab für sie. Ab fünfzig Jahren aufwärts kommen zwei Drittel Männer auf ein Drittel Frauen. Ausgewertet wurde in derselben Studie auch, dass die Repräsentation von Frauen zwar in den letzten Jahren anstieg, aber nicht unbedingt vielfältiger wurde. «Jung, schlank und Partnerin», lautet das Resümee der gleichnamigen Untersuchung.[5] Silke Burmester schreibt dazu in der *Zeit*: «Es ist ein Ranking der Fuckability. Denn auch die Schauspielerinnen aus bisher marginalisierten Gruppen, die nun verstärkt – und endlich – in Film und Fernsehen ihren Platz kriegen, um die Vielfalt dieser Gesellschaft oder einfach ihre Existenz als solche abzubilden – sind meistens sehr attraktiv. Und selten alt.»[6] Wenn die Alten spielen dürfen, dann wird die Schublade der verlassenen, betrogenen und/oder verwitweten Ehefrau aufgemacht, die häufig am Leben zerbricht. Selten geht es um differenzierte Lebensrealitäten, die für sich stehen dürfen und nicht an die Rolle eines männlichen Pendants geknüpft sind. Aus diesem Grund hat die Schauspielerin Gesine Cukrowski mit dem Magazin *Palais F*luxx* die Aktion «Let's change the picture» gestartet. Gemeinsam mit vielen anderen Darstellerinnen weist sie darauf hin, was sich in der Branche für Frauen ändern muss. Die Schauspielerin Ruth Reinecke begründet ihre Teilnahme an der Aktion so: «Wir leben in Deutschland in einer offenen Gesellschaft, aber die zweite Lebenshälfte wird gerne ausgeblendet. Wie viele Menschen über fünfzig siehst du auf einem Plakat, siehst du irgendwo abgebildet, siehst du als *role model*? Es gibt sie nicht.»[7]

An dieser Stelle könnte man nun einhaken und sagen: Ja, das ist alles richtig scheiße. Aber da wird man doch eher wütend, als dass man sich schämt, oder? Gute Frage. In erster Linie machen diese Zahlen natürlich sauer, und das reicht ja auch an Emotion. Selten jedoch haben wir im Alltag eine Hilfe wie dieses Buch an der Seite, das ständig auf uns einprasselnde Außenbilder analysiert. Negative Glaubenssätze sickern ins Unterbewusstsein und machen es sich dort bequem. Rollenbilder oder Klischees, seien sie auch noch so absurd, schleichen sich über Jahrzehnte hinweg in unsere Wahrnehmung hinein – und kreieren dort Empfindungen wie Angst und Scham. Das hat auch die Aktivistin Ashton Applewhite herausgefunden, die zu Altersdiskriminierung einen TED Talk[8] gehalten und Bücher geschrieben hat. Wer ein «kritisches» Alter erreicht hat, beginnt, sich zu schämen, aus dem Gefühl heraus, nicht mehr dazuzugehören. Es sei denn, man ist im Auge der Gesellschaft *jung geblieben*.

Der Anti-Aging-Boom: Lift me up, Scotty!

Kürzlich scrollte ich durch die Instagram-Storys in meinem Feed und blieb an einer hängen, in der eine Influencerin «im Namen der Authentizität und Transparenz» verkündete, dass sie sich seit einiger Zeit Botox spritzen lasse. Im ersten Moment verurteilte ich sie. «Alter, du bist noch nicht mal dreißig», dachte ich, «warum lässt du dir schon jetzt Nervengift unter deine nicht vorhandenen Falten injizieren? Wie sehr schämst du dich für dein Alter, und wie viel Angst hast du davor, dass du in ein paar Jahren die ersten Fältchen bekommst?» Glücklicherweise bin ich mittlerweile recht schnell darin, meine internalisierte Misogynie zu entlarven – also weg mit dem Urteil. Soll sie doch spritzen, was sie will, es geht mich nichts an.

Ein fader Beigeschmack blieb trotzdem. Einerseits fand ich die Transparenz ja gut. Die Influencerin ist nämlich auch ein Aushängeschild für diverse Modemarken, und indem sie nun dazu steht, dass nicht alles an ihr natürlich ist, nimmt sie ihren Follower*innen den Druck, auf natürliche Weise so aussehen zu müssen. Gleichzeitig gilt aber auch: Wenn alle, die regelmäßig eine Schönheitspraxis von innen sehen, das nun transparent machen, erhöht das bei allen anderen den Zwang, es ihnen gleichzutun. Der Eingriff beim Beauty-Doc wird also in kürzester Zeit so alltäglich werden wie ein regelmäßiger Friseurbesuch. Aber welche Otto Normalverbraucherin kann sich das leisten? Und wenn suggeriert wird, dass plastische Chirurgie und ästhetische Medizin total normal sind, wie beschämend muss es für diejenigen sein, die bei diesem Wettlauf gegen das sichtbare Altern mitmachen wollen, aber nicht können? «Scham und Angst kreieren Märkte», lautet das vielleicht wichtigste Statement zur Altersdiskriminierung von Ashton Applewhite. Das können alle Influencerinnen, die sich aktiv gegen den Anti-Aging-Trend stellen, bestätigen. Louisa Dellert wird regelmäßig in den sozialen Netzwerken für ihre Falten beschämt und ungefragt bewertet.

Wenn dein Arsch wie dein Gesicht aussieht dann kann ich mir nicht vorstellen dass dein Freund dich hämmert

So lautet nur einer von vielen Kommentaren unter ihren Postings. Dellert fällt es nach eigener Aussage immer schwerer, mit Stolz zu altern. «Dabei wäre es so schön, wenn wir alle verinnerlichen könnten, dass wir mehr sind als unsere Falten, die uns ganz natürlich durchs Leben begleiten», schreibt sie auf Instagram.[9]

Eine Studie von McKinsey aus dem Jahr 2021 kam zu dem Schluss, dass die ästhetische Medizin als Thema auf Social Media boomt: «Die Berichterstattung in den sozialen Medien über Neuromodulatoren (*Anm.: Das ist zum Beispiel Botox*) hat sich von 2010 bis 2020 verfünffacht und für Dermal Filler und Biostimulatoren verachtfacht.» Anbieter*innen von ästhetischer Medizin würden mit potenziellen Klient*innen direkt auf den Plattformen in Kontakt treten oder über Influencer*innen, «ästhetische Verfahren normalisieren».[10] Aber wie ist diese hohe Nachfrage entstanden?

Menschen wollen anscheinend keine Falten sehen. Die passen nicht zum Perfektions- und Performancedruck auf Social Media. Mithilfe von Filtern, die müde Gesichter mit einem Klick aussehen lassen wie nach einem Hydrafacial, die Lippen aufspritzen und Nasen verschmälern, verkommt man lieber in kürzester Zeit zu einer glatt gebügelten Puppe – die absurderweise alle sein wollen, auch ich, zumindest manchmal, zumindest am Morgen. Wer diese Filter regelmäßig auf das eigene Gesicht anwendet, wird sehr schnell von der Realität des unretuschierten Gesichts enttäuscht sein. Die kreierte Illusion, tatsächlich so aussehen zu können, erschafft den Druck, im realen Leben so aussehen zu wollen. Dadurch wird die Diskrepanz zwischen den ewig jung Bleibenden und den sichtbar Alternden immer größer. Und die Menschen mit Altersanzeichen erfahren deshalb immer häufiger Shaming und Othering von außen, denn wer will schon denjenigen ins Gesicht schauen, die daran erinnern, dass die Zeit trotz aller Filter dieser Welt weiterläuft?

Der Anspruch an schnelle und gute ästhetische Eingriffe ist aufgrund der perfiden Filterleistung auf Social Media so angestiegen, dass Menschen mit Fotos von Avataren oder Filter-Selfies beim Beauty-Doc sitzen – *Snapchat dysmorphia*[11] nennt man diesen Trend, vor dem immer mehr Ärzt*innen warnen. Wo früher einfach mit Make-up drübergekleistert wurde, muss heute alles porentief *flawless* sein. Und die Kundinnen werden dabei immer jünger, besonders die Gruppe der unter 20-jährigen Frauen ist von den sozialen Medien stark beeinflusst, sagt der plastische Chirurg Dr. Alexander Hilpert in einem Interview.[12]

Die Pandemie hat in Angst und Schrecken versetzt – und das steht niemandem

Die weltweiten Auswirkungen von Covid-19 haben gezeigt, wie vergänglich das Leben ist. Und wie schnell alles vorbei sein kann. Wer vorher im Hamsterrad durchs Leben rannte und plötzlich zum Stillstand verdonnert wurde, verlor Kontrolle und bekam stattdessen Chaos für den Kopf gereicht. Für mich vollkommen nachvollziehbar, dass so viele Leute alle Möglichkeiten mobilisiert haben, um die Kontrolle zumindest ein Stück weit zurückzuerobern. Invasive Eingriffe wie Unterspritzungen werden als *Lunchtime Procedures* (dt.: Mittagspausen-Verfahren) bezeichnet, weil sie innerhalb weniger Minuten erledigt sind und keine sichtbaren Spuren des Eingriffs hinterlassen. Nicht zuletzt die vielen Stunden im Homeoffice und das Tragen von Masken haben kleine und große Eingriffe unsichtbar gemacht. Erkennbar war dann in den meisten Fällen erst das Ergebnis, und gerade das kann beim Unterspritzen so dezent ausfallen, dass Menschen im Umfeld zwar anmerken, wie gut man aussieht, aber keinen Plan haben, was dahintersteckt.

Ein schlauer Coup der Industrie war während der Lockdowns, die Anti-Aging-Maßnahmen mit der Bewegung der «Selbstfürsorge» zu verknüpfen, um sie als wichtigen Baustein auf dem Weg zu mehr Selbstliebe zu zementieren: *Endlich hast du Zeit, dich deiner Selfcare hinzugeben, und dazu gehört auch, dass du dich wohl in deiner eigenen Haut fühlst: Der neue* (tatsächlich rassistische) *Trend «Foxy Eyes» könnte dir gut stehen. Es braucht nur ein paar Filler, und schon siehst du aus wie Bella Hadid. Obendrauf verkaufe ich dir noch meine eigene Anti-Falten-Creme, die du großzügig schmierst bis zum nächsten Termin. Viel Spaß mit deinem neuen Gesicht!*

Aha! Es gibt nichts Gutes, außer man tut es. In diesem Fall: Ran an die Falten im Namen der Selbstliebe! Dass die wiederum Definitionssache ist, ist klar – Interpretation bleibt allen selbst überlassen. Es sollte einem nur bewusst sein, dass der Wettlauf gegen die Zeit denjenigen in die Hände spielt, die damit extrem gut Geld verdienen. Ihre Zielgruppe wird dabei immer größer. Laut der oben genannten McKinsey-Studie greifen Menschen mit einem Jahreseinkommen von um die 100000 Dollar am stärksten auf ästhetische Kosmetik zurück, doch die Nachfrage bei den 30- bis 50-Jährigen mit einem Einkommen von 50000 bis 100000 Dollar ist in den letzten Jahren stark angestiegen – das sind genau diejenigen, die von Altersdiskriminierung betroffen sind und gleichzeitig über das Einkommen verfügen, regelmäßig zu Fillern zu greifen oder auch größere Eingriffe vornehmen zu lassen. Injektionen, um Falten zu unterspritzen, starten bei 350 Euro, das Ergebnis hält sechs bis zwölf Monate.[13] Ein minimalinvasives und – im Gegensatz zu einer OP – für viele bezahlbares Angebot mit großer Wirkung. Und nicht nur im eigenen Gesicht, sondern auch im Spiegelbild der Gesellschaft. Denn wer schon mit zwanzig Jahren vor lauter Panik Anti-Aging-Maßnahmen im Namen der Selbstliebe in Anspruch nimmt, trägt dazu bei, dass das Altern zum Tabu wird. Auch für Männer. Die orientieren sich im Schnitt nämlich sehr gerne an wesentlich jüngeren Frauen und bekommen dafür Rückhalt und Schulterklopfen aus der Gesellschaft.

Der Lolita-Komplex: Küss mich, du Luder!

Dass mittelalte Männer sich sehr oft zu jungen Frauen hingezogen fühlen, wird von vielen Menschen als hartnäckiges Vorurteil abgetan. Lieber wird mit Sätzen um sich geworfen wie

«Wo die Liebe hinfällt» oder «Liebe kennt kein Alter». Dabei wird wenig von der Gesellschaft so abgenickt und anerkannt wie ein enormer Altersunterschied zwischen Mann und Frau in Beziehungen und Affären. Das liegt daran, dass wir ständig mit diesem Bild konfrontiert sind. Ein Blick in die Boulevardpresse bestätigt: Von Politik bis Popkultur gibt es unzählige ältere Männer, die Mädchen und junge Frauen daten. Leonardo DiCaprio datet seit Jahren Frauen, die im Schnitt zwanzig Jahre jünger sind als er. Während ich dieses Buch schreibe, ist er mit einer 19-jährigen Frau zusammen, er ist 48. Michael Douglas ist 25 Jahre älter als Catherine Zeta-Jones, Oskar Lafontaine und Sahra Wagenknecht trennen 26 Jahre. Als Keanu Reeves seine Beziehung mit der damals 49-jährigen Alexandra Grant öffentlich machte, fragte das Internet ohne Scham: Was will dieser gut aussehende Typ mit einer ergrauten Frau? Man hatte anscheinend mit einer anderen Altersklasse gerechnet. Dass Grant einige Jahre jünger als Reeves ist, aber gleichaltrig aussieht, reicht den absurden Vorstellungen einer altersdiskriminierenden Gesellschaft wohl nicht.

In einer Studie der Dating-App OkCupid wurde festgestellt, dass je älter ein männlicher Nutzer wird, desto mehr sucht er nach jüngeren Frauen für potenzielle Dates. Außerdem wurde herausgefunden, dass der durchschnittliche 30-jährige Mann genauso viel Zeit damit verbringt, 18- oder 19-jährigen Frauen zu schreiben wie Frauen in seinem eigenen Alter. Zu guter Letzt wurde beim Filter zur Altersbeschränkung die Vorliebe für wesentlich Jüngere deutlich: Durchschnittlich gibt ein 31-jähriger Mann an, Frauen zwischen 22 und 35 daten zu wollen.[14] Er kann sich also vorstellen, mit einer neun Jahre Jüngeren auszugehen, nach oben hin allerdings nur mit einer vier Jahre älteren. Das erinnert mich an meine eigenen Datingerfahrungen.

Die Gründe für die Vorliebe, junge Frauen zu daten, sind tief darin verwurzelt, dass im Patriarchat die Macht von Männern ausgeht und die mit dem Alter assoziierte Unterlegenheit von Frauen als süß, attraktiv oder verführerisch bewertet wird, in allen Fällen jedoch: anziehend. Männer in der Midlife-Crisis werten sich durch ebendiese Mädchen wieder auf, weil sie sagen können: *Schaut her, ich hab's noch drauf, während ihr in euren Ehen versauert, habe ich mir 'ne Zwanzigjährige geschnappt. Die bringt's noch.* Es geht bei diesem Verhalten oftmals viel weniger um die individuelle Person als um ein Stereotyp, eine junge Frau zu *haben*.

Der 37-jährige Influencer Andrew Tate – der 2022 wegen des Vorwurfs der Vergewaltigung und des Menschenhandels in U-Haft saß – bedient dieses Narrativ und ist damit gerade bei Männern seiner Altersklasse extrem erfolgreich. Er sagt, dass er es vorzieht, mit 18- bis 19-Jährigen zu schlafen, «weil die noch nicht so viele Schwänze in sich hatten». Während ich kotze, winkt der Lolita-Komplex fröhlich zur Bestätigung: Dahinter verbirgt sich das sexuelle Verlangen nach jungen Mädchen, die aber gefälligst *unverbraucht* zu sein haben. Viele seiner Fans werten ihn als Frauenliebhaber, der die klassische Ordnung der unterwürfigen Frau und des dominanten Mannes als Weltbild wiederherstellen möchte.

Lass den Spieß mal umdrehen: Cougars und MILFs

Mittelalte Männer daten gerne junge Frauen. Aber auch mittelalte Frauen treffen sich gerne mit jungen Männern. Das ist jedoch leider kein Indiz für Geschlechtergerechtigkeit, denn für Frauen gilt ein ganz anderer Maßstab bezüglich ihres Alters. Als Cameron Diaz mit dreißig den acht Jahre jüngeren

Justin Timberlake datete, brachte ihr das den Beinamen *Cougar* (dt.: Puma oder Silberlöwe) ein, eine Bezeichnung, die für das sexuelle Interesse einer älteren Frau an einem wesentlich jüngeren Mann steht. Der Name spielt zum einen auf die (in der Regel) graue Haarfarbe älterer Frauen an, zum anderen auf den Jagdtrieb dieser Raubtiere. Eine Frau auf Beutefang. Eine Frau, die weiß, was sie will – und es sich nimmt. Also ihn. Ist das empowernd oder sexistisch? Kommt auf die Perspektive an. Fakt ist aber: Eine 30-jährige Frau als Silberlöwin zu bezeichnen zeigt vor allem, dass Frauenfeindlichkeit vor keiner Altersklasse haltmacht.

Eng mit dem Begriff Cougar verwoben ist die Bezeichnung MILF («Mum I'd like to fuck»), die von der Figur *Stifler's Mom* (gespielt von Jennifer Coolidge) in dem Teenie-Streifen *American Pie* geprägt wurde. Nach dem immensen Erfolg des Films ging die Abkürzung MILF in die Popkultur über, woraufhin das Pendant *DILF* (D für Dad) gebildet wurde. Niemand war wohl überrascht, dass sich dieser Ausdruck nicht ansatzweise so durchgesetzt hat wie MILF. Und auch wenn heute älteren attraktiven Männern der sexistische Stempel «Daddy» aufgedrückt wird, schwingt da null Abwertung mit, im Gegenteil! Diese Männer werden gehypt und über sämtliche Generationen hinweg vergöttert. Bekanntes Beispiel: Der 48-jährige Schauspieler Pedro Pascal wird vor allem von der Generation TikTok als «Daddy» bezeichnet. In einem Interview[15] kokettierte er mit dem ihm zugeschriebenen Begriff «Internet-Daddy» und beansprucht ihn mittlerweile für sich. So witzig, charmant und heiß der Typ ist, kann man sich ihm kaum entziehen. Aber ich möchte an dieser Stelle darauf hinweisen, dass Pascals nicht wenige Stirnfalten in diesem Diskurs entweder komplett ignoriert werden oder einen signifikanten Beitrag zum *DILF*-Status liefern. Ich tippe auf

Letzteres, da Falten bei Männern, ähnlich wie graues Haar, oftmals als Schönheitssymbol gelten. Diese Doppelmoral ist ein wirkliches Vergnügen. Auf lange Sicht hilft sie jedoch auch den Männern nicht, denn es kommt ein Alter, in dem auch ihre Sexyness vorüber ist und keine graue Strähne der Welt ihnen weiterhilft. Das Altern muss aus der Tabuzone geholt werden.

Warum das Altern gar nicht so scheiße ist …

Ich merke von Jahr zu Jahr, dass die Erfahrungen, die ich sammle, mich selbstbewusster machen. Niemals hätte ich dieses Buch vor zehn Jahren schreiben können. Ich verhandle besser, ich kommuniziere konkreter, mein Bullshit-Radar ist vollständig entwickelt. Das Kopfchaos wird weniger – und wenn nicht, dann bekomme ich es schneller sortiert. Der Sex wird besser, das sagen viele Frauen über vierzig, und die Wissenschaft weiß es auch.[16] Positiv aufs Alter zu schauen kann die Lebensdauer um 7,5 Jahre verlängern, und den Körper im Alter positiv zu bewerten, würde auch internalisierten Ableismus vermeiden.[17] Diese Gründe sollten Motivation genug sein, um sich mit negativen Glaubenssätzen und verinnerlichten Diskriminierungen auseinanderzusetzen. Alters-Expertin Ashton Applewhite schiebt hinterher, dass wir aufhören sollten, den Körper negativ zu bewerten, sobald er nicht so funktioniert oder nicht mehr so aussieht wie gewünscht. Vielmehr sollten wir anerkennen, dass der Körper sich anpassen und weiterentwickeln kann. Dass er sich verändert, weil sich die Lebensumstände verändern. Jahrelang ist es wünschenswert, dass er sich optisch entwickelt. Viele junge cis Mädchen warten sehnlichst darauf, dass ihre Brüste wachsen oder dass die erste Körperbehaarung einsetzt, weil sie nicht mehr als

Kinder, sondern als Teenager oder junge Erwachsene wahrgenommen werden möchten. Aber sobald Haare ergrauen oder Falten die Haut durchziehen, scheint es, als wäre der Lebenshöhepunkt erreicht und es ginge bergab. Mein erstes graues Haar hatte ich mit 27. Danach ging es alles andere als bergab. Hinter einer Vielzahl körperlicher Veränderungen stecken also weder Einschränkungen noch Anzeichen dafür, plötzlich von heute auf morgen alt zu sein. Nichts im Leben ist unveränderlich, warum legen wir dann dem eigenen Körper und Geist diesen Maßstab an? Wahrscheinlich weil wir zu viele Beispiele im eigenen Umfeld kennen, die zeigen, wie schwierig es ist, dem Altern offen und freudig gegenüberzutreten.

... und trotzdem einsam macht

Ich möchte nicht nur «in Würde» altern, ich möchte altern können, ohne diesen Prozess ständig zu bewerten und für ihn bewertet zu werden. Meine Lachfalten als Erinnerungen unglaublich schöner Erlebnisse sehen und für sie dankbar sein können. Falten erzählen Lebensgeschichten, und wer sie unterdrückt, macht die Erfahrungen, die sie eigentlich aufzeigen, unsichtbar. Trotzdem springen beim Gedanken an meinen vierzigsten Geburtstag sämtliche Alarmglocken an. Schiere Panik. Weil in Würde zu altern ein Privileg ist, das sich vor allem Frauen nicht leisten können.

Die Zahlen zum Gender-Pay-Gap, Gender-Care-Gap und zur Altersarmut, in die diese Ungerechtigkeiten schließlich fließen, habe ich bereits im Kapitel «Bitch better have my money» angesprochen. Hier noch mal zur Erinnerung und auch zur Verdeutlichung, wie verzahnt die einzelnen Themen dieses Buches sind: Frauen verdienen in Deutschland pro

Stunde durchschnittlich 18 Prozent weniger als Männer. Derzeit droht 2,7 Millionen Frauen Altersarmut – trotz Vollzeitarbeit werden jeder Dritten voraussichtlich weniger als 1000 Euro Rente zur Verfügung stehen. Wie geraten sie da hinein? Auch aufgrund des Gender-Care-Gaps, denn in Deutschland wenden Frauen pro Tag im Durchschnitt 52,4 Prozent mehr Zeit für unbezahlte Sorgearbeit auf als Männer.[18] Meine Mutter und meine Tante kümmern sich abwechselnd um meine 90-jährige Großmutter, die schwer dement ist. Sie möchten ihr ermöglichen, zu Hause zu bleiben und im besten Fall auch in dieser gewohnten Umgebung sterben zu können. Eine Entscheidung, die extrem viel Arbeit bedeutet und aus purer Liebe und Fürsorge getroffen wurde. Die Altenpflegerin Sonja Schiff sagt dazu: «Immer noch werden an die 80 Prozent aller pflegebedürftigen Menschen von ihren Angehörigen gepflegt. Ehemänner vor allem von ihren Ehefrauen, der verwitwete Elternteil, meist die alte Mutter, vorwiegend von Töchtern und Schwiegertöchtern.»[19] Diese Sorgearbeit wird vom Staat lächerlich gering vergütet und ist abhängig vom Pflegegrad. Dafür gibt es schließlich Altenheime, doch dort herrscht seit Jahren akuter Personalmangel. Es fehlen 24000 Pflegekräfte in Deutschland, es dauert rund 144 Tage, bis eine Stelle neu besetzt wird, und immer wieder müssen ganze Heime aufgrund des Fachkräftemangels schließen. Durchschnittlich verdienen Altenpfleger*innen 2744 Euro im Monat. Kein Wunder also, dass sich diesen Job kaum noch jemand leisten kann, auch wenn sicherlich viel mehr Menschen in der Sorgearbeit tätig wären bei besseren Konditionen. Das Fachmagazin *Springer Medizin* veröffentlichte einen Artikel, der aufzeigt, dass der Beruf oftmals auf Aufgaben wie Waschen, Ankleiden oder Inkontinenzversorgung reduziert wird, «jedoch sollte die multidimensionale Pflege durch die Anpassung von Wohn-, Betreuungs- und Pflegekonzepten in den Fokus rücken».[20] Weil die Zeit für gemeinsame Aktivitäten oder individuelle Betreuung fehlt, ist für viele Bewohner*innen von Altenheimen ihre Einsamkeit eine extreme physische und psychische Belastung. Und nicht nur da.

Vor ein paar Jahren wurde untersucht, inwiefern Haushaltsvermögen, soziale Teilhabe und Einsamkeit bei älteren Menschen in Europa zusammenhängen. Die dabei erhobenen Daten beziehen sich auf Personen im Alter ab 65 Jahren aus 14 europäischen Ländern und zeigen auf, dass das Risiko, sich alleine und isoliert zu fühlen, in Abhängigkeit zum Wohlstand steht – gerade bei Frauen sei das Einsamkeitsrisiko erhöht, weil es ihnen oftmals nicht möglich ist, sozialen Aktivitäten aufgrund der eingeschränkten finanziellen Situation nachzugehen.[21] Das deckt sich mit Erkenntnissen der WHO: Im Jahr 2050 werden 80 Prozent der älteren Menschen in Ländern mit niedrigem und mittlerem Einkommen leben, und die Ärmsten der Armen sind dabei: alte nicht-*weiße* Frauen.[22]

Die Angst vor dem Alter beginnt für viele mit dem regelmäßigen Gang zum Beauty-Doc und endet bei Altersarmut und Isolation. Natürlich nicht immer und natürlich nicht immer so linear – und doch zeigen die Zahlen, dass es sich nicht um Einzelfälle handelt.

Make Aging Great Again

Die Welt gehört den Jungen. Gleichzeitig verschiebt sich in einer immer älter werdenden Gesellschaft die Frage, wer denn eigentlich als jung gilt – und wer nicht. Eine gute Freundin von mir fährt alle paar Jahre mit einer Gruppe, bestehend aus drei Rentnerinnen, in den Urlaub. Das hat sich einfach so ergeben. Jedes Mal, wenn sie zurückkommt, schwärmt sie von diesen Frauen. Die eine macht gerade eine Weiterbildung, die andere zieht um und richtet sich neu ein, die dritte zählt alle Gründe auf, warum sie nach der Scheidung nun Single bleiben möchte. Ich habe es bereits im Kapitel «Warten Sie noch auf jemanden?» angesprochen: Die Standards von Frauen steigen, immer mehr heterosexuelle Männer bleiben ungewollt alleine, sofern sie bei der Gleichberechtigung nicht mitziehen. Nicht nur, aber auch deshalb leiden Männer unter Einsamkeit. Unsere Einstellung zum Alter muss sich gesamtgesellschaftlich ändern, wenn uns ein lebenswertes Miteinander jenseits der fünfzig wichtig ist. Einen wichtigen Schritt sind junge Französ*innen gegangen, als deren Regierung ankündigte, das Rentenalter von 62 auf 64 anzuheben. Sie taten, was die Menschen in diesem Land hervorragend können, nämlich: aufstehen, demonstrieren, diskutieren. Doch warum treten junge Menschen, teilweise so jung, dass sie noch gar nichts in die Rentenkasse eingezahlt haben, für ein Thema ein, das sie erst in einigen Jahrzehnten tangieren wird? Der Politikwissenschaftler Johannes Maria Becker sagt dazu: «Solidarität heißt in Frankreich: Wir kämpfen heute für unsere Interessen von morgen, aber wir stehen auch für alle anderen Betroffenen ein.»[23]

Ein abschließender Gedanke kommt mir, als ich darüber lese, dass in Kanada ausprobiert wird, Kinder- und Altenheime zusammenzulegen.[24] In Japan wird es anscheinend bereits erfolgreich umgesetzt. Ich weiß nicht, wie gut es in der Praxis funktioniert, Menschen aus traumatischen oder zumindest belastenden Umfeldern zusammenzulegen, aber ich finde die Idee gut. Die Gründe: mehr soziale Kontakte und Interaktion sowie menschliche Nähe, wenn Pflegepersonal überlastet ist und sich auf das Notwendigste konzentrieren muss. Außerdem lernen junge Menschen dadurch von Anfang an, auf ältere Menschen Rücksicht zu nehmen, während diese auf die Unvoreingenommenheit von Kindern treffen. Für mich schließt das den Kreis in puncto Altersdiskriminierung. Junge Menschen werden so oft nicht ernst genommen, für naiv gehalten und aufgrund ihrer mangelnden Lebenserfahrung kaum nach ihrer Meinung gefragt. Alte Menschen werden oft ganz ähnlich behandelt, wenn auch aus anderen Gründen.

So komplex unsere Gesellschaft ist, so komplex sind die Themen, die uns beeinflussen. Anfangs wollte ich nur über den Anti-Aging-Boom schreiben, dann wurde jedoch schnell klar, dass die Gründe dafür unglaublich tief liegen und gleichzeitig vielschichtig sind. Wir können nicht über Falten reden, ohne Misogynie und Altersdiskriminierung miteinzubeziehen. Und wir können auch nicht über Altersarmut sprechen und die Trostlosigkeit in Altenheimen ausklammern. Der Prozess des Alterns muss ins Leben integriert und liebevoll umarmt werden – nicht nur von einzelnen Personen, sondern auch von Institutionen, damit sich dieser Wandel gesamtgesellschaftlich widerspiegeln kann.

Hit me, baby, one more time!

ÜBER DIE PERIODE UND ENDOMETRIOSE

Seitdem ich mit zwölf Jahren meine Tage bekam, habe ich starke Regelschmerzen. Mit siebzehn begann ich, die Pille zu nehmen. Sie leitet einmal im Monat eine Scheinblutung ein, die eine Menstruation vortäuscht, tatsächlich aber unterdrückt – und damit auch die Schmerzen. Als ich das Verhütungsmittel mit 26 absetzte, überfielen die Schmerzen mich wie eine unangenehme Erinnerung, die ich lange verdrängt hatte. Zu dem Zeitpunkt dachte ich, dass das normal sei, alle Menschen mit Uterus haben schließlich Regelbeschwerden, also eben auch ich, wenn auch ziemlich starke. Bei einer Routineuntersuchung entdeckte meine Frauenärztin dann eine sogenannte Schokoladenzyste am linken Eierstock. Ihre vorsichtige Diagnose: Endometriose. Eine chronisch verlaufende Erkrankung, bei der sich Gewebe, das dem Schleim der Gebärmutter ähnelt, außerhalb dieser entwickelt. Und wächst. An den Eierstöcken, am Darm, im Becken- und Bauchraum. Bis zur Lunge und zum Gehirn kann es sich ausbreiten. Während des Zyklus wird Gebärmutterschleimhaut auf- und abgebaut, und wenn es nicht zu einer Befruchtung und Einnistung kommt, wird das Ganze mithilfe von Blut ausgeschwemmt. Das Problem bei der Endometriose ist aber, dass dieses Gewebe den Körper nicht mithilfe der Blutung verlässt, sondern vor sich hin wuchert und sich dadurch sogenannte Herde bilden. Es kommt zu Zysten, Vernarbungen des Gewebes, extremen Schmerzen und in vielen Fällen zu Unfruchtbarkeit – genauer gesagt ist bei 40 bis 50 Prozent aller ungewollt Kinderlosen Endometriose die Ursache.[1]

Meine Zyste ist zum Zeitpunkt der Untersuchung schon so groß, dass die Frauenärztin vermutet, dass sie sich wahrscheinlich nicht mehr von alleine zurückbildet. Sie bittet mich, in vier Wochen wiederzukommen, was ich tue. Der zweite Ultraschall zeigt, dass die Zyste erneut einen halben Zentimeter gewachsen ist. Also überweist mich meine Ärztin ins Endometriose-Zentrum, wo ich erneut untersucht werde und bestätigt wird, dass ein Eingriff unumgänglich ist. Doch zwischen dem Tag, an dem ich dort erscheine, und dem OP-Termin, den ich in den Kalender eintrage, passiert etwas, das ich nicht mal dem Typen wünsche, der in einer Straßenumfrage meinte, Frauen könnten nicht pinkeln, wenn ein Tampon eingeführt ist.

Opiate, die auf den Mond schießen

Es ist ein Abend im November 2019. Ich komme von einer langen Yoga-Session nach Hause, lasse mich auf das Sofa fallen und verdrücke eine riesige Packung Haferkekse, weil ich zu faul bin, mir ein anständiges Abendessen zu machen. Als sie leer ist, dauert es noch ein paar Minuten, dann geht es los. Anfangs bin ich nur etwas irritiert, denn ich kenne dieses Ziehen im Unterleib, den Vorboten auf zwei bis drei wahnsinnig schmerzhafte Tage. Aber meine Periode ist noch in weiter Ferne, weshalb ich nicht sofort zum Medizinschrank renne, um mir eine Schmerztablette einzuwerfen und zu beten, dass sie zumindest ansatzweise reinkickt, bevor mein Unterleib sich selbst anzündet. Stattdessen denke ich: Magenverstimmung, selber schuld. Ich bleibe liegen, versuche, mich zu entspannen.

Das Ziehen wird stärker, es transformiert sich zu einem stechenden, extrem brennenden Schmerz. Scheiße, falsche Entscheidung getroffen. Auf allen vieren krieche ich ins Bad, werfe mir die Tablette ein und erbreche sie nach wenigen Minuten. Spätestens jetzt weiß ich, dass irgendetwas überhaupt nicht stimmt, weil ich das hier, das Kotzen vor Schmerzen, zwar kenne, aber niemals unabhängig von meiner Periode. Ich fühle, dass irgendwas noch schlimmer ist als sonst. Und das Allerschlimmste: Ich bin alleine.

Ich krieche zurück ins Wohnzimmer und rufe eine Freundin an. Sie redet behutsam auf mich ein, den Krankenwagen zu rufen, und ich weiß nur noch, dass ich sagte: «Ich traue mich nicht, der ist dann so laut, es ist Sonntagabend, und der kommt dann nur wegen mir.» Sie spricht weiter mit mir, aber ich kann mich an das Gesagte nicht erinnern. Ich weiß nur noch, wie ich nach dem nächsten Schmerzschub auflege und den Notruf wähle. Als ich wenige Minuten später die Sirene höre, liege ich auf dem Boden in der Embryohaltung und schnappe nach Luft, weil ich mich nicht traue, tief zu atmen. Gleich werde ich aufstehen und die Tür öffnen müssen. Da fällt mein Blick auf die leere Kekspackung. Ich schiebe sie unter das Sofa. Aus Angst, der Notarzt würde sie sehen und mich fragen, ob ich die gerade komplett verdrückt habe, und ich weiß nicht, ob ich in meinem Zustand fähig bin zu lügen. Aber die Befürchtung, nicht ernst genommen zu werden und vielleicht sogar die Schuld für meinen Schmerz zugeschoben zu bekommen, reicht aus, um in dem Delirium, in dem ich mich befinde, den Gedanken zuzulassen.

Es klingelt, und ich ziehe mich an der Tür hoch, um auf den Öffner zu drücken. Dann taste ich mich entlang der Wände in die Küche bis zum nächsten Stuhl. Zwei Sanitäter und ein Arzt kommen herein, sie sind alle sehr nett, behutsam, routiniert. Ich sage, dass ich Endometriose-Patientin bin, der Arzt nickt, er weiß, was das heißt. Er öffnet seinen Koffer, und ich lechze nach allem, was sich darin befindet. Er legt mir eine Kanüle und spritzt mir etwas, was mich ganz kurz Sternchen sehen lässt. Das stimmt natürlich nicht, aber ich lege den Kopf in den Nacken und spüre, wie das Opiat durch meine Vene schießt und mein ganzer Körper binnen Sekunden mit Watte ausgekleidet wird. Plötzlich ist alles gut. Der Schmerz wird immer weniger, bis ich nur noch ein leichtes Ziehen spüre, sobald ich meinen Oberkörper ein paar Zentimeter bewege. Das Nächste, woran ich mich erinnern kann, ist, dass die drei Männer den Stuhl, auf dem ich sitze, anheben und mich die langen, gewundenen Treppen nach unten tragen, während ich bete, dass jetzt bitte niemand die Tür öffnet, weil ich mich dann erklären müsste. «Ich kann leider nicht aufstehen», ist die erste Rechtfertigung, die mir einfällt, und in meiner imaginären Konversation mit einer meiner Nachbar*innen antwortet die Person: «Ja, das sehe ich», und ich komme mir so blöd vor, weil ich wirklich wichtigere Probleme habe, als zu überlegen, wie schnell andere Menschen die Situation richtig einordnen können – immerhin haben die Männer ihre Dienstkleidung an – oder ob jemand ernsthaft denken würde, die Landsteiner vom vierten Stock übertreibt es jetzt doch mit ihrem Wunsch, das Patriarchat abzuschaffen. Meine internalisierte Scham finde ich zum Kotzen. Ich schäme mich für meine Scham. Dafür, dass ich noch immer und trotz der Diagnose meine Schmerzen *überprüfe*. Sind die legitim? Lieber vorsorglich nebenan klingeln und mich für die Ruhestörung am Sonntagabend entschuldigen! Bin ja nur 'ne Frau, die ein bisschen blutet.

Warum der cis männliche Körper im Mittelpunkt der Wissenschaft steht

Im Schnitt vergehen sechs Jahre, bis Betroffene die Diagnose Endometriose erhalten.[2] Auf dem Weg dahin kommt es oft zu falschen Annahmen wie Adnexitis (Entzündung der Eierstöcke, Eileiter und des umgebenden Gewebes), psychogene Beschwerden, oder die Schmerzen werden als Prämenstruelles Syndrom (PMS) eingestuft. Letzteres ist etwas, das sehr viele Betroffene nach Praxisbesuchen beschreiben: Sie werden in der Schilderung der Beschwerden nicht ernst genommen, oftmals wird schnell abgewinkt und sogar geraten, einfach schwanger zu werden. Nur wie kann das sein? Beziehungsweise: Wie konnte es dazu kommen, dass der Gang in die Arztpraxis, welcher Aufklärung und Hilfe bieten soll, so oft zu Beschämung und Abweisung führt?

In der Medizin wurde und wird zum Großteil an cis Männern geforscht, was den Fokus der Medizin auf den cis männlichen Körper legt. Dafür gibt es eine wissenschaftliche und eine gesellschaftliche Erklärung; zuerst die wissenschaftliche: cis Frauen machen Studien aufgrund ihrer Hormonschwankungen, der Möglichkeit, schwanger zu werden, und auch aufgrund der Menopause schlichtweg komplexer, weshalb sie oftmals ganz ausgeschlossen werden. Trans, inter und nichtbinäre Personen tauchen in diesen Forschungen gar nicht auf. Eine der schlimmsten Folgen zog dieses Verhalten in den 1960ern nach sich, als Tausende Schwangere das Schlafmittel Contergan zu sich nahmen und daraufhin viele der Babys mit Fehlbildungen oder mit gänzlich fehlenden Gliedmaßen und Organen zur Welt kamen. Man hatte einfach nichts über diese extremen Nebenwirkungen gewusst, weil Menschen, die schwanger werden konnten oder es bereits waren, nicht in die medizinische Forschung zu Contergan einbezogen worden waren.

Ein weiteres bekanntes Beispiel ist der Herzinfarkt: Er zeigt sich, wenn die betroffene Person über stechende Brustschmerzen klagt. So lernen wir es nicht nur in der Schule, so erleben wir es auch in Filmen und Serien, das Symptom gehört sozusagen zum Allgemeinwissen. Tatsächlich ist es aber so, dass sich ein Herzinfarkt vor allem bei cis Männern so zeigt. Bei Frauen sieht es oft ganz anders aus, zu ihren Warnzeichen gehören Übelkeit, Atemnot oder auch Bauchschmerzen. Die Tatsache, dass cis Frauen oftmals von Studien ausgeschlossen wurden und werden, führt dazu, dass geschlechtsspezifische Krankheiten oder Merkmale lange unerforscht bleiben – so entstand der *Gender-Data-Gap*. In ihrem Buch *Unsichtbare Frauen – Wie eine von Daten beherrschte Welt die Hälfte der Bevölkerung ignoriert* erklärt die Autorin Caroline Criado-Perez, dass es sich dabei um eine geschlechtsbezogene Datenlücke handelt. «Sie zeigt, dass die überwiegende Mehrheit an gesammelten wissenschaftlichen Daten von Männern stammt. (…) Das liegt daran, dass Männer die unausgesprochene Selbstverständlichkeit sind. Sie bilden sozusagen den ‹Durchschnittsmenschen› und ihre Erfahrungen und Erlebnisse gelten als geschlechtsneutral», sagt sie in einem Interview mit ze.tt.[3]

Zusätzlich muss diese Tatsache aus einer intersektionalen Perspektive beleuchtet werden, denn alle Körper, die nicht *weiß* und cis männlich sind, rutschen regelmäßig durch das medizinische Raster: Statistiken und viele Erfahrungsberichte belegen, dass *People of Color* viel seltener Schmerzmittel verabreicht werden als *weißen* Menschen, weil ihnen eher unterstellt wird, sie würden Schmerzen vortäuschen, um an Drogen zu gelangen.[4] In einer Umfrage des deutschen Afrozensus gaben zwei Drittel der befragten PoCs an, sehr häufig von ihren Ärzt*innen nicht ernst genommen zu werden – das *Invisibility Syndrome* (dt.: Unsichtbarkeits-Syndrom) zeigt die Auswirkung auf die (psychische) Gesundheit von Schwarzen Menschen auf.[5]

Wenn also der medizinische Fokus auf dem cis männlichen Körper liegt und in der Gesellschaft eine extreme Voreingenommenheit gegenüber den Empfindungen anderer Körper herrscht, dauert es umso länger, um bei diesen etwas Richtiges zu diagnostizieren. Die Professorin Sylvia Mechsner, die am Endometriosezentrum der Charité in Berlin arbeitet, sagt dazu: «Es gibt keine Männerkrankheit, die so schmerzhaft ist (wie die Endometriose), und wenn es das geben würde, wäre da garantiert schon eine Lösung gefunden.»[6]

Neben den aufgeführten rassistischen Vorurteilen gehört zum gesellschaftlichen Grund für die Benachteiligung dazu, dass die Periode als ein privates Thema gilt, über das man in der Öffentlichkeit nicht spricht. Wer sich an die Etablierung der Kernfamilie erinnert, weiß, dass in diesem Konstrukt die Frau zu Hause bleibt. In solch konservativen Systemen hat sich die Überzeugung verfestigt, dass alles, was mit dieser Sexualität zu tun hat, etwas Privates darstellt, das nicht in den öffentlichen Bereich getragen werden sollte. Heute wissen wir, dass das Unsichtbarmachen dieser Sexualität, ihrer Belange und geschlechtsspezifischer Krankheiten, Tabus fördert und Scham entstehen lässt. Gut sichtbar ist das in Werbungen für Periodenprodukte, in denen Blut als blaue statt roter Flüssigkeit dargestellt wird. Ist die Farbe Rot etwa zu nah an der Realität und deshalb zu nah am Ekel, den so viele beim Thema Menstruation empfinden? Lieber schnell zu einer abstrakten Farbe greifen, die in keiner Weise mit der Periode in Zusammenhang steht – aber Hauptsache, man zieht sich nach der Werbepause den Film mit Altersfreigabe ab 18 rein, in dem das Blut so sehr spritzt, dass es schon fast skurril ist. Die Scham, die mit Tampons und Binden einhergeht, wird bei der Produktion dieser Utensilien auf die Spitze getrieben. Gerade Binden enthalten oft giftige Kleb- und fragwürdige Duftstoffe mit Chemikalien, die definitiv nicht an eine so sensible Stelle wie den Genitalbereich gehören, weil sie Allergien und Ausschläge auslösen können.[7] Die Angst, die Binde könnte verrutschen oder das Blut unangenehm riechen, scheint größer als die Angst vor dem Schaden, der gesundheitlich angerichtet werden kann.

Auch unsere Sprache offenbart derart Verniedlichendes, dass ich mich fremdschäme: Bis heute wird vielen heranwachsenden cis Frauen erklärt, sie hätten ab Periodenbeginn einmal im Monat die «Erdbeerwoche». Dieser Begriff wirkt extrem verharmlosend und herabwürdigend und gibt weder der Komplexität des menstruierenden Körpers noch dem Schmerz der Periode Raum. Wenn etwas so süß ist, wie sich die Erdbeerwoche anhört, wie soll man dann im Fall von Endometriose den oftmals bestialischen Schmerz verstehen und anerkennen? Wer ständig hört, dass Regelschmerzen während der Periode *normal* sind, weil die monatliche Blutung *unangenehm* ist und es deswegen ein süßes Wort braucht, tut sich schwer, extreme Schmerzen als nicht normal einzuordnen. Stichwort: Da müssen alle durch, also stell dich nicht so an. Und wer sich anstellt, schämt sich, denn eine Erdbeerwoche ist doch wirklich kein Grund, zur Ärztin zu rennen.

2018 hat das Unternehmen Einhorn, das nachhaltige und vegane Kondome sowie Periodenprodukte herstellt, fünf cis Männern die Möglichkeit gegeben, mithilfe von Hypnose Menstruationsschmerzen zu erfahren.[8] Bereits nach wenigen Minuten krümmten sich alle unter den Beschwerden, manche legten sich auf den Boden ab. Im Nachgespräch fielen die Worte, dass der Schmerz sich isolierend angefühlt habe – etwas, das ich als monatlich Betroffene unterstreichen kann. Es ist nicht nur das physische Unwohlsein. Es ist auch dessen Auswirkung auf meine mentale Gesundheit, die monatlich Angst macht. Periodenschmerzen wirken wie ein Katalysator auf die internalisierte Scham, die so viele mit sich herumtragen, weil sie sich nicht ernst genommen fühlen: Der Schmerz lähmt, er isoliert, weil man oftmals tagelang nichts tun kann, außer im Bett zu liegen und dabei zu denken: Wie schaffen das die anderen? Warum kriege ich das nicht hin? Da gibt es Frauen, die trotz Periode zur Arbeit gehen und Leistung bringen! Also, Zähne zusammenbeißen. Aber das ist nicht etwas, was Frauen beherrschen, oder?

Denn wie im Kapitel zum Single-Shaming schon deutlich gemacht, wird heranwachsenden cis Frauen mitgegeben, sie seien das weiche, sanfte, fürsorgliche Geschlecht. Schließlich heißt es «hart wie ein Mann» und im Umkehrschluss «Sei keine Pussy!». Ein derart schlechter und ignoranter Herabwürdigungsversuch, denn welches Organ gebärt noch mal gleich einen kompletten Menschen? Wenn die Vagina schwach und empfindlich ist, was sind dann die Hoden? Ach ja, das Sinnbild für Durchsetzungsvermögen und Mut. Ja, die baumeln da wirklich mutig rum.

Das Vorurteil, Regelschmerzen könnten gar nicht so schlimm sein, hat tragische Folgen, da sich die meisten Menstruierenden während der Periode mehr Verständnis vom eigenen Partner wünschen. Doch wenn er verinnerlicht hat, dass er wesentlich mehr aushalten kann als seine Partnerin, schließt sich für diese der Kreis der Isolation. Besonders schade ist an der Stelle natürlich, dass es sich bei Schmerzen nicht um einen Wettbewerb handelt und niemals handeln sollte. Selbst *wenn* der Partner eigene körperliche Beschwerden gut wegsteckt, heißt das nicht im Umkehrschluss, dass es die Schmerzen der Menstruierenden minimiert, da sie immer im Kontext zum Körper, dessen Empfinden und erlebten Traumata stehen.

Wer die Periode mit ihren Regelschmerzen nicht ernst nimmt oder sich vor ihr ekelt, interessiert sich automatisch weniger für sie. So kommt es immer wieder zu Umfragen mit haarsträubenden Ergebnissen, in denen deutlich wird, wie wenig cis Männer über den menstruierenden Körper wissen. Mein Favorit ist der Typ, der keine Ahnung hat, was eine Vulva ist, und vermutet, er/sie/es würde sich im Nacken befinden.[9] Apropos Vulva: Die Mehrheit der deutschsprachigen Menschen spricht noch heute von Schamlippen anstelle von Vulvalippen. Ups, da ist sie wieder, unsere Lieblingsemotion. Was hat die denn im medizinischen Kontext zu suchen? Tja, anscheinend so viel, dass sie sogar im Duden steht.

Schäm dich für deine Schande!

Seit rund 200 Jahren existiert der Begriff Schamlippen und damit auch die negative Konnotation, sich für sie zu schämen. Und nicht nur für sie, im Endeffekt für alles untenrum am cis weiblichen Körper: den Schambereich, gerne auch die Schamhaare, steckt ja überall drin, das Wort. An der Stelle eine schnelle Erinnerung an die Herkunft des Begriffs Scham: Seine ursprüngliche Bedeutung liegt in den Worten Beschämung oder Schande.

Die Literaturwissenschaftlerin und Autorin Dr. Gunda Windmüller beschäftigt sich seit 2018 damit, dass binäre Frauenkörper sprachlich schambehaftet sind. Hallo, Schamlippen. Begriffe wie dieser schleichen sich in unsere Empfindungen, werden ein Teil der Kultur, kurzum: Weibliche Geschlechtsorgane und damit weibliche Lust, weibliche Sexualität, weibliche Empfindungen sind schambehaftet. Das ist besonders irritierend, weil unser Alltag, sowohl digital als auch im realen Leben, mit Werbung zugepflastert ist, die nackte Mädchen- und Frauenkörper sexualisiert. Freizügigkeit – oder zumindest ihre Illusion – gehört zur Scham wie die Butter aufs Brot, denn in einer schambefreiten Gesellschaft würde das Geschäft mit der Nacktheit gar nicht funktionieren. *Sex sells* kurbelt nur dann Erektion und Geldbeutel an, wenn es sich um etwas Begehrenswertes, um etwas nicht immer Zugängliches handelt – die Scham zeigt auf, was als erotisch empfunden wird. Und dieses Spannungsverhältnis wird seit Jahrzehnten erfolgreich ausgenutzt.

Gunda Windmüller plädiert dafür, den Begriff Schamlippen abzuschaffen und stattdessen von Vulvalippen zu sprechen. Das ergibt auch aus medizinischer Sicht sehr viel Sinn, denn Menschen mit Vulva haben meistens vier Vulvalippen, die äußeren und größeren sowie die inneren und kleineren. Wenn der Begriff Scham durch Vulva ersetzt wird, ist klar, wo sich diese Lippen befinden, denn sie sind ein Teil der Vulva, also des äußeren Bereichs der Genitalien. Tadaa, verortet.

Klingt total easy, ist es aber gar nicht, denn vielen Menschen ist gar nicht bewusst, dass sie den Begriff «Vagina» für alles verwenden, was sie da unten beschreiben möchten. Und im schlimmsten Fall einfach von Vagina sprechen und hoffen, die Freund*innen wissen dann schon, was gemeint ist (wissen sie sehr wahrscheinlich nicht).

Der Ausdruck Schamlippen trägt seit 200 Jahren dazu bei, dass Frauen und andere Menschen mit Vulva sich für ebendiese schämen. Zudem handelt es sich dabei um einen so unkonkreten Begriff, dass mensch sich früher oder später selbst auf die Reise machen muss, um herauszufinden, wo sich welcher Bereich befindet und warum. Unterhaltsam dargestellt wird das in einer Folge der Serie *Sex and the City*, in der die Protagonistin Samantha ihrer Freundin Charlotte im Restaurant einen kleinen Spiegel in die Hand drückt und sie auffordert, zur Toilette zu gehen, um sich endlich mal anzusehen, wie es da unten aussieht. Die Szene lässt natürlich schmunzeln, denn hier trifft die sexuell freie und aufgeklärte Samantha auf ihre eher biedere und prüde Freundin Charlotte – und doch steht die Konversation dafür, dass viele Frauen, egal wie alt und sexuell aktiv, gar keinen Überblick haben. «Das da unten» lässt sich schwer angucken und untersuchen, nicht alle Menschen mit Vulva kommen auf die Idee, sich breitbeinig vor einen Spiegel zu setzen, und selbst wenn, dann ist die Scham eine große Hürde, das umzusetzen. Auch da haben cis Männer wieder einen Vorteil, denn der Penis als auch die Eier baumeln frei, sie können sie jederzeit betrachten und berühren, mit ihnen spielen, auf der Toilette und in Umkleidekabinen mit anderen vergleichen. Toll.

Die Tatsache, dass das Berühren der eigenen Geschlechtsteile für sie als normal eingestuft wird, hilft beim Abbau der

Scham. Cis Frauen hingegen müssen sich wortwörtlich herantasten, müssen sich einen Finger einführen, um die Vagina überhaupt erspüren zu können.

Zwei Zysten und eine Not-OP

Zurück zu dem Abend, als ich mit brennendem Unterleib von zwei Sanitätern die Treppe hinuntergetragen und ins Krankenhaus gefahren wurde.

Mittlerweile ist es 23 Uhr, die Krankenschwester, die Bereitschaft hat, trinkt Tee. Nach der Aufnahme passiert eine Weile lang gar nichts, ich liege herum, und das soll sich in den nächsten Stunden nicht ändern. Die Schmerzen kommen zurück, und weil ich mich mittlerweile endlich davon verabschiedet habe, irgendetwas aushalten zu müssen, frage ich nach Tabletten. Ich bekomme eine, sie schlägt an, ich döse ein.

Irgendwann werde ich in den Geburtstrakt geschoben und gebeten, auf einem Stuhl Platz zu nehmen. Zwei hochschwangere Frauen laufen immer wieder den Flur auf und ab, ansonsten bin ich alleine. Nach einer Stunde frage ich eine Krankenschwester, ob hier demnächst mal etwas passiert, sie versichert mir, dass ich nicht mehr lange warten muss, und ich bin sehr froh darüber, dass ich in dem Moment noch nicht weiß, dass ich eine weitere Stunde auf dem Stuhl verbringen werde. Und dass die Schmerzen sich erneut ihren Weg durch das Medikament arbeiten. Der dichte Nebel hebt sich langsam, das Stechen wird klarer, und es geht von vorne los. Was mich beunruhigt. Nicht nur, weil Schmerz mit Ankündigung wie Folter ist, sondern weil ich das alles nicht kenne. Seit einem halben Jahr weiß ich, dass ich unter Endometriose leide, seit einigen Jahren weiß ich, wie sich das anfühlt, und in all dieser Beklemmung halte ich mich an einer Sache immer fest: dem Wissen, dass es vorbeigehen wird. Dass das Brennen in dumpfe Anschläge übergeht, die dann auch weniger werden, sanfter schlagen, irgendwann nicht mehr zu spüren sind, und was übrig bleibt, ist lediglich ein heftiger Muskelkater, der ein paar Tage daran erinnert, dass die letzten Tage mal wieder mit Abstand die beschissensten des Monats waren.

Aber die Sache ist eben die: Diesmal ist alles anders.

Eine Frauenärztin kommt zu mir und führt mich in einen Behandlungsraum. Sie bittet darum, dass ich mich ausziehe und auf den Behandlungsstuhl setze. Der Gedanke, dass mir nun zusätzlich etwas eingeführt wird, bringt mich zum Würgen. Ich frage sie, ob es notwendig sei. Ich stammele: «Wissen Sie, ich hatte bereits einen Termin für eine OP. In drei Wochen sollte ich operiert werden, diese riesige Zyste, die wächst und wächst, die muss raus, weil sie sich nicht mehr alleine zurückbildet. Das ist alles in meiner Akte.» Sie nickt, weil sie das natürlich weiß, doch wir haben beide die gleiche Vermutung, nämlich dass die Zyste geplatzt ist. In meinem Bauch ist keine Schokolade, sondern Blut. Aber auf Basis von Vermutungen lässt sich nur schwer etwas behandeln.

Also ziehe ich mich aus.

Und steige auf den Stuhl.

Während der Untersuchung weine ich. Das Einzige, was hilft, ist, dass der Ärztin jeder Millimeter, den sie das Instrument in meinem Unterleib bewegt, zumindest emotional wehtut – sie entschuldigt sich pausenlos. Als sie fertig ist und ich mich wieder hinlege, bitte ich sie um Schmerzmittel. Sie checkt meine Unterlagen und sagt: «Es tut mir so leid. Aber ich kann Ihnen nicht mehr geben.» Und da zerfalle ich dann doch in tausend kleine, stechende, bittere, brennende Stücke. Ich bin nur noch mein Unterleib. Ich bin nur noch mein Brennen.

Es ist mitten in der Nacht, als eine weitere Ärztin dazukommt und wir die komplette Untersuchung wiederholen müssen. Warum, weiß ich nicht. Vielleicht wird gerade stündlich überprüft, wie sich das alles da unten entwickelt und ob es noch fünf vor zwölf oder fünf nach zwölf ist. Als sie fertig ist, höre ich zumindest das, was mir etwas Hoffnung gibt. «Ihre Schmerzen sind absolut nachvollziehbar. Die Zyste hat sich um den Eierstock gewickelt und ist geplatzt. Wissen Sie, dass eine zweite dazugekommen ist? Wir entfernen beide und saugen auch den Schleim ab. Spätestens morgen früh sind Sie dran. Derzeit überwachen wir Ihre Körpertemperatur. Wenn Sie Fieber bekommen, schieben wir Sie sofort dazwischen.» Dann ist sie weg, und ich frage mich: Passiert das wirklich? Bin ich nun offiziell aufgenommen, bekomme ich ein Bett und tatsächlich Hilfe?

Ich bekomme ein Bett. Und ich schlafe ein.

Am nächsten Morgen werde ich durch sehr viele lange Gänge geschoben. Wer mich schiebt, ist ein Zivi, der mit dem Bett nicht gut umgehen kann, denn wir knallen regelmäßig an Türen und schrammen Wände, und irgendwann stöhne ich, dass das so nicht geht. Im Wartebereich des OP-Saals verabschiedet er sich von mir, wenige Minuten später höre ich ein Telefonat, bei dem über mich geredet wird. Die Krankenschwester erklärt, dass der Zivi mich zum falschen Saal gebracht hat. Vielleicht doch einfach alle Männer abschaffen, denke ich mir. Es dauert 20 Minuten, bis er zurückkommt, das weiß ich, weil die Uhr direkt vor mir an der Wand hängt und tickt, die Zeit läuft einfach weiter, nur ich warte mal wieder. Dann rumpelt er mich wieder durch die Gegend, um mich endlich in den richtigen Saal zu bringen, wo ein Arzt mir lächelnd eröffnet, dass man mich bereits sehnlichst erwarten würde. «Ja sorry, war alles die reinste Spazierfahrt bis hierher», liegt mir auf der Zunge, aber Witze kann ich, wenn überhaupt, nur noch gedanklich produzieren. Das alles kann man sich nicht ausdenken, und ich bin der lebende Beweis dafür, dass man das auch nicht muss. Viele fragen mich, wie ich auf meine Ideen beim Schreiben komme, und ich sage dann immer, dass ich einfach das Leben beobachte, was romantisch klingt, anhand dieses Beispiels aber vielleicht etwas Licht ins Dunkel der Recherchearbeit bringt.

Als ich aus der Anästhesie aufwache, geht es mir plötzlich zum ersten Mal besser nach knapp zwölf Stunden. Ich spüre die Gewissheit, dass sich mein Körper jetzt entspannen darf, es ist vorbei, zumindest fürs Erste. Was jetzt kommt, ist eine anstrengende Heilungsphase, aber wer an Endometriose leidet, kann über die anstehenden körperlichen Herausforderungen nur lachen. Damit das auch für Nichtbetroffene verständlich wird, muss mehr darüber gesprochen werden.

Transparenz statt Tabu

Es liegt an der Stigmatisierung der Periode, dass sich cis Mädchen auf der Schultoilette heimlich Tampons zustecken, als würde es sich um einen Joint handeln. Periodenprodukte sichtbar mit sich zu tragen, hat beinahe einen verbotenen Beigeschmack. Wenn ich im Restaurant zur Toilette gehe, um dort meinen Tampon zu wechseln, stecke ich ihn manchmal vorher so nebensächlich wie möglich in meine Hosentasche, oder ich umklammere ihn mit meiner Hand oder nehme gleich die gesamte Handtasche mit. Jetzt höre ich den Aufschrei schon: «Was ist denn so schlimm daran, wenn ich beim Essen im Restaurant kein Hygieneprodukt sehen möchte?» Alles ist schlimm daran, finde ich. Schließlich handelt es sich um einen verpackten Tampon, an dem nichts eklig ist, lediglich die negative Zuschreibung macht ihn dazu. Als ich einmal ein Festival besuchte, bekam ich am ersten Tag meine Periode und warf mir aufgrund der heftigen Schmerzen eine starke Tablette ein. Da sie schnell ihre Wirkung entfaltete, vergaß ich für eine Weile komplett, dass ich meine Tage hatte – und somit auch, den Tampon zu wechseln. Bis mich eine Frau zur Seite nahm und darauf hinwies, dass sich auf meiner Hose sichtbare Blutflecken abzeichneten. Oh, Gott, der Albtraum jeder menstruierenden Person: Ich trug weiße Leggins *(don't judge*, sie waren Teil eines Kostüms), in deren Stoff mein Blut sickerte, sichtbar für jeden einzelnen Menschen, der mich von hinten sah. Die Scham überfiel mich so stark, dass ich während des Umziehens auf dem Klo beinahe weinen musste. Es war die absolute Hölle, es war mir so peinlich, dass ich überhaupt nicht den Gedanken formen konnte: Warum? Mir war nichts Peinliches, sondern etwas vollkommen Normales passiert. Mein Körper blutete, weil ich meine Periode hatte. Wofür also schämen? Würde mein Arm bluten, würde niemand lachen. Im Gegenteil, man würde mich fragen, ob ich Schmerzen habe und etwas bräuchte.

Kürzlich fragte mich ein Kunde am Telefon, wie es mir geht, und ich antwortete: *Nicht so gut, ich habe meine Tage*. Auch wenn ich für einen kurzen Moment eine gewisse Verunsicherung in der Leitung spüren konnte, wich sie schnell dem gemeinsamen Wissen, dass es vollkommen in Ordnung war, diese Antwort auf die Frage zu geben. Und auch in meinen romantischen Beziehungen brachte meine Ehrlichkeit und Verletzlichkeit die Menschen näher zu mir heran. Als ich für ein paar Wochen einen Mann datete und währenddessen eine heftige Regelblutung hatte, verkroch ich mich ein ganzes Wochenende auf dem Sofa. Er meldete sich jeden Tag und fragte, ob es mir gut gehe und er etwas tun könne. Transparenz fördert Empathie und Mitgefühl, aber auch die Lust, etwas über die Periode zu lernen. Das habe ich immer wieder in Gesprächen rund um Endometriose festgestellt.

Deshalb schäme ich mich heute nicht mehr dafür, zu erzählen, dass ich während der Suche nach Schmerzlinderung und mit dem Gefühl, von der Medizin komplett im Stich gelassen zu werden, bei einem Schamanen landete. Ich war schon immer aufgeschlossen, was diverse Heilmethoden aus anderen Kulturen angeht, habe jedoch selten öffentlich darüber gesprochen: Zu groß war die Befürchtung, als Wissenschaftsleugnerin abgestempelt zu werden. Die Medizin, mit der ich aufgewachsen bin, stellt zwar in unserer Gesellschaft die Norm dar, ist allerdings die jüngste Form, während viele Herangehensweisen an Heilung Jahrtausende alt sind und noch immer praktiziert werden. Das fand ich schon immer faszinierend. Deshalb saß ich nach fast einem Jahr extremer Schmerzen und mit dem Wissen, dass mich womöglich nur eine OP retten wird, bei einem Schamanen in München. Er hatte eine warme Ausstrahlung, freundliche Augen, und er wollte von meinen Begrifflichkeiten nichts wissen. «In meiner Medizin gibt es keine Krankheiten, es gibt nur Energie und Energiestau», sagte er. Das war für mich okay, solange er meinen

Energiestau ernst nahm, und das tat er absolut. Wir sprachen über den Energiefluss im Körper, das zweite Chakra, auch Sakralchakra genannt, in dem sich mein Stau befand, und vieles mehr. Er schickte mich mit den Worten nach Hause: «Ruf mich an, wenn du Schmerzen hast, und dann komm.» Ich verabschiedete mich und wusste, wie schwer es sein würde, das umzusetzen – aber ich wollte es unbedingt ausprobieren.

Als die Schmerzen sich beim nächsten Zyklus anbahnten, fuhr ich mit dem Taxi zum Schamanen, ich legte mich auf eine Liege und begann mich zu krümmen. Er sprach sanft auf mich ein und bat mich, wenn irgendwie möglich, mich auf den Rücken zu drehen, die Gliedmaßen auszustrecken und zu atmen. Vielleicht lag es daran, dass er ein Fremder war und ich mich aufgrund der Schmerzen mal wieder schämte, auf jeden Fall schaffte ich das eigentlich Unmögliche: Zum ersten Mal konnte ich mich während einer Schmerzwelle auf den Rücken legen. Dann atmete ich so, wie er es mir vormachte. Ab da ist alles recht verschwommen in meiner Erinnerung, denn zum einen hielt ich meine Augen geschlossen, und zum anderen sprach er in einer mir fremden Sprache. Ich weiß nur, dass er räucherte – Palo Santo, Weihrauch, Salbei, *I take it all* – und wir irgendwann auch tiefenpsychologisch komplett abgetaucht waren. Mein inneres Kind war anwesend, so viel ist sicher. Ich konnte immer tiefer und tiefer atmen, und am Ende lag ich vollkommen entspannt auf der Liege. Ich dachte, ich spinne. Ich hatte den Schmerz ausgeatmet? Irgendwie.

Als ich ging, erinnerte er mich daran, dass ich das auch alleine schaffen würde. Ich nickte. Bei der nächsten Regelblutung musste ich das gar nicht, denn die Schmerzen blieben vollkommen aus, und hätte ich nicht in einer Großstadt gewohnt, hätte ich die Tür geöffnet und lauthals «Ich bin geheilt!» geschrien. Auch beim darauffolgenden Zyklus empfand ich kaum Schmerzen. Erst beim nächsten ging es langsam wieder los. Ich atmete tief, aber ohne den Schamanen hatte ich nicht genügend Kraft. Und irgendwann, als die Monate in ein halbes Jahr übergingen, vergaß ich vor Erschöpfung und Frustration dieses unglaubliche Erlebnis fast komplett. Vielleicht weil ich wusste, dass ich ihn jedes Mal brauchen würde – und das wohl leider keine langfristige Lösung darstellte. Aber was dann? Wer konnte mir langfristig helfen? Vielleicht, dachte ich, sind es diejenigen, die ebenfalls betroffen sind.

Auf Social Media nehmen seit Jahren Endometriose-Patient*innen die Aufklärung selbst in die Hand. Sie tauschen sich aus und informieren andere. Außerdem wird alles, was irgendwie hilft, weitergegeben, ausprobiert, beurteilt und bewertet. Ich empfinde das als wahnsinnig hilfreich und wertschätzend, denn diejenigen, die nach einem ernüchternden und vielleicht sogar einschüchternden Besuch bei Ärzt*innen nach Hause kommen, finden im Netz Zuspruch und Halt jenseits von Scham. Ohne dieses kollektive Wissen hätte ich meine Endometriose nicht so gut im Griff, wie es nun der Fall ist.

Der Status quo

Seit der OP konnte bei mir keine neue Zystenbildung festgestellt werden. Jedes Mal, wenn ich bei meiner Frauenärztin bin (die Untersuchung mittels Ultraschall wird übrigens nicht von der gesetzlichen Krankenkasse übernommen, solange eine Zyste nur vermutet wird, aber nicht bestätigt ist) und sie erleichtert den Kopf schüttelt, fällt auch von mir etwas ab. Zu groß ist die Angst vor einer neuen Zyste, zu groß ist die Angst, sie könnte zu schnell wachsen, um sich selbstständig wieder zurückzubilden.

Auch meine Schmerzen habe ich weitestgehend unter Kontrolle, zumindest meistens, dank den vielen Tipps, die ich unterwegs gesammelt habe. Mehrere Hilfsmittel unterstützen mich seit der OP dabei, die Regelblutung so angenehm wie möglich zu gestalten: Ich nehme Nahrungsergänzungen wie Mönchspfeffer, Maca und Kurkuma ein, ich nutze CBD und mache für den Unterleib spezielle Yogaübungen. Außerdem nehme ich mir während der Periode so viel Zeit und Ruhe wie möglich – ein Gamechanger, um ganz ehrlich zu sein. Wenn es gar nicht anders geht, verbringe ich einen Tag auf dem Sofa und werfe mir Schmerztabletten ein wie andere Pralinen. Das ist allerdings glücklicherweise nicht mehr die Norm, sondern die Ausnahme.

Einerseits weiß ich, dass es ein großes Privileg ist, meine Arbeitszeit frei einteilen und demnach meinem Körper das geben zu können, was er braucht. Andererseits macht es mich wütend, dass ich oft einmal im Monat nichts verdiene und weiß, wie viele Menstruierende sich trotz Schmerzen zur Arbeit schleppen, weil die Scham zu groß ist, aufgrund von «Unterleibsbeschwerden» zu Hause zu bleiben.

Insgesamt habe ich festgestellt, dass viele meiner Regelblutungen seit der OP aushaltbar verlaufen, vor allem dann, wenn ich in einem gewohnten Umfeld bin und mich ausruhen kann. Bekomme ich meine Periode im Ausland oder unter Stress, kann ich fast immer davon ausgehen, dass sie mich ausknockt. Das letzte Mal überraschte sie mich ein paar Tage zu früh am späten Abend in Lissabon. Ich hatte viel gegessen, was den Schmerz verstärkte, und ich musste am nächsten Morgen um fünf Uhr aufstehen, um zum Flughafen zu fahren.

Die Nacht schaffte ich nur mit starken Schmerzmitteln – denn auch Panik ist nicht zu unterschätzen.

Eine Sache macht mich allerdings noch wütender als die Schmerzen. Bei jeder heftigen Blutung, bei jedem Gespräch mit Betroffenen, denke ich mir: Würden cis Männer einmal im Monat bluten, würden sie während der Periode von der Arbeit freigestellt werden. Sie würden ihre Periode derart zelebrieren, dass es sich in gesellschaftlichen Ritualen entladen würde: Bluten in den Messbecher, um am Ende mit den Kumpels vergleichen zu können, welcher voller ist. Vermutlich würde es Wettbewerbe im Blutweitspritzen geben, Einträge im *Guinnessbuch der Rekorde*, check! Und die Schmerzen selbst? Gäbe es vermutlich gar nicht mehr in der Form, wie auch die Professorin Sylvia Mechsner vom Endometriosezentrum der Charité in Berlin vermutet.

Die geschlechtsspezifische Diskriminierung frustriert mich unglaublich, weil sie nicht nur irre nervt und ungerecht ist, sondern tatsächlich gefährlich sein kann. Seit ein paar Jahren tut sich aber was beim Thema Endometriose. Vielen Betroffenen hilft der erste Schritt, einen Begriff für das Leiden zu haben und damit anerkannt zu werden. Sie müssen nicht mehr von «Bauchschmerzen» oder «Regelbeschwerden» sprechen. Stattdessen gibt es nun diese Diagnose, die zwar keine erfreuliche ist, aber den Anfang einer Forschung darstellt, der zeigt: Das Private ist immer politisch. Denn erst, wenn etwas so Intimes wie Schmerzen im Genitalbereich ernst genommen und gesehen werden, erst dann kann sich etwas verändern.

Im Januar 2022 hat Frankreichs Präsident Macron einen nationalen Plan zur Bekämpfung von Endometriose angekündigt, bei dem nicht nur die Forschung, sondern auch die Behandlung verbessert werden sollen. Deutschland hat nachgezogen, so wurde im November 2022 ein Antrag mit dem Titel «Endometriose – Endlich verstehen, behandeln, erforschen, begleiten» in den Gesundheitsausschuss überwiesen.[10] Diese Schritte sind ein guter Wegweiser, denn mittlerweile weiß die Wissenschaft, was viele Betroffene schon lange spüren müssen: Wenn die Endometriose wütet, kann sie sich anfühlen wie Presswehen bei einer Geburt. Wer letztere erlebt, befindet sich allerdings in den meisten Fällen in fachkundiger Hand, kann nach Medikamenten verlangen und weiß, dass alles einen Sinn hat, da kommt nämlich ein Baby! Und damit auch eine immense Ausschüttung von Glückshormonen, juhu!

Endometriose-Patient*innen bekommen nichts davon. Und obendrein leben sie mit der ängstlichen Gewissheit, dass nach dem Schmerz vor dem Schmerz ist. Er kommt in Wellen. Einmal im Monat. Und oftmals nicht nur dann.

Atmen ins Sakralchakra

Nach meiner OP bleibe ich insgesamt vier Tage im Krankenhaus. Freitagmorgen verlasse ich die Station und habe hinter mir: die Gewissheit, dass sich die große Zyste um den linken Eierstock gewickelt hatte, geplatzt war und Blut in den Bauchraum lief. Die Gewissheit, dass die OP gut verlaufen ist, der Schleim abgesaugt und die Zysten entfernt wurden. Ich erfahre auch, dass die Eierstöcke intakt geblieben sind. Hurra, denn ich hatte nicht mal daran gedacht, dass ich sie hätte verlieren können. An jedem Tag hatte ich Besuch von Freundinnen, die Magazine, Blumen und Süßigkeiten mitbrachten. Die Entfernung des Katheters war unangenehm, als zöge jemand einen Faden durch den Unterleib und, na ja, im Prinzip ist es ja auch genau so. Eine der Schwestern schloss ich bereits am ersten Tag ins Herz, weil sie mir half, zur Toilette zu gehen, und mich bat, ihr etwas zu erzählen, wahrscheinlich, um mich von der Scham abzulenken. Aber die spürte ich nicht mehr. Mein Schamempfinden war wie weggeblasen in diesem Umfeld, wo man am Tag unzählige nackte Hintern sieht, sich aber leider nicht auf einer sexy Swinger-Party befindet. Als ich nach besagtem allerersten Toilettengang wieder im Bett lag, bekam ich noch die obligatorische Thrombose-Spritze. «Frau Landsteiner, Sie machen einfach keinen Mucks», sagte sie, und ich dachte mir nur *Einmal durch die Hölle und zurück, was soll der Piks.* «Wissen Sie, ganz viele Männer sind da ja immer sehr weinerlich», fügte sie hinzu und ging mit einem Zwinkern.

Als ich nach Hause komme, dusche ich zum ersten Mal nach fünf Tagen und fühle mich wie neugeboren. Mit Handtuchturban auf dem Kopf gehe ich langsam durch die Wohnung, immer noch etwas gebückt, die kleinen OP-Narben schräg unterhalb meines Bauchnabels ziehen etwas. Ich setze mich auf das Sofa und beuge mich vornüber. Meine Hand tastet den Boden ab, dann raschelt es, und ich ziehe die leere Kekspackung hervor.

Zwei Tage später verlasse ich zum ersten Mal das Haus. Ich mache einen sehr langsamen Spaziergang durch den Nymphenburger Schlosspark. Es geht mir gut, nur nachts schlafe ich schlecht, da ich nicht ausgestreckt liegen kann und deshalb immer wieder aufwache. Sieben Tage nach der OP gehe ich am Abend zum Yoga. Die Übungen, bei denen mir mein Lehrer ein Zeichen gibt, setze ich aus, bei allem, was ich anstrengend finde, lege ich mich einfach auf den Rücken und atme. Bei der Schlussentspannung fühle ich mich zum ersten Mal nach sehr langer Zeit stolz. Ich bin stolz auf meinen Körper. Und auf mich. Auf das, was wir in den letzten Jahren und vor allem in den letzten Tagen geschafft haben. Darauf, dass er, obwohl ich ihn so oft verteufelt, verletzt und verflucht habe, noch immer größtenteils unglaublich gut funktioniert. Hinter meinen geschlossenen Augen sammeln sich ein paar Tränen. Eine ganz leise Hoffnung, dass die Endometriose irgendwann meinen Körper verlässt, pocht sanft hinter meinen verblassenden OP-Narben. Dann zieht es irgendwo, und ich atme noch ein bisschen tiefer.

Die Braut, die sich (nicht) traut

ÜBER DAS HEIRATEN

Nahaufnahme Julia Roberts, Hollywoods schönstes Gesicht. Sie trägt ein lavendelfarbenes Seidenkleid, die roten Locken sind lose zusammengesteckt. Durch die Menge der Hochzeitsgäste hindurch versucht sie einen letzten Blick auf ihren besten Freund zu erhaschen, der mit seiner frisch vermählten Braut in der enthusiastischen Menge verschwindet. Trauer steht Julia ins Gesicht geschrieben. Und Enttäuschung. Sie wendet sich ab, da taucht er plötzlich noch mal auf, sie schauen sich an, er umarmt sie, sie zieht ihn an sich und lächelt. Nach ein paar emotionalen Sekunden sagt er *Bye*, und dann ist er weg. Denn er hat nicht sie geheiratet, seine beste Freundin, sondern eine andere Frau. Das war die richtige Entscheidung, es ist das perfekte Ende der für mich schönsten romantischen Komödie der 1990er. Es ist der Film, bei dem ich mich nicht nur in Julias titelgebenden besten Freund verknallt habe, sondern auch in die romantische Liebe selbst. In die gesellschaftlich weit verbreitete Vorstellung romantischer Liebe: boy meets girl, happily ever after. Was die Liebe Menschen wert ist, was sie aushalten kann, was sie bereithält, wenn man sich ihr hingibt, und wie man sie feiert – das ist für mich ganz großes Kino.

Zu heiraten war lange Zeit mein Traum. Ein zuckriges Luftschloss, das mich in verwundeten Zeiten zusammengehalten hat. Ein Pflaster auf der alten Kinderwunde, nicht liebenswürdig zu sein. Wer will denn nicht geliebt werden? Wer findet die Vorstellung nicht schmeichelhaft, dass es da draußen eine Person geben könnte, die sich vollkommen zu einem selbst bekennt? Den eigenen Wert über die Exklusivität einer Liebe zu messen, ist ziemlich alltäglich.

Ich weiß das. Hollywood weiß das. Romantische Komödien funktionieren deshalb so gut, weil sie eine Illusion verkaufen, die der Realität niemals standhalten könnte. Eine Tatsache, die ich lange ignoriert habe. Aber zum Heiraten gehört auch die Scheidung, zumindest in 35 Prozent aller Fälle.[1] Das Versprechen der ewigen Liebe können also viele gar nicht halten – und das hat so einiges mit fehlender Geschlechtergerechtigkeit zu tun. Deshalb bietet Hollywood die perfekte Flucht. Nichts bringt mich verlässlicher durch dunkle Täler wie den deutschen Winter, Feiertage mit der Familie oder meine eigenen Trennungen wie die RomComs der 1990er. Nichts streichelt mein sehnsuchtsvolles, nach Romantik lechzendes Herz wie die Storys aus Hollywood, die mir verlässlich zuflüstern: *Bei dir wird es anders.*

Ich will nicht heiraten, weil ich auf steuerliche Vorteile hoffe, die «Frau von» sein möchte oder glaube, dass die Ehe ein unvermeidlicher Schritt auf der Selbstverwirklichungs-Skala Erwachsener ist. Nein, *ich* will heiraten, weil ich dem romantischen Märchen besiegelter Zweisamkeit schon immer erlegen bin. Ich will den gläsernen Schuh, jawoll!

«Ach komm», höre ich meinen Onkel sagen. «So ein unschuldiger Traum, das ist doch süß. Nichts, wofür du dich schämen musst!»

Ich tue es trotzdem. Weil mir der patriarchale Ursprung der Ehe bewusst ist. Weil sie noch immer als vorausgesetztes Lebensziel eines heterosexuellen Paares gilt. Und weil ich weiß, warum die Ehe trotz feministischer Bemühungen nach wie vor Ungleichheit zwischen den Geschlechtern zementiert. Das alles wird von triefender Romantik verschleiert.

Der Kern meiner Scham ist folgender: Ich bin ganz vorne mit dabei, wenn es darum geht, Geschlechtergerechtigkeit voranzubringen, doch sobald eine Veränderung mich selbst betrifft, knicke ich ein. Da will ich plötzlich nicht auf mein persönliches, mit Glitzer beworfenes Träumchen verzichten.

«Echt, du willst heiraten? Hätte ich nicht gedacht!», habe ich schon von Freundinnen gehört, die auf keinen Fall Ja sagen wollen und genau diese Konsequenz auch von mir erwartet haben. Ich schäme mich dafür, dass ich mich materiell so einlullen lasse: Kleid, Ring, instagramtaugliche Hochzeit – geil, nehm ich! Und dass ich auf die Versprechen aller RomCom-Erzählungen reinfalle, von denen ich doch eigentlich mein Lebens- und Liebesglück nie hatte abhängig machen wollen: Ein Mann entscheidet sich für mich, liebt, beschützt und rettet mich gelegentlich (wann habe ich jemals ein derart passives Dasein fristen wollen?). Auch Disney, Quatsch, vor allem Disney hat dieses Narrativ perfektioniert und so weichgespült, dass ich verinnerlicht habe, diesen Move als romantisch und vollkommen erstrebenswert zu empfinden. *Denn ich bin nichts wert ohne dich, du bist meine bessere Hälfte, ich habe dich von mir überzeugt, also liebe mich jetzt und bitte unterschreibe HIER.* Ich meine das übrigens nicht ironisch, ich habe das genau so schon oft in meinem Leben gefühlt. Nur wie zur Hölle konnte es so weit kommen?

Ich denke: Eine richtige Feministin heiratet nicht. Oder?

Meist bekomme ich auf diese Überlegung Stirnrunzeln als Antwort. Dann Unverständnis. Auch Ärger. Und folgende Sätze, mit denen ich mich auseinandersetzen möchte, um meine Scham zu untersuchen:

1. Die Unterdrückung der Frau ist Schnee von gestern, man kann längst eine moderne Ehe führen.
2. Die Ehe bietet finanzielle Vorteile.
3. Jede*r hat das Recht, zu entscheiden, ob er oder sie heiraten möchte, denn die Ehe ist eine private Entscheidung.

Ich kann diese Argumente nachvollziehen, denn in Teilen stimmen sie. Gleichzeitig haben sie genau das gemein, was mich so ärgert: Sie sind unzulänglich. Es sind Gründe, die mir zeigen, dass es am Ende des Tages den meisten von uns nur um uns selbst geht. Auch mir. Das ist keine Überraschung, tut aber trotzdem weh.

Eine kurze Geschichte der Ehe

1. Die Unterdrückung der Frau ist Schnee von gestern oder Schau mir in die Augen, Kleines

Die moderne Liebesheirat, die wir heute kennen und deren Beweggründe wir toll finden, hat einen langen Weg hinter sich – ihr Ursprung liegt meilenweit von dem entfernt, was wir heute als romantisch empfinden. Denn die monogame Ehe zwischen zwei heterosexuellen Personen war anfänglich nicht als Rahmen für eine liebevolle, gleichberechtigte Beziehung konzipiert – schlichtweg, weil es dabei nicht um Liebe ging.

Ein Blick ins frühe Mittelalter zeigt, dass es verschiedene Formen der Ehe gab, die unterschiedliche Nutzen hatten. Die Kebsehe[2] im germanischen Reich erlaubte einem Mann (Grundherr), seine Magd (Leibeigene) gegen ihren Willen zu heiraten sowie jederzeit vergewaltigen zu dürfen. Auch wenn es sich dabei weniger um eine offizielle Eheform handelte, war die Kebsehe als eheähnliches Verhältnis anerkannt und konnte mit mehreren Sklavinnen gleichzeitig geschlossen werden.

Der wahrscheinlich bekannteste Grund einer Eheschließung ist jedoch, Blut- und Interessenslinien weiterzuverfolgen – ein Friedensbündnis zwischen zwei Sippen, um das Überleben beider zu sichern. Die Ehe hatte Ordnungs- und Schutzfunktion. Finanzielle Sicherheit war durch die Erbfolge gegeben. Somit war sie eine Institution, die das Leben der Verheirateten unterstützte und das Überleben ihrer ehelichen Kinder absicherte. Durch die strenge Arbeitsteilung innerhalb des Bündnisses wurden die Rollen von Mann und Frau klar festgeschrieben, was bedeutete, dass die Eheschließung der Frau zwar finanzielle Stabilität zusicherte, allerdings zum Preis der Unterwerfung. Gut sichtbar ist das an der germanischen Muntehe[3], bei der die Frau in den Schutz, gleichzeitig aber auch in die Herrschaft des Ehemannes übergeben wurde. Dafür musste er ein Sümmchen an die Herkunftsfamilie seiner Zukünftigen zahlen, was diese zu einer Ware degradierte, die gar kein Mitspracherecht hatte, ob sie ihn (oder überhaupt) heiraten wollte. Die zweifache Bedeutung *Sicherheit* und *Herrschaft* des Wortes Munt zeigt, dass es weder um Konsens noch um gleichberechtigte Liebe oder Romantik ging: Die Frau musste sich von der eigenen Familie in die Abhängigkeit der neuen begeben. Dass das für den Ehemann nicht günstig war, zeigt zudem den elitären Charakter des Ganzen auf: Die

Muntehe war denjenigen vorbehalten, die aus gesellschaftlichen, politischen oder wirtschaftlichen Gründen strategisch vorgegangen sind. Die Ehe war also ursprünglich nichts weiter als ein Kaufvertrag zwischen elitären Parteien mit der Frau als (Neben-)Produkt. Diese Form der Eheschließung gab es übrigens nicht nur im germanischen Reich; auch bei den alten Römer*innen war lange Zeit die sogenannte Manus-Ehe Standard, deren Schließung ganz ähnlich ablief.

Und dann kam die christliche Religion ins Spiel. Die katholische Kirche wertet die Ehe zwischen Mann und Frau bis heute als das Abbild der Liebe Gottes zu den Menschen. Deshalb geben die Eheleute sich das Sakrament gegenseitig, anstatt es von einem Geistlichen einzuholen. Das christliche Verständnis der Ehe bewegt sich vom Clan-Gedanken zwischen verschiedenen Familien hin zu der monogamen Einheit zwischen Mann und Frau, die vordergründig der Zeugung von Kindern dient. Eine Scheidung kennt die Kirche nicht, denn *was Gott zusammenfügt, darf der Mensch nicht trennen* – demnach ist der Bund der Ehe im religiösen Verständnis unauflöslich. Diesem Bild einer heterosexuellen Paarbeziehung liegen die christlichen Prototypen Adam und Eva zugrunde. Da Eva aus der Rippe Adams geformt wurde, ist es mehr als deutlich, dass es sich auch beim katholischen Verständnis der Ehe um kein gleichberechtigtes Bündnis handelt: Eva würde ohne Adam gar nicht existieren – er ist ihr Ursprung.

Ab dem 19. Jahrhundert wurden in Europa immer weniger bürgerliche Ehen durch Familien arrangiert und vielmehr aus einem Verständnis von Liebe geschlossen. Das gab den Eheleuten mehr Autonomie in der Entscheidung, gleichzeitig standen Romantik, Sex und Liebe im Vordergrund der Partnerschaft. Dass auch die Liebesheirat patriarchalen Vorgaben folgt, erklärt die Politikwissenschaftlerin Liv Strömquist in ihrem Comic *Der Ursprung der Liebe*: Denn die Eheschließung ging mit sexuellem Eigentumsrecht einher. Sie zitiert dabei den Soziologen Randall Collins, der die Ansicht vertritt, dass ebendieses «in unserer Gesellschaft den Kern dessen ausmacht, was wir *zusammen sein* nennen». Ergo: Du liebst mich, also darfst du nur mit mir ins Bett. Aus diesem Verständnis der Eheschließung entwickelte sich auch der Vorsatz «Kein Sex vor der Ehe», denn: Männer und Frauen hatten sehr unterschiedliche Voraussetzungen auf dem freien Markt der Liebesheirat. Männer durften erben und besitzen, Frauen waren von ökonomischen Ressourcen komplett ausgeschlossen. Sie mussten heiraten, um einen gewissen Lebensstandard zu erreichen. Als Handelsware blieb ihnen einzig der Sex. «Das Patriarchat schuf also eine Situation, die vor allem die Frauen dazu zwang, die kulturelle Prüderie voranzutreiben. Indem sie ihre eigene Sexualität unterdrückten, erhielten sie Zugang zu ökonomischen Ressourcen der Gesellschaft», schreibt Strömquist. Diesen Verhaltenstipp gaben sie an ihre weiblichen Nachkommen weiter: Habt bloß keinen Sex vor der Ehe, denn als Jungfrau seid ihr für den potenziellen Mann, wortwörtlich, wert-voller.

2. Die Ehe bietet finanzielle Vorteile! oder Folgen Sie mir bitte unauffällig in die 50er-Jahre

Während im Zweiten Weltkrieg die Männer an der Front kämpften, mussten die Frauen plötzlich zu Hause alle Aufgaben selbst übernehmen: Ernährung sicherstellen, Haushalt, Kindererziehung. Nach dem Krieg gingen sie als «Trümmerfrauen» in die Geschichte ein, denn sie waren es, die die zerbombten Städte vom Schutt befreiten, um Platz für einen

Neuanfang zu machen. Glück hatten diejenigen unter ihnen, deren Partner aus dem Krieg zurückkamen, denn das erstrebenswerte Leitbild, das damals vorherrschte, war, verheiratet zu sein. In der BRD herrschte vorrangig die Hausfrauenehe – darin ging der Mann einer Erwerbstätigkeit nach, die finanzielles Einkommen einbrachte, während die Frau ihm den Rücken frei hielt, indem sie sich um Haushalt, Kindererziehung und private Pflegetätigkeiten kümmerte. Durch diese Aufteilung rutschten Frauen in die finanzielle Abhängigkeit vom Ehemann. Er regelte die Ausgaben, entschied über den Wohnsitz und gab der Ehefrau in der Regel das sogenannte Nadelgeld – eine Art Taschengeld für Kosmetik oder Kleidung. Im Rahmen des Gleichberechtigungsgesetzes von 1958, das vier Politikerinnen vorangebracht haben, wurde es der Ehefrau möglich gemacht, ebenfalls einer Lohnarbeit nachzugehen, solange diese mit den ehelichen und familiären Pflichten vereinbar war. Trotzdem blieb die «Hausfrauenehe» weiterhin von beiden Geschlechtern angestrebt – einfach weil berufstätige Frauen derart unterbezahlt waren, dass es sich kaum lohnte, diese neue Möglichkeit wahrzunehmen.

Die Politikwissenschaftlerin und Autorin Emilia Roig erklärt es in einem Interview mit *Zeit online* so: «Sie (die Ehe) organisiert die Arbeitsteilung in der kapitalistischen Wirtschaft, zwischen bezahlter Erwerbsarbeit und nicht bezahlter Carearbeit. Ersteres ist traditionell Männer-, zweiteres traditionell Frauensache.»[4]

Für alle, die sich in dieser Form der traditionellen Rollenverteilung wiederfinden können, bringt die Ehe also Vorteile. Paare, die sich dementsprechend aufstellen, profitieren vom sogenannten Ehegattensplitting, bei dem Vater Staat Folgendes tut: Er addiert die Einkommen beider Parteien und ermittelt dann die Steuer, die auf die Hälfte ihres gemeinsamen Einkommens entfallen würde. Der Betrag, der dabei herauskommt, wird verdoppelt. Wenn eine große Lücke zwischen den beiden Einkommen liegt, profitieren die Eheleute. Aufgrund des Gender-Pay-Gaps lohnt sich das Ehegattensplitting oftmals für heterosexuelle Paare, da Männer nach wie vor wesentlich mehr verdienen als Frauen. Und wer richtig profitieren will, organisiert sich ganz konservativ entlang des Kernfamilien-Vorbildes der 1950er. Aufgrund dieser dadurch entstehenden steuerrechtlichen «Vorteile» bleibt Care-Arbeit vormerklich Frauensache: unsichtbar und unbezahlt. Die Juraprofessorin Ute Sacksofsky bewertet das Ehegattensplitting übrigens als verfassungswidrig – die extreme Benachteiligung von Frauen versteckt sich ziemlich offensichtlich hinter der geschlechtsneutralen Formulierung im Steuerrecht.[5] Tatsächliche finanzielle Vorteile bietet die Ehe bei der Kinderwunschbehandlung. Wenn Paare bestimmte Voraussetzungen erfüllen, übernehmen Krankenkassen in der Regel die Hälfte der genehmigten Behandlungskosten für maximal drei Versuche – unverheiratete und gleichgeschlechtliche Paare gehen leer aus, werden also beim Kinderwunsch nicht unterstützt, was die Bevorzugung des heterosexuellen Kernfamilienmodells deutlich macht.[6]

Ich kenne einige heterosexuelle Paare, die heiraten und eine Familie gründen möchten, das aber möglichst gerecht gestalten wollen. Sie machen sich detaillierte Gedanken über die gemeinsame Zukunft. Sie wollen sich nicht mehr in veraltete Rollen drängen lassen, weshalb sie Finanz- und Zeitpläne für den gemeinsamen Alltag aufstellen, ihre Werte und Ziele abgleichen und verschiedene Szenarien durchspielen. Und doch entscheidet am Ende des Tages leider: Wer mehr verdient, geht lohnarbeiten. Wer weniger verdient, übernimmt die Care-Arbeit. Egal, wie gleichberechtigt eine Beziehung aufgestellt ist oder wie feministisch man agieren möchte: Solange der Staat diejenigen finanziell fördert, die ein konservatives Lebensmodell fahren, werden moderne Handlungsmöglichkeiten limitiert.

Der Verhaltensforscher Paul Dolan bestätigt in seinem Buch *Happy Ever After* meine Beobachtung, dass eher Männer von der Ehe profitieren, während Frauen, die heiraten, durchschnittlich früher sterben. Die glücklichste und gesündeste Bevölkerungsgruppe seinen Auswertungen nach? Unverheiratete, kinderlose Frauen. Als ich das lese, reibe ich mir nicht die Hände und freue mich, auf dem besten Weg zu sein, dieser Gruppe für immer anzugehören. Vielmehr finde ich es beschämend, dass wir in einem Staat leben, der so kinderfeindlich agiert, dass sich immer mehr Menschen gegen Nachwuchs entscheiden und Frauen noch immer Nachteile aus der Ehe ziehen.

3. **Jede*r hat das Recht, zu entscheiden, ob er oder sie heiraten möchte!** oder **Glückwunsch! Aber nur an die heterosexuellen cis Männer**

Heterosexuelle cis Männer durften und dürfen weitestgehend selbst entscheiden, wen sie heiraten möchten. Alle anderen hatten und haben es nicht so leicht.

Bis 1981 galt in Italien das Recht der «matrimonio riparatore» (dt.: reparierende Ehe). Darunter verstand man keine solidarische Hilfeleistung, sondern die Möglichkeit, dass ein Vergewaltiger sein Opfer heiraten konnte, um die Tat «wiedergutzumachen» und die verlorene Ehre der Frau sowie ihrer Familie wiederherzustellen. So eine Rechtsprechung machte allerdings auch möglich, eine Frau, die sich der Hochzeit verwehrte, zu vergewaltigen, eben um sie danach zur Ehe zwingen zu können. So musste das die junge Franca Viola erfahren. Sie ging in den 1960ern in die Geschichte Italiens ein, weil sie sich in einem öffentlichen Kampf gegen diese Gesetzeslage stellte: Da sie die Verlobung mit Filippo Melodia gelöst hatte, entführte dieser sie mithilfe mehrerer Komplizen und vergewaltigte sie tagelang. Viola weigerte sich, ihn daraufhin zu heiraten, stattdessen klagte sie ihn an, was damals nicht nur sie, sondern auch ihre Familie in Gefahr brachte. Tatsächlich wurde Melodia 1966 zu elf Jahren Gefängnisstrafe verurteilt, und Franca Violas Geschichte erlangte weltweite Aufmerksamkeit. Über ihren Fall wurde in Italien so heftig debattiert, dass 15 Jahre später das Gesetz der reparierenden Ehe abgeschafft wurde.[7]

Unterdrückungsmechanismen betreffen natürlich nicht nur cis Frauen im heterosexuellen Kontext. Erst seit Oktober 2017 dürfen gleichgeschlechtliche Menschen in Deutschland heiraten – weltweit sind es nur 34 Länder, welche die «Ehe für alle» im Gesetz verankern.[8] Bei Inter* Menschen, also Menschen, deren Körper nicht den binären Kategorien im Bereich des chromosomalen, hormonellen oder organischen Geschlechts entsprechen, mussten sich die Eltern bis 2013 entscheiden, ob es sich bei ihrem Baby um einen Jungen oder ein Mädchen handelt. Mittlerweile ist es möglich, beim Eintrag im Personenstandsregister «divers» zu wählen, doch im BGB heißt es weiterhin: «Die Ehe wird von zwei Personen verschiedenen oder gleichen Geschlechts auf Lebenszeit geschlossen.» Der Geschlechtseintrag «divers» wird bis heute nicht als offizielles weiteres Geschlecht anerkannt.[9]

Also nein, zu heiraten darf bis heute nicht jede*r selbst entscheiden. Was für mich lange ein Kleinmädchentraum war, dessen märchenhafte Umsetzung höchstens am vorhandenen Budget scheitern würde, ist für viele andere tatsächlich weltweit noch verboten. Die Hochzeit soll dieses universelle, absurde und bittersüße Gefühl der Liebe zelebrieren und feiern, ist aber gleichzeitig nicht für alle zugänglich. In einem Interview auf der Leipziger Buchmesse erklärt die Autorin Emilia Roig, warum die «Ehe für alle» nicht so modern ist, wie viele denken: «Die Ehe wurde durch die Inklusion von gleichgeschlechtlichen Paaren nicht verändert, sie wurde lediglich zugänglich gemacht. Aber es wird von diesen Paaren erwartet, dass sie sich an ein heterosexuelles Modell anpassen. (...) Sprich: Sind sie ähnlich genug, um Teil dieser Institution zu sein?»[10]

Das war mir lange Zeit gar nicht bewusst, denn diese kluge Beobachtung ist in der lauten Feierei der «Ehe für alle» komplett untergegangen. Mich beschämt die Ignoranz von queerer Unterdrückung. Allen voran meine eigene.

Was bedeutet die Ehe heute, im Jahr 2024? Ich muss nicht befürchten, von meiner Familie an irgendeinen Mann guten Standes verkauft zu werden. Und als cis Frau, die weitestgehend Männer gedatet hat, kann ich theoretisch ohne Hindernisse einen heiraten, wenn auch nur staatlich, denn aus der Kirche bin ich längst ausgetreten. Aber es fällt mir sehr schwer, in einer derart patriarchalen und Macht missbrauchenden Tradition etwas Positives zu sehen. Egal, wie lange das alles her ist, die Auswirkungen sind heute noch deutlich spürbar – an der gesetzlich festgelegten Unterdrückung reproduktiver Selbstbestimmung, der Straffreiheit der Vergewaltigung in der Ehe, die bis 1997 galt, oder der Tatsache, dass Männer öfter heiraten als Frauen, häufiger fremdgehen (auch wenn Frauen hier nachziehen) und öfter die Dienste von Sexarbeiter*innen beanspruchen.

Wie modern und auf Augenhöhe ist die heutige Ehe also wirklich? Bei dieser Frage bin ich weniger auf der Suche nach subjektiven Antworten, da es natürlich vollkommen legitim ist, aus persönlichen und ganz unterschiedlichen Gründen heiraten zu wollen. Mir geht es eher um eine Art Grundkonsens. Ich möchte eine Anleitung finden, die besagt: Aus diesen Gründen sollten alle den Bund der Ehe schließen. Im Zuge dessen stoße ich immer wieder auf die gleichen Aussagen: Die Ehe stellt mir eine Person an die Seite, die mich in guten wie in schlechten Zeiten unterstützt. Oder: Die Ehe zeigt mir, dass die ewige Liebe funktionieren kann. Oder: Die Ehe schafft Sicherheit und bietet Wärme. Doch diese Argumente haben überhaupt nichts mit dem Heiraten zu tun, sondern einzig mit dem Streben nach einer funktionierenden Liebesbeziehung. In jeder ernsthaft geführten Partnerschaft sollte mich jemand durch gute und schlechte Zeiten begleiten wollen. Und niemals entscheiden auferlegte Rituale von außen über die Qualität der Verbindung, sondern einzig die Beziehungspflege beider Parteien. Oftmals wird auch mit den damit verbundenen Verpflichtungen argumentiert, zum Beispiel wenn es um Treue oder Pflege geht. Doch Verpflichtung hat ebenfalls nichts mit Liebe zu tun, das Argument knüpft lediglich da an, wo ich mich selbst schwach fühle: bei der Angst, einer anderen Person nicht zu genügen und verlassen zu werden. Ich kann und will Liebe nicht garantieren, und ich möchte das auch niemals von meinem Partner verlangen. Die Ehe mit einem «sicheren Hafen» zu verwechseln, deren Rahmen erst ein *happy life* und dann ein *happy end* verspricht, ist nicht nur gefährlich, sondern das Gegenteil von Liebe – und das ist nicht Hass, sondern Kontrolle.

Uff, das waren dunkle Kapitel. Allerdings merke ich, dass mir, nachdem ich mich ihnen gestellt habe, das Wissen enorm bei einem überfälligen Reality-Check hilft. Endlich mal die von Disney durchtränkten Zellen durchspülen lassen! Doch richtig freigeschrieben von meiner Scham, heiraten zu wollen, habe ich mich noch nicht. Der Triumph hält nicht lange an, denn ich will immer noch den Traum leben und hoffen, dass bei *mir* alles anders läuft. Und dabei verschließe ich dann selbst meine Augen, denn mein potenzieller Ehemann und ich können uns noch so viele Dinge auf Augenhöhe versprechen und Entscheidungen gemeinsam fällen – verheiratete Frauen werden hierzulande weiterhin durch den Staat in eine Abhängigkeit gedrängt, die vielen gar nicht bewusst ist.

Okay, ich hab's! Ja zur Hochzeit! Nein zur Ehe?

[10:55] Ich: Ich will heiraten, aber nicht verheiratet sein.

[10:56] Freundin: Oh, wow. Das ist spannend. Ich wollte verheiratet sein, aber nicht heiraten. Bis ich irgendwann beides nicht mehr wollte. Warum möchtest du heiraten?

[10:57] Ich: Weil ich das Ritual liebe. Natürlich nicht zum Altar bringen lassen und diese ganzen Scherze. Eigentlich will ich nur einen fetten Klunker, ein geiles Kleid und die beste Party des Jahres. Das ist alles. Und dann aufwachen und nicht «Frau von» sein.

[10:57] Freundin: Ah.

[10:57] Ich: Ich kann mich daran erinnern, dass mir ein Typ, den ich während der Schauspielausbildung gedatet habe – das war vor rund 100 Jahren –, so ein superschönes Hippie-Video auf YouTube gezeigt hat, in dem zwei tätowierte Hipster in, sagen wir: Neuseeland geheiratet haben, aber nur symbolisch. Kein Staat, keine Religion involviert. Nur sie, Freund*innen und das Ja-Sagen zueinander. Der Trauredner im Video war wahrscheinlich ein Kumpel. Der Schauspielkollege fand das schön, aber ich fand es peinlich. Wie so ein Kinderfest, meinte ich damals. Heute sehe ich das ganz anders.

[11:02] Freundin: Du könntest heiraten und dich wieder scheiden lassen:)

[11:02] Freundin: Ich hab auch eine Freundin, die Hochzeitsrednerin ist. Du könntest es sie machen lassen. Symbolisch. Wir machen ein Konzept. Das wird gut.

[11:02] Ich: Zur Scheidung lade ich natürlich auch ein. Da wird dann das Porzellan an die Wand geworfen.

[11:03] Freundin: Genial.

Patriarchale Hochzeitsrituale: Scham, Schutz und Schande

Dieser Teil wird mir am meisten wehtun, das weiß ich jetzt schon. Die Wald-und-Wiesen- oder Barfuß-am-Strand-Märchenhochzeit gebe ich sehr ungern auf. So ungern, dass ich ein bisschen rot werde, allerdings nicht vor Scham, sondern vor Wut. Los geht's:

Daaa Dam Da Da, Daaa Dam Da Da ... Wenn in der Kirche die Braut von einem meist sehr ergriffenen Vater zum Altar geführt wird, muss ich immer heulen. Denn natürlich berührt mich das. Diese butterweiche Glückseligkeit in allen Augen, Jesus Christus, wer findet das nicht ergreifend? Ich wage zu behaupten, dass die meisten Väter heutzutage ihre Töchter nicht verkaufen, sondern sinnbildlich in gute Hände übergeben möchten, und doch hat dieses Begleiten der Frau noch immer den Beigeschmack, ihr nicht zuzutrauen, die Entscheidung der Heirat eigenmächtig fällen zu können. Es ist noch immer die visualisierte Darstellung dessen, was Ehe ursprünglich bedeutete. Bräute, denen diese Tradition gegen den Strich geht, verzichten mittlerweile ganz darauf oder entscheiden sich für die Schwester, das Kind oder den besten Freund als Begleiter – also eine Person, die nahesteht, aber eben nicht über ihr.

Das weiße Kleid symbolisiert – das ist nichts Neues – die wünschenswerten Eigenschaften der Braut: Unschuld, Reinheit, Jungfräulichkeit. Unverbraucht soll sie sein, schon gar kein Kind unter der Brust tragen, wie es früher so bedeutungsschwanger hieß. Wenn die Braut am Altar angekommen ist und einen Schleier trägt, halten die Gäste kollektiv die Luft an, denn: Jetzt wird er gelüftet, die Schönheit darf sich zeigen! Es gibt verschiedene Überlieferungen, woher die Tradition des Schleiers kommt. Ich finde, alle sind eklig, denn sie zeigen auf, dass die Braut – Überraschung – bei absolut gar nichts ein Mitspracherecht hatte: Zum einen steht der weiße Schleier genauso wie das Kleid für Reinheit und Unschuld, deshalb soll eine Frau, die zum zweiten Mal heiratet, auf dieses Accessoire verzichten. Den Schleier zu tragen, hängt natürlich auch damit zusammen, wer ihn lüftet – und wann. Lange symbolisierte der Stoff die Trennung zwischen Zuhause und Ehe, zwischen Mädchen und Frau. Nur der Ehemann durfte ihn abnehmen, am besten vor dem Jawort, um sich davon überzeugen zu können, dass ihm nicht in letzter Sekunde die falsche Frau untergejubelt wurde. Um Mitternacht wurde er dann abgelegt, zusammen mit ihrer Jungfräulichkeit.

Was in vielen Fällen seitens der Frau ebenfalls abgelegt wird, ist die Euphorie darüber, plötzlich verheiratet zu sein. Laura Stafford und Allison M. Scott haben in ausführlichen Interviews mit frisch verheirateten Frauen herausgefunden, dass fast die Hälfte von ihnen sich direkt nach der Hochzeit enttäuscht oder deprimiert fühlte. Einige Teilnehmerinnen zeigten depressives Verhalten im klinischen Stadium.[11] Gründe, die die Bräute nannten, waren plötzliche Unsicherheit und die Tatsache, dass sie sich vor allem auf das große Fest und überhaupt nicht auf das Danach konzentriert hatten – das sind die direkten Auswirkungen der Happy-End-Lüge: Hauptsache heiraten, der Rest wird dann schon passen.

Was passiert, wenn die Hochzeit nicht mehr als erstrebenswertes Ziel heterosexueller Paarbeziehungen gilt, sondern als eine von vielen Möglichkeiten, sich Liebe und Treue zu schwören? Und was passiert, wenn Religion, Staat und Wirtschaft außen vor gelassen werden, wenn das Zelebrieren von Liebe tatsächlich wieder Privatangelegenheit wird? Wenn die Beteiligten einladen, um ihre Verbundenheit zu zeigen, und zwar nur diejenigen, die sie an diesem Tag wirklich um sich haben wollen? In Anlehnung an das schöne Hippie-Fest der beiden Neuseeländer*innen habe ich mal in meiner Familie herumgefragt, was sie von einer solchen Feier halten würden (ich habe auch diejenigen gefragt, die ich nicht dazu einladen würde), und erhielt folgende Reaktionen:

«Warum?»
«Schön, aber welche Glückwünsche sagt man, schließlich heiratest du ja nicht *wirklich*?»
«Willst du provozieren?»
«Brauchst du Geld?»

«Okay, also einfach ein Fest ohne Anlass?»
«Entweder man heiratet oder man lässt es bleiben.»

«Ich würde kommen.» (Die wollte ich aber nicht einladen.)
So viel Skepsis! So viel Meinung! Vor allem von denjenigen, die eigentlich finden, dass die Gründe für eine Eheschließung Privatsache sind. Hahahaha!

Ich finde es nach wie vor befremdlich, wie unantastbar die Institution Ehe ist, wie wenig verhandelbar, sie einfach mal kritisch unter die Lupe zu nehmen. Und ich glaube, es liegt daran, dass der gesellschaftliche und private Druck zu heiraten mit den tatsächlichen Fakten vermischt wird, also den staatlichen Vor- und Nachteilen für die, die sie schließen. Solange die Ehe derart unkritisch betrachtet wird, gilt sie weiterhin als gesellschaftliches Nonplusultra.

Trotzdem, oder vielleicht sogar deswegen, wandern meine Gedanken immer wieder zu der Hippie-Hochzeit. Was ich damals so unangenehm fand, empfinde ich heute nicht nur als mutig, sondern als authentisch. Die haben ihr Ding gemacht. Und sie sahen so glücklich dabei aus. Deshalb geht eine fette Entschuldigung raus an den Schauspielkollegen: Du hast es damals schon kapiert! Aber wenn ich es ebenfalls schon verstanden hätte, wären wir wohl jetzt ... geschieden? Ups!

Ausgeträumt: Die Scham hat meine eigene Unzulänglichkeit offengelegt

Es ist immens schwer, sich etwas vorzustellen, was komplett losgelöst von dem ist, was man kennt und worüber man sich sein Leben lang definiert. Etwas, das die eigene Gewohnheit übersteigt und damit auch das Sicherheitsversprechen ins

Wanken bringt. Eigene Erfahrungswerte färben Entscheidungen immer subjektiv, genauso wie dieser Text extrem subjektiv ist. Denn ein glücklich verheiratetes Paar wird für die Ehe plädieren und mich im schlimmsten Fall komplett missverstehen. Eine migrantische Person, die heiratet, um Sicherheit zu erlangen, wird mich als privilegiert bezeichnen. Ein Vater, der seiner Tochter den schönsten Tag im Leben finanziert, will sicherlich nur ihr Bestes und unterstellt mir Neid oder Übergriffigkeit. Aber während so vieles heutzutage debattiert und zumindest teilweise neu verhandelt wird – die Schließung des Gender-Pay-Gaps, das Selbstbestimmungsgesetz, die Streichung des sogenannten Werbeverbots für Schwangerschaftsabbrüche –, scheint die Ehe bei all dem Um- und Neu-Denken der Gesellschaft noch immer weitestgehend unangetastet.

Ich will nicht von Liebe auf Augenhöhe und Geschlechtergerechtigkeit in einem kaputten System sprechen, das bislang lediglich die Spielregeln etwas erweitert hat: Na gut, dann dürfen queere Leute jetzt eben auch heiraten! Okay, dann dürfen Frauen eben ihren Nachnamen behalten! Meinetwegen, dann ist die Vergewaltigung in der Ehe eben künftig strafbar!

Es werden nur immer mal wieder kleine Geschenke und Zuwendungen hingeworfen, um die große Ungerechtigkeit zu verschleiern. Deshalb will ich nicht aus der Perspektive heraus argumentieren, dass wir nur Ungerechtigkeit vermindern können, weil echte Gerechtigkeit unerreichbar ist. Das ist nicht gut genug. Und ich will für mich selbst den Mut haben, mich nicht in den eigenen Schutzmechanismus zu flüchten, der mir ins Ohr flüstert, dass *meine* Ehe halten würde, dass *mein* Partner anders ist, weil *ich* anders bin. Dahinter steckt nichts anderes als ein arroganter Abwehrmechanismus.

Die Scham hat meine eigene Unzulänglichkeit offengelegt, und das ist gut so, denn ich weiß jetzt: Mein persönlicher

Grund, heiraten zu wollen, hat seinen Ursprung darin, jemanden von mir überzeugen zu müssen, um selbst glücklich sein zu können. Und zwar so sehr, dass er seine Liebe schriftlich verspricht und juristisch besiegeln lässt. Die Angst, nicht gut genug zu sein, verstärkte die Sehnsucht, von jemand anderem geliebt und zusammengehalten zu werden.

Und ich glaube, es geht vielen Menschen so. Etwa 97 Prozent aller Menschen im deutschsprachigen Raum erwarten Treue von ihren Partner*innen.[12] Wenn Treue so ein wichtiges Thema ist, damit Beziehungen funktionieren, frage ich mich, warum gleichzeitig so viele Menschen fremdgehen, und das nicht nur einmal im Leben? Ich finde, diese Widersprüchlichkeit zeigt auf, dass Monogamie ein Konstrukt ist, das wir sehr gerne aufgrund unseres Besitzanspruchs an eine andere Person aufrechterhalten möchten – es aber einfach nicht hinbekommen, weil wir selbst eigentlich frei von dieser Einschränkung sein wollen. Wir scheitern an den Forderungen, die wir täglich an andere stellen.

Es ist ein wunderschöner Gedanke, jemandem ewige Treue versprechen zu wollen. Dieses Versprechen ist die logische Konsequenz eines überwältigenden Gefühls Tausender Schmetterlinge (aka: eine heftige Ausschüttung von Dopamin und Oxytocin), das unser menschliches Sein derart übersteigt, dass wir Worte und Schwüre dafür suchen. Das Versprechen gibt Halt in einer chaotischen, unsicheren Welt und schreit ihr entgegen: Wir gegen den Rest! Bis sich eben rund 35 Prozent scheiden lassen.

Ich will wirklich nicht falsch verstanden werden: Liebe kann und darf Sicherheit geben. Doch wenn Menschen voraussetzen, dieses Gefühl durch den Bund der Ehe konservieren zu können, haben sie die Macht von existenziellen Gefühlen wie der Liebe noch gar nicht umrissen. Demnach könnte man sagen, dass ohne Trauschein zu lieben vielleicht mutiger ist als mit. Wer sich nicht zutraut, tiefe, sichere Bindung zu erfahren, ohne den Ring am Finger als Beweis zu spüren, vertraut sich vielleicht selbst nicht – und auch nicht der Person, die ihn ebenfalls trägt. Denn diejenigen, die glücklich verheiratet sind, wären es auch ohne Trauschein.

Kürzlich saß ich in einem Café, als sich ein Paar Mitte fünfzig an den Nebentisch setzte. Beide trugen den gleichen auffälligen Ring. Ich weiß nicht, ob es sich um einen Ehering handelte, er wirkte wie geschliffener Bernstein, ein großes Ding, das beide nicht am Ringfinger trugen. Ich fragte mich, ob ihnen einfach das gleiche Schmuckstück gefällt oder ob der Ring für mehr steht. Zugehörigkeit. Eine innere Verbundenheit, von außen nur schwer zu deuten. Das fand ich schön, irgendwie.

Die einzige Person, zu der ich jeden Morgen Ja sagen muss, bin ich

Wenn es mir schlecht geht, schaue ich nach wie vor eine romantische Komödie aus den 1990ern, wahlweise mit Meg Ryan, Meryl Streep oder Julia Roberts in der Hauptrolle. Das Gefühl, das eine Heirat erzeugen kann, will ich nicht despektierlich unter den Tisch schieben, schließlich empfinde ich vieles davon noch immer genauso (und ich will, dass ihr mich weiterhin auf eure Hochzeiten einladet!): eine universelle Sehnsucht nach Geborgenheit, Zugehörigkeit, sexueller Erfüllung, Sicherheit, Verbindung. Ein vermeintliches Recht auf die Erfüllung des Traums von Zweisamkeit. Aber weil es um meine eigene Scham geht und die Frage, wie ich sie mit den Fakten in Einklang bringe, muss ich so ehrlich zu mir sein und mich an etwas erinnern, womit ich mal einen Ex-Freund vor den Kopf gestoßen habe: Ich glaube viel mehr an das Konzept von Lebensabschnittspartner*innen als an die ewige Liebe. Zum einen weil es sich anhand der Trennungs- und Scheidungsraten gar nicht leugnen lässt, dass die große Mehrzahl der Menschen nicht für immer mit einer einzigen Person zusammenbleiben kann und will, zum anderen, weil mir der Gedanke gefällt, dass jemand zu einem bestimmten Zeitpunkt ins Leben kommt und für eine bestimmte Phase bleibt. Es ist eine realistische und gleichzeitig magische Vorstellung. Und es schließt die ewige Liebe nicht aus, während ein krampfhaftes Festhalten an der Illusion der ewigen Liebe ausschließt, ein zweites oder drittes Mal glücklich werden zu dürfen. Denn ich habe wahnsinnig Lust, mich noch oft in meinem Leben zu verlieben. Wenn das immer wieder mit demselben Partner gelingt – großartig! Aber wenn unsere Liebe einen Endpunkt erreicht, dann finde ich es wichtig, sich gegenseitig freizugeben. Und sich dann nicht so abwertend zu verhalten, wie es gesellschaftlich beinahe vorgegeben wird, nämlich indem man sofort schlecht über die andere Person redet oder sie komplett ignoriert, sobald man sie auf der Straße sieht. Da teilt man jahrelang ein Bett und soll sie dann plötzlich verteufeln und von heute auf morgen keine Liebe mehr übrig haben? Ganz unabhängig davon, dass man nach einer Trennung verletzt und traurig sein darf, zeigt so ein heftiges Umschlagen der Gefühle erneut, wie oft Liebe mit Besitzanspruch verwechselt wird.

Jetzt frage ich mich: Wie fühlt es sich an, vielleicht nur mir selbst ganz zu genügen? Meinen Wert nicht daran zu messen, ob jemand auf die Knie geht und mir sagt: *Du bist die Einzige für mich.*

Es fühlt sich gut an. Als eine Frau, die ihren Selbstwert jahrzehntelang aus der Zuneigung und Aufmerksamkeit von Männern gezogen hat, ist nicht zu heiraten eine zarte und gleichzeitig rebellische Liebeserklärung an mich selbst. Gleichzeitig spüre ich, dass ich noch nie so sehr bei mir war. Aus genau dieser Stabilität heraus kann ich vielleicht zum allerersten Mal in meinem Leben eine andere Person aufrichtig lieben, ohne sie festhalten zu wollen. Warum auch – ich habe ja schon mich.

«Früher hast du das doch auch gemocht»

ÜBER SEXUALISIERTE GEWALT

Als Teenager war ich mal auf der Gartenparty eines Freundes. Als ich müde wurde, ging ich ins Bett. Wenige Stunden später wachte ich davon auf, dass er auf mir lag und seine Hand in meiner Unterhose war. Ich erschrak und stieß ihn weg, wir sprangen beide aus dem Bett, und ich schrie ihn an. Er stammelte: «Früher hast du das doch auch gemocht.» Ich schloss mich in einem anderen Zimmer ein, in dem ein Sofa stand. Am nächsten Morgen holte meine Mutter mich ab, und er und ich sprachen nie wieder über den Vorfall. Tatsächlich blieb ich danach noch jahrelang mit ihm in Kontakt. Heute frage ich mich, ob ich das tat, weil ich nicht wahrhaben wollte, dass er sich an mir vergriffen hatte. Ich schämte mich jahrelang so entsetzlich für den Vorfall, dass ich erst kürzlich zum ersten Mal jemandem davon erzählen konnte. Warum die Scham so groß war, wusste ich damals nicht. Heute ist mir klar, dass ich mich vor allem dafür geschämt habe, dass ein Mensch, den ich ein paar Monate gedatet hatte und der dann zu einem Freund wurde, meine Grenzen übertrat. Der nicht hatte wahrhaben wollen, dass ich keine Beziehung mit ihm wollte. Der mich monatelang volllaberte, wie viel ich ihm bedeuten würde, nur um Jahre später zu erfahren, dass er mich auf jedem Dorffest betrogen hatte. Ohne jegliche Scham. Ein Typ, der in der Nacht der Gartenparty seine besoffene Geilheit über mein

Wohlbefinden stellte und mir dann einen Teil der Verantwortung zuschob: Früher hast du das doch auch gemocht. Er nahm sich meinen Körper ohne Zustimmung. Genau dann, als ich am verwundbarsten war – nämlich gar nicht wach.

Mir das vor Augen zu führen, macht mich so wütend, dass ich meine Machtlosigkeit kaum ertrage. Da sitzt nämlich der wunde Punkt: Sexualisierte Gewalt ist allgegenwärtig, alltäglich, umschließt ein Spektrum von verbaler Belästigung bis hin zu Vergewaltigung und Femizid, betrifft so unfassbar viele Menschen und wird dennoch von der Gesellschaft entweder totgeschwiegen oder als ein unglücklicher Umstand hingenommen.

99 Prozent der Täter bei sexualisierter Gewalt gegen Frauen sind männlich. Das hat die bisher größte repräsentative Studie in Deutschland ergeben.[1] Eine andere wertete aus, dass sich 89 Prozent aller befragten Frauen und 88 Prozent aller Menschen mit der Geschlechtsidentität *divers* schon einmal sexuell belästigt gefühlt haben – sei es verbal, körperlich, durch Blicke, Verfolgung oder unerwünschte Konfrontation online.[2]

Die Hochschule Merseburg hat 1300 Frauen im Alter zwischen 16 und 74 Jahren zu sexueller Belästigung befragt. Diese Dunkelfeldstudie kam zu dem Ergebnis, dass 30 Prozent schon einmal zu sexuellen Handlungen gezwungen worden sind, über 50 Prozent haben den Versuch erlebt. «Die Täter waren fast ausschließlich Männer, der Tatort meist das eigene Wohnumfeld», heißt es in der Auswertung.[3]

Laut dem e.V. *Frauenhauskoordinierung* werden jedes Jahr Frauen und Kinder im dreistelligen Bereich von Frauenhäusern abgewiesen, weil es nicht genügend Plätze gibt. Frauenhäuser, also Zufluchtsorte für Frauen, die Gewalt erlebt haben, sind VOLL. Überfüllt. Wie kann eine Gesellschaft derart gewaltvoll und gefährlich für 50 Prozent ihrer Menschen sein, und warum reagieren so viele darauf nur mit Schulterzucken?

In einer patriarchalen Gesellschaft können Machthabende, das sind vor allem *weiße* cis Männer, alle anderen unterdrücken. Und sexualisierte Gewalt ist eine Form von Machtdemonstration. Das ist auch der Grund, warum unsere Gesellschaft, die in diesem Wissen ertrinkt, weiterhin wegschaut oder mit dem Finger auf Opfer zeigt. Das geht nur in einer tief misogynen Struktur, die sich die Scham zur Hilfe macht. «Wenn sich jemand fragt, weshalb Betroffene so wenig, oft spät, häufig nie über sexualisierte Gewalt sprechen, sollte er sich damit beschäftigen, wie gefährlich es für sie ist. Rechtlich und tatsächlich», schreibt die Strafverteidigerin und Autorin Christina Clemm auf Social Media. Der Kriminologe Christian Pfeiffer hat ausgewertet, dass nur eine von 100 Frauen, die vergewaltigt wurden, eine Verurteilung des Täters erlebt – weil 85 Prozent der Frauen gar keine Anzeige erstatten. Aus Angst. Aus Scham. Aufgrund von Manipulation und Bedrohung. Und auch, weil das Rechtssystem sich nicht gerade mit Ruhm bekleckert, was die Verurteilung sexueller Straftaten anbelangt. «Von den 15 Prozent, die übrig bleiben, werden letztendlich nur 7,5 Prozent der Täter verurteilt», erläutert Pfeiffer.[4]

Nichts zeigt die unantastbare Macht von cis Männern so sichtbar auf wie ein Staat, der hinter ihren Taten steht. Und nichts füttert Scham so erfolgreich wie die Befürchtung, im Unrecht zu sein. «Vielleicht haben Sie es sich nur eingebildet?» «Das war sicherlich ein Missverständnis.» «Sie haben es aber auch provoziert mit dem aufreizenden Outfit.» «Sie müssen damit rechnen, dass so etwas passiert, wenn Sie sich betrinken!» Von Social-Media-Kommentarspalten bis hin zu Urteilsverkündungen im Gerichtssaal – Opfer sexualisierter Gewalt werden derart heftig beschämt, und oft wird ihnen eine vollkommen irrationale Mitschuld zugeschoben, sodass viele von ihnen selbstverständlich anfangen, ihre Erlebnisse infrage zu stellen. Die Soziologin und Geschlechterforscherin Franziska Schutzbach spricht in *Die Erschöpfung der Frauen* von der sogenannten Wahrnehmungsunsicherheit: «Dadurch also, dass Frauen ihrer eigenen Wahrnehmung nicht trauen (können), weil es für diese oft (noch) keine Sprache und keine Legitimität gibt. Und zwar deshalb nicht, weil die heutige Gesellschaft noch immer – auch wenn sich das im Zuge von #MeToo und anderen Kämpfen langsam verändert – eine Kultur aufrechterhält, die Belästigung, Herabwürdigung und Objektivierung von Frauen als normalen Bestandteil der heterosexuellen Geschlechterordnung betrachtet und nicht als Skandal.» Was übrig bleibt, ist oft die Scham darüber, eine Situation vermeintlich falsch, übertrieben und ungerecht dargestellt zu haben. Und dieser Mechanismus funktioniert in westlichen Kulturen so gut, weil schon in der Bibel steht, dass die Frau sich dem Mann unterzuordnen hat. Und nicht nur da: Literaturfreunde und Kunstaffine finden die Auswüchse von Misogynie auch in der griechischen Mythologie.

A woman's worth: Das Frauenbild in der Bibel und in der griechischen Mythologie

Apostel Paulus schreibt an die Epheser: «Ihr Frauen, ordnet euch euren Männern unter wie dem Herrn. Denn der Mann ist das Haupt der Frau, wie auch Christus das Haupt der Gemeinde ist, die er als seinen Leib erlöst hat. Aber wie nun die Gemeinde sich Christus unterordnet, so sollen sich auch die Frauen ihren Männern unterordnen in allen Dingen.»[5]

Theolog*innen und bibeltreue Menschen arbeiten sich

gerne daran ab, solche Aussagen auf den damaligen Zeitgeist zu schieben und insofern modern auszulegen, dass Paulus sich heute sicherlich anders ausgedrückt hätte. Wie Bibelstellen also ausgelegt werden, hängt von der jeweiligen Person ab, die gefragt wird. Allerdings gibt es genügend Menschen, allen voran Mächtige, die dem tatsächlichen Wort Gottes folgen und in den wirklich unmissverständlichen Worten seines irdischen Handlangers Paulus genau das lesen, was da steht: Die Unterdrückung der Frau ist Standard im Christentum. Die Bibelgemeinde Berlin schreibt: «Es gab im AT keine Frau, die einen andauernden prophetischen Dienst innehatte. Keine Frau war Priester. Keine Königin regierte je Israel. Keine Frau schrieb ein Buch des Alten Testamentes (auch nicht des Neuen Testamentes).»[6] In den Versuchen, die Bibel als feministisch oder zumindest gerecht auszulegen, wird immer wieder darauf hingewiesen, dass Jesus mit den Frauen, die ihm begegneten, auf Augenhöhe, mitfühlend und respektvoll umgegangen ist. Wenn das jedoch so stark aufgefallen und demnach herauszustellen ist, ist Jesus' Verhalten die Ausnahme, die die Regel bestätigt. «Trotzdem erhob Jesus die Frauen nicht in eine Führungs- oder Vorrangstellung gegenüber Männern», schiebt die Bibelgemeinde hinterher.

Als ähnlich nervenaufreibend empfinde ich den Blick in die griechische Mythologie, deren sich Autoren wie der römische Dichter Ovid bedient haben. Im fünften Buch seiner *Metamorphosen* erzählt er vom «Raub der Proserpina»,[7] was ich gerne umbenennen würde in: «Entführung, Vergewaltigung, Verheiratung ohne Einwilligung und lebenslange Freiheitsberaubung der Proserpina». Aber mein Titelvorschlag ist leider nicht so catchy wie ein *Raub*, bei dem mitschwingt, dass die Geschichte sexy und verrucht sein könnte. Clickbaiting haben schon die alten römischen Erzähler beherrscht.

Die junge Proserpina pflückt in friedvoller Landschaft Blumen, als der Gott Pluto in einem Pferdewagen vorbeischneit und von ihrer Schönheit geblendet ist. Also entführt er sie, logisch. Proserpina wehrt sich, sie ruft nach ihrer Mutter, der Göttin Ceres, die sich mit Freundinnen sofort auf die Suche nach der Tochter macht. Schließlich findet sie in einem Weiher den (Keuschheits-)Gürtel von Proserpina – ein Hinweis darauf, dass diese vergewaltigt wurde. Als Ceres erfährt, dass Proserpina in die Unterwelt gebracht und mit Pluto verheiratet wurde, bittet sie ihren Mann, den Gott Jupiter, diese absurde Ehe zu scheiden. Der regelt die Angelegenheit so, wie man das von mächtigen Männern erwartet, die schwerwiegende Entscheidungen über einem Bierchen an der Bar treffen: nicht zum Wohlwollen der Frauen.

Proserpina darf von nun an das halbe Jahr bei der Mutter verbringen, und die zweite Jahreshälfte muss sie zu dem Mann, der sie entführt und missbraucht hat. Jupiter findet das fair. Daraufhin wird seine Tochter sechs Monate im Jahr als *traurig* (lies: traumatisiert) beschrieben.

Das ist nur eine von etlichen Erzählungen der griechischen Mythologie, in der Frauenfiguren sexualisierten Missbrauch und Gewalt erfahren. Diese Geschichten haben folgende Überzeugung statuiert: Wenn selbst Götter sich an Frauen vergreifen, ist das der Beweis einer natürlichen Hierarchie. Dann ist die Frau eben das passive Wesen, das schwache Geschlecht, das sich unterzuordnen hat.

Die gewaltvolle Macht männlicher Politikgeschichte

Apropos alte Römer. Werfen wir einen Blick in das Strafgesetzbuch des Kaisers Augustus, das Sexualstraftaten festhielt:

die *Lex Iulia de adulteriis coercendis*. Darin steht geschrieben, dass eine Frau, die Ehebruch begeht, getötet werden darf (der Vollständigkeit halber: Auch ein männlicher Täter wurde bestraft, das bedeutete meist den Verlust des Vermögens und die Verbannung auf irgendeine Insel). Die Vergewaltigung von Sklavinnen und Prostituierten wurde nicht geahndet und schließt sich an die Erfahrungen von Women of Color im Zuge aller Kolonialisierungen an. Denn wo Territorien gewaltvoll entrissen und Völker vertrieben worden sind, wurden auch Menschen missbraucht und vergewaltigt. Die Machtübernahme von *Weißen* stellte ganz klar ihre Überzeugung dar, über alle anderen dominieren zu dürfen, gar zu müssen. Frauen dieser Kulturen galten als Beute. Für viele Kolonialherren galten sie als Mitbringsel, die, zurück in Europa, fetischisiert, ausgestellt und gedemütigt wurden. Diese Übergriffe blieben straffrei. Die Autorin Susan Brownmiller definiert den Akt der Vergewaltigung in ihrem Buch *Against Our Will. Men, Women and Rape* als einen «bewussten Prozess der Einschüchterung, durch den alle Männer alle Frauen in einem Zustand der Angst halten». Die amerikanische Organisation Anti-Defamation League hat 2018 die Schnittstelle zwischen Frauenfeindlichkeit und *White Supremacy* untersucht. Sie kam zu dem Schluss, dass Frauenhass häufig der Einstieg in die Überzeugung weißer Vorherrschaft sei.[8] Sexuelle Gewalt als Herrschaftsform. Klingt nach Krieg. Ist Krieg.

Schlagen wir ein weiteres Kapitel in der Politikgeschichte auf. Wie wäre es mit Jean-Jacques Rousseau, der als Vorreiter der Aufklärung gilt. Wenn man Rousseau glaubt, ist die Frau dem Mann unterwürfig, sie soll ihm gefallen und besitzt deshalb Reize, denen er sich nicht entziehen kann.[9] Auch hier wieder: Solche Überlieferungen legitimieren Männer seit Jahrhunderten, sich an Frauen zu vergreifen, weil diese es provozieren würden und die Männer nicht widerstehen können, nicht widerstehen *müssen.* Diese Überzeugung erinnert mich an die Darstellung von Musen, oftmals weiße Frauen in weißen Gewändern, irgendwo friedvoll in der Landschaft sitzend. Männer brauchen sie, um zu arbeiten, die Inspiration der Muse erklärt die Daseinsberechtigung dieser Frau. Sie umkreist das Wesen des Mannes, liebäugelt, verführt, inspiriert. So sanft, so zart, so süß, aber auch SO sexy. Damit die Frau es demnach nicht übertreibt mit ihrer sexuellen Macht, wurde ihr laut Rousseau ein großes Schamgefühl in die Wiege gelegt. Die sexy Lolita darf sie schon mal spielen, aber sie darf es nicht zu wild treiben, denn wenn sie das tut, wird die Scham sie mit den Worten «Jetzt bist du zu weit gegangen, du Schlampe!» in die Schranken weisen. Gut so. Da hat der Mann ein machtvolles Auge drauf. Mit diesem Wissen im Hinterkopf liest sich die Vergewaltigung meiner Großmutter wie aus dem Rosseau'schen Lehrbuch, wo Scham und Schuld sich die Hand reichen.

Wie die Alltäglichkeit sexueller Belästigung uns alle abstumpfen lässt

Ich spule vor in die Gegenwart. Während Gewalt oftmals zu Hause stattfindet, beginnt die Belästigung bereits im öffentlichen Raum. Auf der Straße, am helllichten Tag. Unsere Gesellschaft empfindet es als vollkommen normal, dass Frauen täglich (und oft mehrfach) sexueller Belästigung ausgesetzt sind. Ich auch, aber einzig aufgrund der Häufigkeit und nicht weil ich denke, dass diese Grenzüberschreitung normal ist. Gerade im Sommer ist keine Frau, keine Person, die «zu feminin» auf die Täter wirkt, sicher vor vulgären Ausdrücken, Pfiffen, schmatzenden Kussgeräuschen: Catcalling nennt man das. In Straßenumfragen erläutern uns Männer, warum sie catcallen:[10] Ein Teenager, vielleicht 13 Jahre alt, meint, dass Frauen, wenn sie nicht von Männern angesprochen werden wollen, eben keine engen Leggins tragen sollen. Andere geben an, dass es ihr gutes Recht sei, ihre Meinung kundzutun. Und wiederum andere sehen ihr Catcalling als Nettigkeit an, über die sich Frauen freuen sollten. Ihre verbale Belästigung wird als Kompliment definiert. Diese Aussagen zeigen ganz genau auf, dass dem cis männlichen Geschlecht ab Kindesalter absolut klar ist, dass ihm eine dominante Position zugeschrieben ist. Cis Männer dürfen es sich immer und überall herausnehmen, über andere Körper zu urteilen, sie zu kategorisieren, zu bewerten und – vor allem – den betreffenden Personen das persönliche Urteil mitzuteilen. Wenn ich verbal belästigt werde, schäme ich mich weniger – ich werde eher unfassbar wütend. Vorausgesetzt, es passiert tagsüber und ich bin nicht alleine auf der Straße (oder in der U-Bahn oder im Park oder überall sonst, wo es eben ständig passiert), dann schreie ich zurück. Das ging früher nicht, weil mich die Scham lähmte und ich unter den Blicken anderer Menschen erstarrte. Niemand fragt, ob ich plötzlich und ohne Vorwarnung im Mittelpunkt stehen will, weil irgendein Lurch schreit: «Geile Titten!» Der Vulgarität verbal etwas entgegenzusetzen, habe ich mir tatsächlich antrainiert, weil ich weiß, dass ich meine Ohnmacht in Wut kanalisieren muss. Allerdings ist das mein persönlicher Umgang und nicht etwas, wozu ich rate, denn Catcalling gehört wie gesagt zum Spektrum sexualisierter Gewalt – man muss sich nicht nur sicher fühlen, sondern auch sicher sein, wenn man widerlichen Typen etwas entgegenschleudert.

Bevor es den zwei, drei cis Männern, die dieses Buch lesen, ordentlich in den Fingern juckt: Ja, auch Männer können Opfer von Catcalling sein. Verbale Belästigung macht natürlich vor keinem Geschlecht halt. Die großen Unterschiede zu den Erlebnissen von Frauen und feminin markierten Personen sind jedoch die: Im Sommer erlebe ich Catcalling oft mehrmals am Tag. Und als Frau muss ich eben immer abwägen, wie ich darauf reagiere, weil ich mich einer potenziellen Gefahr aussetze.

Mit Anfang zwanzig war ich mit Freundinnen in einem Club in Stockholm. Wir kamen mit einer Gruppe gleichaltriger Männer ins Gespräch, einer von ihnen versuchte, mit mir zu flirten, ich hatte jedoch kein Interesse. Daraufhin bedrängte er mich körperlich, und als ich ihn von mir stieß, bezeichnete er mich als Schlampe, die ihn an der Nase herumgeführt habe. Er schrie mich an und drohte mir körperlich. Wer schon mal einem Mann einen Korb gegeben und danach von ebendiesem beschimpft und bedroht wurde, weiß ganz genau, wie schnell sich die Situation drehen und damit gefährlich werden kann. Die Ablehnung einer Anmache stellt für diejenigen, die auf ihre Machtposition pochen, eine Bedrohung ebendieser dar. Möglichkeiten, sie sich zurückzuholen, gibt es einige, sie reichen von Beschimpfungen über Stalking (willentliches Verfolgen einer Person), Upskirting (das Filmen oder Gucken unter den Rock) und Downblousing (Filmen in den Ausschnitt) bis hin zu Stealthing (das Entfernen des Kondoms beim Sex, ohne dass die andere Person ihr Einverständnis gibt). Die Abgründe misogyner Antworten auf weibliche Ablehnung sind vielfältig. Und eins ist sicher: Diese Begriffe gäbe es nicht, wenn sich bestimmte Vorfälle nicht so sehr häuften, dann benannt und schließlich strafbar gemacht werden würden.[11]

#MeToo: Wo stehen wir nach der weltweiten Bewegung?

1. #MeToo in a nutshell

Die Aktivistin Tarana Burke dachte sich bereits 2006 den Hashtag #MeToo aus und nutzte ihn auf der Plattform MySpace, um auf sexuellen Missbrauch hinzuweisen. Sie ist selbst Überlebende sexueller Gewalt und initiiert seit über drei Jahrzehnten Kampagnen, die aufzeigen, wie diese mit systemischer Ungleichheit zusammenhängt – dass sich nämlich sexuelle Gewalt auf marginalisierte Menschen, insbesondere Schwarze Frauen und Mädchen, noch immer unverhältnismäßig stark auswirkt.

Als im Oktober 2017 in der *New York Times* eine investigative Reportage erschien, die dem Hollywood-Produzenten Harvey Weinstein jahrzehntelange sexuelle Belästigung vorwarf,[12] rechneten die Journalistinnen des Artikels, Jodi Kantor und Megan Twohey, nicht mit der Welle, die sie mit ihrer Arbeit lostreten würden. Kurze Zeit später rief nämlich die Schauspielerin Alyssa Milano dazu auf, unter dem Hashtag #MeToo Erfahrungen sexueller Belästigung zu twittern. Bekannte Persönlichkeiten aus Hollywood warfen ihre Scham und Angst über Bord, um über den Machtmissbrauch in der Industrie zu sprechen. Zahlreiche weitere Fälle sexueller Belästigung kamen ans Licht. Gegen Weinstein liefen mehrere Prozesse, in einem wurde er zu über 23 Jahren Haft verurteilt.

Auf der einen Seite haben Betroffene innerhalb weniger Stunden dabei zusehen können, wie sich eine globale Bewegung formte, die offenlegte, dass sie nicht alleine sind, dass dem Machtmissbrauch ein strukturelles Problem zugrunde liegt, welches sich in der Scham Einzelner entlädt.

Auf der anderen Seite prangerten Kritiker*innen an, dass

unter dem Hashtag zu viel vermischt werde – die einen würden über eine unangenehme Anmache am Bartresen twittern, die anderen über eine Vergewaltigung auf der Schultoilette.

#MeToo hat Debatten angestoßen und in einigen Bereichen für Sensibilisierung gesorgt. Ein paar mächtige cis Männer wurden verurteilt. Sehr viele andere empfinden lauernden Männerhass an jeder Ecke und meinen, «man(n) dürfe ja gar nichts mehr». Grundsätzlich wird sich weiterhin ordentlich echauffiert, ohne verstehen zu wollen: Hier geht's um strukturellen Machtmissbrauch und nicht um ein Verbot des Flirtens. Fazit: Das Patriarchat steht also auch nach #MeToo ziemlich stabil da.

2. Paradebeispiele systematischen Machtmissbrauchs: Wedel & Reichelt

Wenn sich Opfer von Machtmissbrauch, sexualisierter Gewalt oder Belästigung anonym äußern, werden sie von der Öffentlichkeit oft als feige dargestellt. Ihre Aussagen gelten als unzuverlässig. Man weiß ja nicht, wer da spricht, das könnte irgendwer sein, der dem Mann eins reinwürgen und seine Karriere zerstören will. «Der Mythos der lügenden Frau, die sexualisierte Gewalt erfindet (...) ist wirkmächtig, alle Beweise werden angezweifelt», schreibt Rechtsanwältin Christina Clemm auf Instagram. Tatsächlich ergab die Auswertung zweier Teilstudien der Europäischen Kommission: Falschbeschuldigungen in Fällen von Vergewaltigung liegen in Deutschland bei drei Prozent.[13] Wenn Opfer dann ihr Gesicht zeigen oder sogar mit Klarnamen auftreten, wird ihnen nicht selten vorgeworfen, sich mit der Geschichte, die sie erzählen, profilieren zu wollen. Kurzum: Wie sie es machen, machen sie es verkehrt. Ich weiß von keiner einzigen Person, die jemals davon profitiert hat, einen mutmaßlichen Übergriff publik gemacht zu haben. Opfer sexualisierter Gewalt haben mit (Mord-)Drohungen zu kämpfen und setzen sich retraumatisierenden Gerichtsverhandlungen aus, ohne sicher sein zu können, diese zu gewinnen.

«Es sind nicht die Männer, die sich schämen, es sind die Frauen, die sich schuldig fühlen», resümierte Journalistin Anja Reschke in der Sendung *Reschke Fernsehen* die Aussage von Patricia Thielemann, die nach eigenen Angaben als 25-Jährige vom damaligen Star-Regisseur Dieter Wedel für ein Casting in seine Hotelsuite zitiert wurde. Eine jahrelange Hetzjagd auf sie fand statt, Anfeindungen und Versuche, die Glaubwürdigkeit infrage zu stellen. Die Schauspielerin Jany Tempel bezichtigte Wedel der Vergewaltigung und erhob 2021 Anklage – das Strafverfahren wurde ein Jahr später eingestellt.

Am 18. Oktober 2021 verlor Julian Reichelt seinen Posten als Chefredakteur der *Bild*. Der Vorstand des Axel-Springer-Verlags begründete die Kündigung damit, dass Reichelt «auch aktuell Berufliches und Privates nicht klar trennt und dem Vorstand darüber die Unwahrheit gesagt hat».

Was das konkret bedeutet, haben Mitarbeiter*innen des Konzerns erläutert, die täglich mit ihm zusammengearbeitet und bestätigt haben, dass es sich bei seinem Machtmissbrauch gegenüber jungen Frauen um ein offenes Geheimnis handelte.

Reschke Fernsehen sendete in der Folge «Vorwurf Machtmissbrauch: Die Akte Julian Reichelt» folgende anonymisierte Aussage eines Mitarbeiters: «Ich habe natürlich in Konferenzen bemerkt, dass er seine Machtposition immer eingesetzt hat, um gegenüber anderen, vor allem jungen attraktiven Frauen, klarzumachen: Ich bin hier der große Hecht. Und wenn ich will, kann ich dich heute ins Borchardt einladen oder übermorgen rausschmeißen.» Eine andere Stimme sagte aus: «Immer mal wieder saßen in der täglichen Markenchef-Konferenz in Julians Büro Praktikantinnen oder Volontärinnen, die da weiß Gott nicht hingehören, auf der Fensterbank. Uns Führungskräften war klar: Das ist Julians neues Zielobjekt.»

Weil Reichelt eine «Kultur der Angst» erschaffen habe, wollten die Frauen, die daraufhin befragt worden sind, unbekannt bleiben. «Julian Reichelt ist unberechenbar. Ich möchte anonym bleiben, weil ich Angst vor Rache habe, die vielleicht nicht nur gegen mich, sondern auch mir nahestehende Menschen geht.»

Julian Reichelt kam nach 13 Tagen Beurlaubung zurück. Begründung des Springer-Verlags: Es gebe «keine Anhaltspunkte für sexuelle Belästigung oder Nötigung». Reichelt arbeitete acht weitere Monate als Chefredakteur, mittlerweile moderiert er auf YouTube eine eigene, von den Medien als rechtspopulistisch eingestufte Sendung.

Und was ist mit den Frauen? Das dachte sich, zumindest vielleicht ganz kurz, der Autor Benjamin von Stuckrad-Barre, der im April 2023 das als Schlüsselroman gedeutete Werk *Noch wach?* veröffentlichte. Darin verarbeitet er wohl seine eigene Rolle im Strudel des Reichelt-Skandals: ein männlicher Ich-Erzähler (Stuckrad-Barre), dem sich die Frauen, die von einem TV-Chefredakteur (Reichelt) bedrängt und genötigt werden, anvertrauen und dessen Freundschaft zum Konzernchef (Döpfner), der den Nötiger deckt, tragisch zerbricht. Kommen weibliche Stimmen in dem Roman zu Wort? Not really. Wozu auch? Männer kreisen um sich selbst und um andere Männer, Frauen sind und bleiben Subjekte in einer männlich gesteuerten Welt.

Die Klagen gegen Dieter Wedel und der Fall Reichelt gelten als deutsche Antwort auf #MeToo. Der deutsche Umgang mit strukturellem Machtmissbrauch ist demnach der: viele Debatten, viele Untersuchungen, die im Nichts verlaufen, viel cis männliche Meinung, wenig Schutz für Opfer – Diskussionen über Frauen, auf dem Rücken von Frauen, ohne Frauen.

3. Die Täter-Opfer-Umkehr und die Unschuldsvermutung

Als der amerikanische Jurist Brett Kavanaugh 2018 von Donald Trump zum Supreme-Court-Richter ernannt wurde, gingen mehrere ehemalige Kommilitoninnen Kavanaughs an die Öffentlichkeit und warfen ihm sexuelle Übergriffigkeit vor. Über 4000 Hinweise wurden insgesamt dem FBI übergeben.[14] Eine der Frauen, die ihm versuchte Vergewaltigung vorgeworfen hat, ist die Psychologieprofessorin Christine Blasey Ford. In einer Anhörung vor dem US-Senat sagte sie aus: «Ich bin heute nicht hier, weil ich das will. Ich habe Angst.» Sie erzählte, wie zu Schulzeiten ein besoffener Kavanaugh sie festgehalten und am Schreien gehindert hat, während er versuchte, sie zu vergewaltigen. «Das Atmen fiel mir schwer, und ich dachte, dass Brett mich versehentlich töten würde.» Wenig später wurde Ford von Präsident Donald Trump öffentlich ins Lächerliche gezogen. Ford musste aufgrund von Morddrohungen seiner Anhänger mehrmals den Wohnort wechseln. Kavanaugh bestreitet bis heute alle Vorwürfe. Er sitzt nach wie vor am Obersten Gerichtshof der USA, wo er weiterhin seine Macht gegenüber Frauenkörpern demonstriert, auch indem er dafür sorgt, dass sie einen erschwerten Zugang zu legaler und sicherer Abtreibung bekommen.

Ende Mai 2023 postete die Irin Shelby Lynn auf Twitter, dass sie bei einem Backstage-Besuch eines Rammstein-Konzerts unter Drogen gesetzt wurde – anders konnte sie sich den Filmriss und die heftigen Blutergüsse an ihrem Körper nicht erklären. Zuvor war sie nach eigenen Aussagen von einer Mitarbeiterin der Band in einen Raum unter der Bühne gebracht worden, um Frontman Till Lindemann zu treffen. Da hatte die

24-Jährige schon ein ungutes Gefühl, und als der 60-Jährige hereinkam, stellte sie sofort klar, dass sie keinen Sex wolle. Laut Aussage von Lynn habe er das zwar akzeptiert, sei jedoch wütend geworden, weil er davon ausgegangen war, dass sie deshalb hier sei.

Daraufhin nahm die YouTuberin Kayla Shyx in einem Video Bezug auf Lynns Aussagen und sprach über eigene Erfahrungen und Beobachtungen im Backstage-Bereich von Rammstein. Es hagelte Unterlassungsklagen von Lindemanns Anwälten gegen beide Frauen, im Fall von Shyx erreichten sie, dass einzelne Aussagen wie die folgende aus dem Video geschnitten werden mussten:

«Dann wird bei der After-Party Till Lindemann reingebracht. Die Mädchen werden besoffen gemacht, sie trinken zusammen mit ihm. Anscheinend werden bei einigen Mädchen auch K.-o.-Tropfen reingemacht, weil es gibt jetzt schon so viele, die berichtet haben, dass sie keine Erinnerungen haben, dass sie die Tage danach gezittert haben, gekotzt haben, dass sie nicht bei sich waren. Einige davon haben geschrieben, sie sind in seinem Hotelzimmer aufgewacht, mit Wunden, mit aufgerissenen Klamotten, dass sie sich nicht erinnern können, was passiert ist, aber sie wissen, sie spüren, sie hatten Sex (...)».[15]

Gegen Shelby Lynn verlor Lindemann Ende August 2023 vor Gericht. Sie darf auf Basis der freien Meinungsäußerung ihre Vorwürfe stehen lassen. Für die Irin, die seit ihrer ersten Stellungnahme von der Öffentlichkeit bedroht und beleidigt wird, ist das ein Triumph. Für Opfer sexualisierter Gewalt flackert da nur ein kleines Licht am Ende des Tunnels, denn Verurteilungen sind selten: Es fehlen oftmals Zeug*innen, Betäubungsmittel wie K.-o.-Tropfen sind nicht lange im Blut nachzuweisen, viele Menschen stehen nach einer Vergewaltigung derart unter Schock, dass sie nicht sofort Anzeige erstatten – dann, wenn eine DNA-Probe vielleicht noch sichergestellt werden könnte. Weil am Ende des Tages oftmals Aussage gegen Aussage steht, gilt deshalb bis zum Urteilsspruch die Unschuldsvermutung. Dieser Begriff wurde nach Shelby Lynns Statement auf Social Media derart herumgeschleudert, dass man ihn plötzlich in jeder Kommentarspalte gelesen oder am Nachbartisch im Café gehört hat. Die Sache ist jedoch die: *Unschuldsvermutung* ist ein juristischer Begriff, der in genau diesen Kontext gehört. Plötzlich wurde er aber von Tausenden derart selbstgefällig verwendet, um mutmaßlichen Opfern das Wort abzuschneiden. Und das, obwohl neben den vielen Menschen, die von ähnlichen Erfahrungen wie Lynn und Shyx sprachen, auch Vertreter*innen der Musikbranche zugaben, dass es sich bei der Übergriffigkeit des Frontmans um «ein offenes Geheimnis» handele. Trotzdem wurde Ende August ein Ermittlungsverfahren gegen Lindemann eingestellt – zu wenige handfeste Beweise. «Es ist nicht verwunderlich (...), weil es offenbar keine Zeuginnen gab, die aus einer direkten Betroffenheit ausgesagt haben. (...) Damit ist nicht der Beweis eingetreten, dass die Personen, die gesprochen haben, gelogen haben», kommentierte Strafverteidigerin Christina Clemm.[16] Keine Aussagen? Auch das ist nicht verwunderlich nach der Welle von Drohungen, Hetzjagden und Verleumdungsklagen gegen die mutmaßlichen Opfer. «Warum sieht eigentlich mal niemand hin, deckt auf, sagt: ‹Wir wollen in einer so frauenverachtenden Atmosphäre, in einer solch misogynen Gesellschaft nicht leben›?», fragt sich Clemm in Bezug darauf, dass es Strukturen gibt, die Machtmissbrauch und Übergriffe fördern, aber auch Strukturen, um Frauen im Nachgang mundtot zu machen.

Dass so viele Menschen Opfern von Gewalt nicht glauben,

hat aber nicht nur mit der gelebten Frauenfeindlichkeit des Patriarchats zu tun, sondern auch damit, dass ein Eingeständnis der allgegenwärtigen Gewalt bedeuten würde, dass diese Welt tatsächlich Angst macht. Dass Männer in dieser Welt nicht eindeutig in gute Kerle und fiese Monster unterteilt werden können, sondern dass Männer, die man idolisiert, die man wählt oder anhimmelt, die man gerne liest oder im Vorbeigehen grüßt, in der Lage sind, solche Taten zu begehen.

4. Die guten Kerle und ihre kritische Männlichkeit

Unzählige Male schon habe ich Gespräche mit Männern in meinem Umfeld geführt, die ich zum damaligen Zeitpunkt mochte oder heute immer noch mag. Ex-Partner, Kumpels, Cousins, mein Vater. Alles nette Typen. Sie sind durch die Bank schockiert, wenn ich sie mit der Masse von eigenen Erfahrungen im Spektrum der sexualisierten Gewalt konfrontiere. Aber oft passiert auch etwas, das mich anfangs noch überrascht hat. Sie werden plötzlich wütend auf mich. «Ich will nicht für die Taten anderer geradestehen müssen», heißt es immer wieder. Als wären sie, meine Gesprächspartner, die Guten. Und jetzt haben die Guten es satt, sich anhören zu müssen, was andere Männer anstellen. Als hätten sie mit patriarchaler Prägung gar nichts am Hut und wären in einem Vakuum groß geworden. Das ist, als würde ich als *weiße* Person sagen, dass ich mit dem rassistischen Kolonialerbe nichts zu tun habe, jedoch täglich davon profitiere.

Ich fremdschäme mich für die männliche Entrüstung, dass schließlich nicht alle Männer Frauen belästigen, schlagen, missbrauchen. Glauben sie wirklich, der Gesellschaft geht es gut, wenn sie so etwas aussprechen müssen, um FLINTA-Personen ein Gefühl von Sicherheit zu geben? Nicht-Schlagen als

Liebesbeweis, als Indikator für: *Hey, I'm a good guy. I'm just Ken.*

Die Latte hängt low, es ist ein faszinierendes Schauspiel.

Auch ruhen die guten Kerle sich gerne auf der Aussage aus, dass sie in dieser modernen, feministischen Welt plötzlich total verunsichert sind und nicht mehr wissen, was sie dürfen und was nicht («Man darf ja nicht mehr flirten!» – «Man darf ja gar nichts mehr sagen!»). Da muss ich immer an meine Therapeutin denken, die mich bei der Wortwahl darauf hinwies, dass es sich dabei um die Sprache eines Kindes handelt. Wenn ein erwachsener cis Mann von «dürfen» spricht, steht dahinter ein verbales Ablenkungsmanöver, das aufzeigt: Hier wird keine Verantwortung übernommen für das eigene Handeln als cis Mann in einer patriarchalen Welt. Hier wird lieber selbst Opfer gespielt und auf überall lauernde Denunziation verwiesen.

Ich habe Verständnis für Unsicherheit. Ich bin auch oft verunsichert. Wir durchleben einen gesellschaftlichen Umbruch, in dem vieles neu verhandelt wird. Natürlich ist das manchmal kräftezehrend und nervig. Aber warum schaffen so viele cis Männer es nicht, zur Lektüre von Frauen zu greifen und sich schlichtweg zu informieren? Oder, noch einfacher: Frauen zuzuhören und Frauen ausreden zu lassen. Achtung, jetzt wird viel gefordert: Einer Frau zu *glauben*, die sich über ihre Scham hinwegsetzt, um über ihren sexuellen Missbrauch zu sprechen?

Das Trendthema im Journalismus und in der Buchbranche ist seit ein paar Jahren, dass schreibende cis Männer sich kritisch mit ihrer eigenen Männlichkeit, mit ihrer eigenen Prägung auseinandersetzen. Als sich diese Entwicklung abzeichnete, fand ich sie gut und wichtig, denn es zeigte, dass der Feminismus Früchte trug und cis Männer verstanden, dass alle unter einem gewaltvollen System leiden – nicht nur die, die offenkundig unterdrückt werden. Außerdem bieten cis männliche Autoren damit eine Identifikationsfläche für Leser ihres Geschlechts, denn Bücher aus weiblicher Feder werden von Männern meist ignoriert. Christian Dittloff sagt im Zusammenhang mit seinem Buch *Prägung – Nachdenken über Männlichkeit*: «Was sich wirklich festgesetzt hat und wovon ich zutiefst überzeugt bin, dass strukturell alle Cis-Männer durch eine Art der patriarchalen Zurichtung gehen. (…) Die Generation, die jetzt auch in gewisser Weise in die Zentren der Macht drängt, die bestimmte Posten übernimmt, die selber zu Gatekeepern werden, die eine große Sprachmacht haben und eine große Verantwortung tragen – sie alle sind durch diese Schule gegangen.»[17] Eine Schule, die Männern beibringt, hart zu sein – zu sich und zu anderen. Wer sensibel wirkt oder nicht durchgehend performt, dem wird die Männlichkeit abgesprochen. Alles Weicheier, die sich schämen sollten!

Doch nicht alle Männer, die die Welle «kritische Männlichkeit» reiten, wollen wirklich was am System verändern, sondern lackieren sich lieber vor ihrem Auftritt schnell die Fingernägel, um performativ mit Normen zu brechen, damit sie sich dann im feministischen Rampenlicht als vermeintlich Verbündeter positionieren können.

Im August 2023 geriet ein Text der Anthologie *Oh Boy: Männlichkeit*en heute* in die Kritik. Darin schreibt Autor und Mitherausgeber Valentin Moritz von einem sexuellen Übergriff an einer Frau. Laut Verlag sucht «der Erzähler (…) darin eine Sprache für männliche Täterschaft». Es ist schnurzegal, was der Erzähler sucht; denn Verlag und Autor wussten im Vorfeld der Veröffentlichung, dass die Frau, die durch Moritz im Mai 2022 sexualisierte Gewalt erlebt hat, ausdrücklich und mehrfach widersprochen hat, diesen Übergriff an ihr zu thematisieren. In ihrem öffentlichen Statement sagt sie: «Ich schreibe hier, weil ich darin die einzige Möglichkeit sehe, wieder Kontrolle zu erlangen. Über mein Leben und diesen Moment in meinem Leben, den Valentin Moritz nun seit Wochen nutzt, um sich medial zu profilieren.»[18]

Schreibende Kerle, die sich ihre kritische Männlichkeit groß auf die eigene Eichel pappen, schwadronieren also am Ende des Tages lieber über ihre Tat, als wenigstens das zweite Nein des Opfers zu respektieren. So geht öffentlichkeitswirksame Vermarktung kritischer Männlichkeit im Jahr 2023!

Hilfe! Warum funktioniert das? Warum schämen diese cis Männer sich nicht, sondern beschämen weiterhin ihre Opfer? Der Publizist Kim Posster erklärt treffend: «Männlichkeit ist Subjektivität im kapitalistischen Patriarchat. Sie stellt sich immer wieder als normale menschliche Natur dar. (...) Männer neigen bei feministischer Kritik sowieso dazu, diese identitär zu wenden und darauf zu befragen, wie sie angesichts dieser Kritik noch Männer sein können. Dabei sollten sie andersherum fragen, wie sie feministische Politik unterstützen könnten, obwohl sie Männer sind.» Posster kritisiert, dass Männer beim Thema sexualisierte Gewalt oftmals vollkommen überfordert sind: «Es ist ein Unbehagen und eine Unlust, in eine Konfrontation zu gehen. Etwas Grundlegendes, was Männer und auch gerade linke Männer lernen müssen, ist, dass Kritik auch etwas Intimes ist.»[19]

Der Hass auf Frauen wächst mit den Errungenschaften der Gleichberechtigung

Was #MeToo also möglich gemacht hat, ist, dass Aufschreie lauter werden, seltener aus Scham geschwiegen wird, öffentliche Diskurse geführt werden und bei Einzelnen zum Umdenken anregen. Diese Errungenschaften laufen jedoch unter

Schönheitsreparaturen eines von tiefen Rissen durchzogenen Systems.

«Männer haben Angst, dass Frauen über sie lachen könnten. Frauen haben Angst, dass Männer sie töten könnten», schrieb einmal die Schriftstellerin Margaret Atwood. Die Zahl der Morde (und versuchten Morde) an Frauen – Femizide genannt – steigt nämlich weiterhin an. «Allein 2021 starben bis Anfang Dezember bundesweit 104 Frauen und 23 Kinder. Unter den Kindern waren 16 Mädchen, sechs Jungen und ein Baby. Weitere 120 Frauen und sechs Kinder wurden verletzt, zum Teil lebensgefährlich», schreibt die Rosa-Luxemburg-Stiftung.[20]

Online formen sich riesige Foren und Threads, in denen Männer ihrem Hass auf weibliche Selbstbestimmung und sexuelle Freiheit Luft machen. Sie werten Frauen, die plötzlich mehr wollen, als Männer anzuhimmeln und von ihnen beschützt zu werden, als Schlampen ab, die wieder auf ihren Platz verwiesen werden müssen. Dabei feiern sie sich gegenseitig als Krieger, die nach dem Sturz der modernen Zivilisation die Hierarchie zwischen den Geschlechtern neu zementieren werden. Solche Männer sehen eine Vergewaltigung nicht als Straftat an, sondern wähnen sich im Geburtsrecht, über den weiblichen Körper verfügen zu dürfen. Gerade Incels[21] (selbstbestimmes Kofferwort: involuntary celibate, dt. *unfreiwillig ohne Sex lebend*) begründen ihren von außen auferlegten zölibatären Lebensstil unter anderem mit der Emanzipation der modernen Frau. Sie beschreiben sich selbst als Menschen, die sich nach Liebe sehnen, aber trotz größter Bemühungen keine Frau finden. Was auf den ersten Blick bemitleidenswert klingt, entlädt sich in purem Hass. Demütigende Beschreibungen für Frauen und Gewaltfantasien werden nur so umhergeschleudert. Incels statuieren: Es ist immer noch

A man's world. Aber weil diese Welt bröckelt, beginnen sie, Frauen systematisch zu beschämen. Denn wer andere beschämt, stellt sich über sie – und nach genau dieser alten Rangordnung streben die unfreiwillig zölibatär Lebenden.

Bewegungen wie die der Incels münden nicht selten vom Frauenhass in den Rechtsextremismus.[22] Laurie Penny schreibt dazu in ihrem Buch *Sexuelle Revolution*: «Der ultimative Alpha-Mann ist natürlich Donald Trump, der sexuelle und politische Silberrücken, der (...) lügt und betrügt und sich nimmt, was er will, egal, wer dabei verletzt wird.»

2005 führte Donald Trump mit dem Fernsehmoderator Billy Bush ein frauenverachtendes Gespräch. Darin trat Trump breit, wie er mal versucht hat, eine verheiratete Frau zu verführen. «Ich warte nicht einmal. Und wenn man ein Star ist, lassen die dich einfach ran. Du kannst alles tun. (...) Pack sie an der Muschi.»[23] Nachdem diese Handlungen juristisch als sexuell übergriffig eingestuft wurden, entschuldigte er sich in einem weiteren Fernsehauftritt und erklärte, niemand habe so viel Respekt für Frauen wie er. Bei seinen Aussagen handele es sich lediglich um «Locker Room Talk», also um Gespräche, wie sie Männer in Umkleidekabinen eben so führen.[24] Trumps Worte schlagen damit in die gleiche Kerbe wie der Ausspruch «Boys will be boys». Männer waren schon immer so – die werden sich nicht ändern, also müssen Weiber endlich damit klarkommen.

Weltweit erlebt eine von drei Frauen Gewalt.[25] Wenn Männer, insbesondere *weiße* cis Männer, in dem Ausmaß wie FLINTA und andere marginalisierte Gruppen Opfer solch einer Ungerechtigkeit wären, würde dieser Planet brennen. Nicht metaphorisch. Buchstäblich. Männer würden ihn abfackeln. Aber: *This is* still *a man's world*. Und solange das noch so ist, passiert nach Veröffentlichungen alarmierender Zahlen

Hunderter Studien weiterhin nichts außer einem kurzen Betroffenheitsruck durch die Gesellschaft. Wenn überhaupt. Stattdessen ist die wachsende Misogynie für viel zu viele Menschen eine derart selbstverständliche Reaktion geworden auf die Errungenschaften in der Geschlechtergerechtigkeit, dass es mich gruselt.

Zwischen Angst und Selbstermächtigung

Während ich dieses Kapitel schreibe, wird mir auf Instagram Werbung für ein Gadget ausgespielt, das Frauen als Anhänger für die Handtasche nutzen können. Wenn man einen Knopf drückt, gibt es ohrenbetäubenden Lärm von sich. «Nie wieder Angst haben müssen, wenn wir nachts nach Hause laufen!», so oder so ähnlich lautet der Slogan, und das Model grinst fröhlich in die Kamera.

Mich macht das nicht fröhlich. Ich möchte nicht in einer Welt leben, in der ich so ein Teil brauche, um mich sicher fühlen zu können (und es doch nie tue). Abgesehen davon hat so ziemlich jedes Smartphone eine Alarmfunktion, was bedeutet, dass mit diesem Produkt nur Geld verdient wird auf dem Rücken der berechtigten Angst von Betroffenen, weil unsere Gesellschaft nicht fähig zu sein scheint, die Hälfte der Bevölkerung einfach *nicht* zu belästigen.

Wenn ich am späten Abend noch einmal kurz mit meiner Hündin um den Block gehe, lasse ich oft das Handy in der Wohnung liegen. Jedes Mal ruft mein Freund mir dann hinterher: «Bitte nimm es mit!» Und wenn ich dann, bereits in der Tür stehend, trotzig zurückrufe, dass ich doch gleich wieder da bin, trägt er es mir hinterher. Die einen mögen es liebevoll und sicherheitsbewusst finden. Die anderen übertrieben vorsichtig. Ich bin froh, dass ihm zumindest bewusst ist, welcher Gefahr Frauen nachts ausgesetzt sind. Wobei mir dann oft auf der Zunge liegt: «Wenn du in der Dunkelheit Angst um mich hast, dann komm mit.» Aber das ist eine etwas kurz gedachte Logik, schließlich will ich kein Leben in Begleitschutz führen.

Wenn ich versuche, einem Mann die allgegenwärtige Gefahr von Gewalt begreiflich zu machen, bitte ich ihn, sich Folgendes vorzustellen: Du läufst durch eine dunkle Gasse. Eine Gestalt kommt auf dich zu. Du bekommst Angst, weil du alleine bist und die Person schneller wird, Kopf gesenkt, Schultern nach oben gezogen. Sie läuft auf dich zu, du fühlst dich bedroht, hilflos, du hast das schon tausendfach in Filmen gesehen, gleich zieht die Person ein Messer. Stopp.

Handelt es sich um einen Mann oder eine Frau?

«Du hast recht», ist die gängige Antwort auf meine Frage. Ich sage dann: «Ich will nicht recht haben, ich will wissen, vor welchem Geschlecht du Angst hast.» Und er sagt: «Vor meinem.»

Mein ganzes Leben lang bewege ich mich zwischen paralysierender Angst und trotziger Selbstermächtigung. Ich habe Angst, wenn mir nachts ein Mann entgegenkommt, und wechsle immer die Straßenseite. Das ist Teil meines Lebens. Gleichzeitig ziehe ich oft die Tür hinter mir zu, ohne das Handy mitzunehmen. Das ist meine Form der Selbstermächtigung. Man darf das gerne ignorant finden – früher hätte ich mich geschämt, heute könnte mir das Urteil anderer nicht egaler sein. Denn für mich bedeutet diese bewusste Entscheidung einen kleinen Moment Freiheit. Eine Abkopplung von meiner Angst. Auch das ist Teil meines Lebens. Auch das ist Teil einer ambivalenten Reaktion auf eine gestörte Welt, in der ich überleben möchte.

Im Kontext sexualisierter Gewalt lähmt Scham. Sie verunsichert und manipuliert. Wut hingehen stärkt und hilft. Bei keinem Catcalling, Angrabschen oder anderen Übergriffen habe ich meine Scham so gespürt wie damals mit 17. Meine Wut hat über die Jahre hinweg die Scham verdrängt. Das ist aber nur so, weil noch kein Mann versucht hat, meinen Körper und meine Seele zu brechen. Ich hatte Glück. Was für eine absurde und schmerzhafte Erkenntnis darüber, was Glück in dieser Welt für eine Frau bedeutet. Denn ich kenne genügend FLINTA, bei denen es versucht wurde. Sie kämpfen jeden Tag – auch gegen die Scham, dass ihnen *das* passiert ist. Die Autorin und Journalistin Gilda Sahebi schreibt über ihre eigenen Erfahrungen mit sexualisierter Gewalt: «Ich spüre wieder diese Scham. Sie begleitete mich jahrelang, seit jenem Tag, an dem ich erlebte, was Sex sein kann. Ein Mittel der Gewalt. Ein Mittel der Demütigung. Ein Mittel der Macht.»[26]

Epilog: Den Essay schreien

ÜBER DIE WUT

Scham dient schon lange nicht mehr ausschließlich als die Wächterin der Grenzen. Vielmehr wird sie von Mächtigen (aus)genutzt, um Grenzen zu etablieren. Solange es Macht gibt, gibt es Unterdrückung, und um dieses Ungleichgewicht zu festigen, benötigt es Werkzeuge – so eben auch die Scham.

Zu wissen, wie machtlos und ausgeliefert ich oftmals bin, erzeugt bei mir Wut. Und mit der kenne ich mich bestens aus, denn sie begleitet mich schon mein ganzes Leben. Sie ist meine beste Eigenschaft. Doch bevor ich mich einer Ode an diese Emotion hingebe, möchte ich ein paar Zeilen darüber schreiben, inwiefern Wut und Scham zusammenhängen.

Wenn ich von Wut spreche, meine ich damit weniger eine situative, aggressive Reaktion im Alltag. Und ich beziehe mich auch nicht auf Choleriker*innen, die schlichtweg Angst machen mit ihren unkontrollierten Wutausbrüchen. Ich spreche von Wut, die berechtigt und konzentriert freigesetzt wird, um auf etwas hinzuweisen, das sich verändern muss. Wenn ich wütend werde, werde ich kraftvoll, und wenn ich kraftvoll bin, kann ich mich fokussieren. In meiner Arbeit als Autorin stellt diese Form der Wut eine Schlüsselemotion dar – sie ist Teil meiner Kompetenz, mein Anker und gleichzeitig Antrieb.

Sie macht mich ehrlicher, tougher und kritischer. Das sind jedoch grundsätzlich Eigenschaften, die gerade Männern in Führungspositionen zugeschrieben werden.

Die Wut gehört den Alpha-Dudes

Wut zu unterdrücken, kann krank machen. Das Gegenstück dazu: Wut ständig und unkontrolliert zu empfinden, ist ebenfalls nicht gesund, sie sollte also kein Dauerzustand sein. Die Emotion gilt aber grundsätzlich als ein wichtiges Ventil, um Ärger nicht nach innen zu kehren, sondern ihn und den damit verbundenen Stress abzubauen. Außerdem zeigt die Emotion Grenzen auf (sich selbst, aber auch anderen), lässt Frustration frei und kann helfen, Zusammenhänge mit anderen Emotionen aufzuspüren. Wut zu empfinden ist geschlechtsneutral – alle Menschen werden mal ärgerlich, deshalb geht es hier weniger um ein charakteristisches Merkmal, sondern vielmehr um eine universelle Emotion. Doch während Männern die Wut als Ausdrucksmittel zugestanden wird, wird sie Frauen noch immer abgesprochen. «Mut und Wut liegen ja nahe beieinander – und beides wird uns Frauen abtrainiert», weiß die Gynäkologin Monika Hauser, die mit misshandelten Frauen in Kriegsgebieten arbeitet und dieses Phänomen oft beobachtet.[1] Um Wut zeigen zu können, benötigt es nämlich viel Platz, denn diese Emotion ist Raum einnehmend. Weil dem weiblichen Geschlecht von klein auf beigebracht wird, sich leise, unauffällig und sorgsam zu verhalten, lernen Mädchen und auch trans Frauen also, sich diametral zur Wut zu verhalten – und unterdrücken sie damit. Ist das Mädchen dann erwachsen, wird ihm nahegelegt, die Wut unter Kontrolle zu halten und lieber zu lächeln, anstatt zu schreien – als würde es sich lediglich um einen Schalter im Körper handeln, den man schnell umlegt und schwupp!, von Wut zu Freude in 0,1 Sekunden.

Wenn eine cis Frau sich traut, wütend zu sein, ist sie mutig, weil sie sich darüber hinwegsetzt, was ihr anerzogen wurde und noch immer von ihr erwartet wird. Sie bricht aus dem auferlegten Regelwerk aus und steht für sich oder andere ein. Wut macht sichtbar, sowohl einen selbst als auch die Sache, für die man kämpft, oder den Umstand, der wütend macht. Sie deutet wie ein Pfeil in eine Richtung, und alle Blicke folgen ihm. Deshalb werden weiblich markierte Menschen, die laut und wütend werden, im öffentlichen Kontext eher ab- als aufgewertet. Soraya Chemaly bestätigt das in ihrem Ted-Talk «Die Macht weiblicher Wut»[2]: Eine zornige Frau wird von der Gesellschaft als unattraktiv und hässlich bewertet. Nicht selten wird sie als «Mannweib» betitelt, was so herrlich wie schmerzhaft entlarvt, dass die Wut den Männern gehört. Und von der wütenden Frau lässt Mann deshalb besser die Finger, denn die Wut steht ihr nicht gut.

Wie weibliche Wut systematisch stigmatisiert wurde

Um wütenden Frauen effektiv den Garaus zu machen, muss man sie nur als «hysterisch» abstempeln. Meint: Sei nicht so schrill, so unkontrolliert, so emotional – sei nicht so viel. Doch woher kommt der Begriff «Hysterie», und warum wird einem aggressiven Donald Trump nicht vorgeworfen, hysterisch zu sein, jedoch den Frauen, die ihn der sexualisierten Gewalt beschuldigen?

Bereits in der Antike hat die Frauenkrankheit «Hysterie» ihren Ursprung. Hippokrates und Platon glaubten, dass die Gebärmutter (altgriechisch «hystéra») durch den Körper wandere und Auslöser von Nervenerkrankungen wie Lähmung oder Epilepsie sei. Die Lösung lag nahe: Eine Schwangerschaft würde die Gebärmutter verankern! Das ausgedachte Krankheitsbild hielt sich wacker über Jahrtausende hinweg. Noch im 19. Jahrhundert glaubte man an die von der «wandernden Gebärmutter» ausgelöste Hysterie – jedoch wurde der Roadtrip des Organs darauf zurückgeführt, dass die betreffende Frau sexuell nicht befriedigt sei; ein Grund, warum Gynäkologen bei ihren Patientinnen nicht selten selbst Hand anlegten und sie direkt auf dem Untersuchungsstuhl befriedigten.

Frauen, die im familiären und gesellschaftlichen Umfeld als unbequem galten, wurden zu dieser Zeit schnell in Nervenheilanstalten eingeliefert. Diagnose Hysterie. Laut der Wissenschaftshistorikerin Karen Nolte war es auch eine Methode, Frauen von Bildungseinrichtungen fernzuhalten. Die Begründung der damaligen Ärzte laut Nolte: Frauen seien «mindestens einmal im Leben hysterisch und nur in Abschnitten ihres Lebens psychisch gesund (...), weshalb sie nicht studieren könnten».[3]

Wenn frau heute zornig wird, wird das Verhalten oftmals mit «hysterisch» gleichgesetzt, was durchaus praktisch ist, weil man die Wütende dadurch nicht ernst nehmen muss und derart maßregeln kann, dass sie schnell verstummt. In einer Podcastfolge von «Hello, Lovers!» wies meine Gesprächspartnerin Dr. Sharon Brehm darauf hin, dass in Datingprofilen von Männern immer öfter das Statement «Bitte kein Drama!» zu lesen ist. Die Paartherapeutin führt diesen Wunsch darauf zurück, dass emotionale Bedürfnisse nicht ernst genommen werden. Frauen wird oft zugeschoben, sie würden sich überempfindlich und hysterisch verhalten, kurzum, Drama ins Leben des Mannes bringen. Wer das tippt, übernimmt nicht die Verantwortung, Teil einer Beziehung und damit auch oftmals Teil eines Konflikts zu sein. Die Genderforscherin Ursula Hess resümiert: Wütende Frauen werden als unsympathisch angesehen, im Gegensatz zu dominanten Männern.[4]

Ich habe mich schon vor Jahren damit arrangiert, in manchen Runden als unbequem zu gelten. Einige Männer, die ich gedatet habe, empfanden meine starke Meinung als unangenehm und versuchten immer wieder, meine Wut zu deckeln, indem sie in der Situation nach meiner Hand griffen oder mir ins Ohr flüsterten, «dass das jetzt doch wirklich nicht sein muss». Natürlich hat mich das, surprise, surprise, nur noch wütender gemacht. Denn warum muss das jetzt nicht sein? Und wenn nicht jetzt, wann dann? Es ist immer wieder ein wahres Schauspiel, dabei zuzusehen, wie viele Menschen weibliche Wut nicht aushalten wollen. Vielleicht weil sie wissen, dass unter der Emotion viel Wahres liegt, das an die Oberfläche will.

Wut ist eine Emotion und keine Charaktereigenschaft

Als Kind habe ich oft «Mensch ärgere Dich nicht» gespielt, und bereits der Titel hat mich derart provoziert, dass ich mich natürlich jedes Mal ärgerte, wenn ich verlor. Was ist auch so schlimm daran, gewinnen zu wollen? Ich kann mich noch gut erinnern, wie ich, am Küchentisch meiner Großeltern sitzend, fieberhaft damit beschäftigt war, meine aufkeimende Wut über das Verlieren des Spiels zu unterdrücken. Dieser innere Kampf stimmte mich missmutig. Wenn ich dann doch mal meine Verstimmung habe aufblitzen lassen, wurde sie sofort von außen negativ bewertet: Es ist doch nur ein Spiel, darüber musst du dich doch jetzt nicht so aufregen, schau, jetzt macht es den anderen auch keinen Spaß mehr.

Ich verstehe, dass aufkeimender Ärger in Bezug auf ein albernes Brettspiel nicht gefördert werden muss. Aber ich war ein Kind, und ich habe diese Wut gespürt, also folgte nach der Maßregelung von außen: Scham im Inneren. Ich war die Spielverderberin, ich war diejenige, die alles und sich selbst zu ernst nahm, und ich konnte mich sowieso nicht über den Erfolg anderer freuen.

Nichts davon stimmt bis heute.

Die amerikanischen Forscher*innen Victoria L. Brescoll und Eric Luis Uhlmann haben in drei Studien über das Zusammenspiel von Wut, Geschlecht und Status herausgefunden: «Während die emotionalen Reaktionen von Frauen auf interne Merkmale zurückgeführt wurden (zum Beispiel ‹sie ist eine wütende Person›, ‹sie ist außer Kontrolle›), wurden die emotionalen Reaktionen der Männer auf äußere Umstände zurückgeführt.»[5] Das führt zu Stereotypen wie dem der «wütenden Schwarzen Frau». Es charakterisiert «Schwarze Frauen (...) feindselig, aggressiv, anmaßend, unlogisch, schlecht gelaunt und verbittert».

Wo Zorn als Identifikationsmerkmal missbraucht wird, wird das Recht entzogen, auf bestimmte Situationen wütend reagieren zu dürfen, ohne dafür das Attribut «wütend» auf Lebenszeit aufgezwungen zu bekommen. Schwarze Politikerinnen wie Kamala Harris können ein Lied davon singen. Als sie Brett Kavanaugh zu den Vorwürfen sexualisierter Gewalt vernahm, wurde sie im Nachhinein von Donald Trump als «mad woman» bezeichnet:[6] als eine «Wahnsinnige», die viel zu laut, viel zu wütend argumentiert. «Tone-Policing» nennt man diese Methode, bei der Inhalte kleingeredet oder ganz ignoriert werden, indem der Fokus auf Sprache und Lautstärke gelegt wird. Ein wirksames Tool, um wütende Menschen auszubremsen. Brescoll fasst ihre Studie so zusammen: «Eine wütende Frau verliert an Status, unabhängig davon, in welcher Position sie sich befindet.»

Let there be rage

In meiner pubertären Verwirrung habe ich mehrere Jahre lang jedes Wochenende in einem zur Mini-Kneipe umfunktionierten Bauwagen am Dorfrand verbracht. Da wurde Asbach-Cola im Plastikbecher über den selbst gebauten Tresen verschüttet, und alle schrien über die wütende Stimme des Frontsängers der Band *Rage Against the Machine* hinweg. Wir sprangen von durchgelegenen Sofas auf Couchtische und zurück, weil die Emotionen der Songs tanzwütig machten. Wir knutschten zügellos und bliesen Rauchringe in die schwarze Nacht. Bis heute zehre ich von diesen Erinnerungen, weil ich weiß, dass nicht jede*r die Freiheit hat, genau das auszuleben, was im Innersten wühlt. Was ich zu der Zeit fühlte, war Wut über den schwankenden Hormonhaushalt, Wut über den schulischen Druck, Wut über das wackelnde Elternhaus. Scham ließ mich mich unsicher fühlen, Wut ließ mich cooler wirken – zumindest dachte ich das. Und wenn der Sänger Zack de la Rocha schrie «Fuck you, I don't do what you tell me», wusste ich nicht, dass das eine Kampfansage gegen Rassismus war, und beanspruchte die Zeilen für meinen ganz persönlichen Zorn.

Gleichzeitig begann ich aber langsam zu verstehen: Gegen das System muss angeschrien werden.

Ohne die Wut hätten die größten Revolutionen der Menschheitsgeschichte nie stattgefunden. Sie legt den Finger auf festgefahrene Ungerechtigkeiten und lässt den Schmerz unmittelbar spüren. «Die größte Demonstration der US-Geschichte war eine Feministische: Millionen Menschen gingen nach der Amtseinführung von Donald Trump beim Women's March auf die Straße», schreibt die Journalistin Lea Susemichel.[7] Und auch die feministische Revolution in Iran zeigt auf, was in allen drei Wellen der geschichtlichen Frauenbewegungen zu erkennen ist: Veränderung wird angetrieben von berechtigter Wut. Sie ist das Gegenteil von Gleichgültigkeit. Dieser Kampf muss sich nicht immer in lauter Demonstration oder Vandalismus zeigen. Er ist aber immer kraftvoll. In ihrem Buch *Wut und Böse* zieht die Autorin Ciani-Sophia Hoeder hierfür die Schwarze Bürgerrechtlerin Rosa Parks heran. Diese wurde im Jahr 1955 verhaftet, weil sie ihren Sitzplatz im Bus nicht für eine *weiße* Person aufgegeben hat. Dahinter steckte weniger die ihr oft zugeschriebene Müdigkeit, sondern vielmehr kalkulierte Wut.

Mich zu schämen hat mich in meinem Leben immer wieder ausgebremst. Verunsichert. Beleidigt. Verletzt. Entblößt. Erst indem ich über die Emotion geschrieben und sie nicht nur als lästig empfunden habe, kann ich sie als einen Schlüssel zur Selbstreflexion nutzen. Mich mit ihr auseinanderzusetzen, lässt mich auch die Gesellschaft, die mich prägt, besser verstehen. Sie schärft mein Bullshit-Radar.

Das heißt nicht, dass ich mich nicht mehr schäme. Mich nicht mehr ohnmächtig fühle. Doch die Wut hilft mir dabei, meine Scham nicht die Oberhand gewinnen zu lassen – weder die, die in mir selbst sprudelt, noch die, die mir von außen übergestülpt wird. Denn nichts verbaut dem Patriarchat so sehr seine Lügen, seine Intrigen, seine Misogynie und systematische Unterdrückung wie FLINTA, die sich nicht mehr schämen, die sich nicht mehr beschuldigen und damit nicht mehr unterdrücken lassen. Nichts verleiht mehr Kraft als Wut, die zur richtigen Zeit am richtigen Ort gezündet wird. Sie sprengt alle Grenzen, die es nie hätte geben sollen.

Meine Wut ist weiblich.

Dank

Mein Dank gilt meinem Agenten Markus Michalek sowie meiner Lektorin Susanne Frank, die nicht aufgehört haben, an dieses Buch zu glauben. Außerdem bedanke ich mich bei Minzgespinst für das Sensitivity Reading.

Caroline Schmitt – danke für deinen klugen, kritischen und trotzdem mitfühlenden Blick, der die Texte zu besseren Essays gemacht hat. Ich bin für immer dein GIIIRL.

Anne Sauer und Marie Krutmann – danke für den Rosenkohl und die Hohepriesterin.

Sharon Brehm – weil mit dir befreundet zu sein bedeutet, nonstop angefeuert zu werden. Du bist die beste Cheerleaderin, die ich mir vorstellen kann.

Quellenverzeichnis

Vorwort

1 https://www.profamilia.de/fileadmin/beratungsstellen/koeln-zentrum/01_Scham___Schuld_01.pdf

2 https://www.zeit.de/2020/22/scham-menschliches-zusammenleben-psychologie/seite-2

3 https://www.geo.de/magazine/geo-kompakt/6156-rtkl-schamgefuehle-so-erklaeren-forscher-unsere-angst-vor-der-bloesse

4 https://www.qiio.de/mehr-feministische-wirtschaft-nieder-mit-dem-homo-oeconomicus/

5 https://www.researchgate.net/publication/30996973_Sex_Differences_in_Apologies_One_Aspect_of_Communicative_Competence

6 https://www.ted.com/talks/brene_brown_listening_to_shame

7 https://de.statista.com/statistik/daten/studie/319044/umfrage/umfrage-in-deutschland-zu-ausloesern-von-schamgefuehl-nach-geschlecht/

8 https://medicamondiale.org/gewalt-gegen-frauen/trauma-und-trauma bewaeltigung/transgenerationales-trauma

(No) strings attached

ÜBER MEINEN (NACKTEN) KÖRPER

1 https://de.statista.com/statistik/daten/studie/319044/umfrage/umfrage-in-deutschland-zu-ausloesern-von-schamgefuehl-nach-geschlecht/

2 https://www.theatlantic.com/sexes/archive/2013/08/pink-wasnt-always-girly/278535/

3 https://www.today.com/parents/parents/christina-ricci-opens-body-scrutiny-faced-child-star-rcna48709
4 https://www.bzga-essstoerungen.de/was-sind-essstoerungen/haeufig-gestellte-fragen/?L=0
5 Explained: Beauty / Netflix 2019
6 https://www.derstandard.de/story/2000135027524/die-venus-die-zur-weisen-frau-werden-durfte
7 https://pubmed.ncbi.nlm.nih.gov/15847053/
8 https://explodingtopics.com/blog/beauty-industry-stats
9 https://refubium.fu-berlin.de/bitstream/handle/fub188/4758/07_ErsterTeil_Kapitel_5.pdf?sequence=8&isAllowed=y
10 https://www.refinery29.com/en-gb/2021/06/10500918/mare-of-easttown-kate-winslet-nudity-unedited

Bitch better have my money

ÜBER GELD UND WERTIGKEIT

1 http://www.ub.edu/duoda/diferencia/html/de/secundario7.html
2 https://www.bmfsfj.de/resource/blob/94392/5f5dbcc652b641866d6f3b5b5057be53/muetter-grundgesetz-data.pdf
3 https://www.equalpayday.de/informieren/studien-und-fakten/
4 https://www.henrikkleven.com/uploads/3/7/3/1/37310663/klevenetal_aeapp_2019.pdf
5 https://www.aauw.org/resources/news/media/press-releases/aauw-report-women-still-make-80-cents-on-the-dollar/
6 https://www.oecd.org/dev/development-gender/Unpaid_care_work.pdf
7 https://www.deutschlandfunk.de/geldanlage-und-altersvorsorge-finanzberaterinnen-nehmen-100.html
8 https://pubmed.ncbi.nlm.nih.gov/12518967/
9 https://www.forbes.com/sites/jackzenger/2018/04/08/the-confidence-gap-in-men-and-women-why-it-matters-and-how-to-overcome-it
10 https://www.bmi.bund.de/SharedDocs/pressemitteilungen/DE/2022/11/bka-partnerschaftsgewalt.html
11 https://www.tagesschau.de/inland/gesellschaft/altersarmut-frauen-101.html

12 https://www.sueddeutsche.de/kultur/buchbranche-was-verdient-man-als-schriftsteller-eigentlich-so-1.3704687
13 https://de.statista.com/statistik/daten/studie/195369/umfrage/umsaetze-im-deutschen-buchhandel-seit-2007/
14 http://www.frauenzählen.de/docs/Literaturkritik%20und%20Gender_08_09_18.pdf
15 https://thefeministwire.com/2013/10/17973/
16 https://www.businessinsider.de/wirtschaft/finanzen/mehr-geld-durch-richtige-einstellung-geht-das-ueberhaupt/
17 https://insights.som.yale.edu/insights/single-women-get-lower-returns-from-housing-investments
18 https://www.cjponyparts.com/media/images/blog/men-vs-women-car-buying-infographic.jpg
19 https://ca.finance.yahoo.com/news/women-pay-8k-more-men-174606783.html
20 https://ichbinarmutsbetroffen.start.page/
21 https://www.finanzen100.de/finanznachrichten/wirtschaft/miete-kinder-urlaub-so-viel-muessen-familien-verdienen-um-in-deutschlands-gross staedten-leben-zu-koennen_H672727410_478703/
22 https://www.sfgate.com/news/article/S-F-Strip-Club-Ratifies-Union-First-in-U-S-2846246.php

Warten Sie noch auf jemanden?

ÜBER DAS SINGLE-SEIN

1 https://www.bmfsfj.de/bmfsfj/aktuelles/alle-meldungen/lisa-paus-kuendigt-massnahmen-gegen-den-gender-pay-gap-an-201310
2 https://www.compareyourcountry.org/taxing-wages
3 https://www.immowelt-group.com/presse/pressemitteilungenkontakt/immoweltde/2022/kaltmiete-frisst-bis-zu-42-prozent-vom-gehalt-so-hoch-ist-die-wohnbelastung-fuer-singles-in-deutschen-grossstaedten/
4 https://de.statista.com/statistik/daten/studie/286810/umfrage/umfrage-in-deutschland-zur-anzahl-der-singles-nach-geschlecht/
5 https://www.elitepartner.de/magazin/finden/singles-in-deutschland/

6 https://www.statista.com/topics/999/singles/#topicHeader__wrapper

7 https://markedium.com/brand-story-did-you-know-marlboro-used-to-be-a-womens-cigarette/

8 https://www.allure.com/story/jennifer-aniston-december-2022-cover-interview

9 https://www.bbc.com/news/world-40800687

10 https://academic.oup.com/pa/article/71/1/196/3896133

11 https://www.psychologytoday.com/us/blog/the-state-our-unions/202208/whats-behind-the-rise-lonely-single-men

12 https://psycnet.apa.org/doiLanding?doi=10.1037%2Fbul0000332

13 https://www.tandfonline.com/doi/abs/10.1080/10570314.2014.927071

14 https://www.amazon.de/Die-Singul%C3%A4re-Frau-Katja-Kullmann/dp/3446269398/ref=sr_1_1?__mk_de_DE=%C3%85M%C3%85%C5%BD%C3%95%C3%91&crid=217X01UM6DOFM&keywords=katja+kullmann&qid=1669216222&sprefix=katja+kullmann%2Caps%2C78&sr=8-1

Botox to go und Sex on the beach

ÜBER REALITY-TV

1 https://www.zeit.de/zeit-magazin/2022/52/fernseh-talkshows-ricky-harris-arabella-kiesbauer-britt-hagedorn-moderation/komplettansicht

2 https://psycnet.apa.org/record/2014-33476-001

3 https://www.etue.ch/titten-tote-tiere-die-geschichte-des-boulevards/

4 https://www.gender.hu-berlin.de/de/publikationen/gender-bulletin-broschueren/bulletin-texte/texte-29-30/bulletin-texte-29-und-30/texte2930pkt13.pdf

5 https://www.focus.de/kultur/kino_tv/verafake-kein-einzelfall-ex-rtl-chef-ueber-den-verafake-es-wird-alles-zurechtgezimmert_id_5556319.html

6 https://editionf.com/willkommen-in-der-reality-kein-platz-fuer-verbeulte-maennlichkeitefbfbc/

7 https://medium.datadriveninvestor.com/you-have-no-idea-how-much-1-billion-is-4d0d985b726c

8 https://www.thesaint.scot/post/the-realities-of-reality-tv

9 https://www.usmagazine.com/entertainment/news/selling-sunsets-christine-quinn-jokes-about-creating-drama/
10 https://time.com/collection/reality-tv-most-influential-seasons/6199108/reality-tv-influence-on-world/
11 https://kress.de/news/detail/beitrag/150060-22-euro-monatlich-geben-deutsche-haushalte-durchschnittlich-fuer-streaming-aus.html

Frauen und Kinder zuerst

ÜBER UNGEWOLLTE SCHWANGERSCHAFT

1 https://www.bzga.de/aktuelles/2019-09-19-neue-bzga-studiendaten-verhuetungsverhalten-erwachsener/
2 https://academic.oup.com/jcem/article/101/12/4779/2765061
3 https://news.wsu.edu/press-release/2022/02/07/trapping-sperm-in-semens-natural-gel-could-lead-to-new-contraceptive/
4 https://www.hs-fulda.de/unsere-hochschule/alle-meldungen/meldungsdetails/detail/masterarbeit-ausgezeichnet
5 https://camino-werkstatt.de/downloads/Hintergrund-Pille-danach.pdf
6 https://www.youtube.com/watch?v=-D-TXOrw7dw
7 https://www.deutschlandfunknova.de/beitrag/stealthing-erstes-urteil-in-deutschland
8 https://papers.ssrn.com/sol3/papers.cfm?abstract_id=2954726
9 https://www.zeit.de/campus/2018-01/stealthing-sexualstraftat-rechtslage-opfer-taeter/komplettansicht
10 https://news.un.org/en/story/2022/03/1115062
11 https://www.destatis.de/DE/Themen/Gesellschaft-Umwelt/Gesundheit/Schwangerschaftsabbrueche/_inhalt.html
12 https://correctiv.org/top-stories/2022/03/03/hindernisse-bei-abtreibungen-in-deutschland-schwangerschaftsabbruch/
13 https://pubmed.ncbi.nlm.nih.gov/27973641/
14 https://www.profamilia.de/fileadmin/beratungsstellen/koeln-zentrum/01_Scham___Schuld_01.pdf
15 https://www.ref.ch/news/abtreibung-selbstbestimmung-frau-feminismus-bibel/

16 https://www.kff.org/global-health-policy/issue-brief/child-and-teen-firearm-mortality-in-the-u-s-and-peer-countries/
17 https://www.tagesschau.de/inland/kita-plaetze-100.html
18 https://weact.campact.de/petitions/kinderarmut-abschaffen-kindergrundsicherung-jetzt
19 https://www.zdf.de/nachrichten/panorama/klimakrise-angst-kinder-jugendliche-studie-100.html
20 https://www.welthungerhilfe.de/hunger/kinder-und-hunger
21 https://www.unicef.de/informieren/aktuelles/presse/-/verlierer-der-wirtschaftskrise/275466
22 https://www.savethechildren.org/us/what-we-do/emergency-response/refugee-children-crisis
23 https://www.ft.com/content/747a76dd-f018-4d0d-a9f3-4069bf2f5a93
24 https://www.zdf.de/nachrichten/panorama/schwangerschaft-abbruch-abtreibung-umfrage-paragraf-218-100.html
25 https://pubmed.ncbi.nlm.nih.gov/9253669/
26 https://www.zdf.de/nachrichten/politik/polen-abtreibungen-verbot-frauen-tod-schwangerschaft-100.html
27 https://www.newyorker.com/magazine/2022/07/04/we-are-not-going-back-to-the-time-before-roe-we-are-going-somewhere-worse
28 https://www.instagram.com/p/Ct5PZ3-pWVO/
29 https://www.ardmediathek.de/video/7-tage/7-tage-abtreibungsklinik/swr/Y3JpZDovL3N3ci5kZS9hZXgvbzE1OTMyNTE
30 https://www.spektrum.de/news/schwangerschaftsabbruch-im-medizinstudium-tabuthema-abtreibung/2054778

Aber du bist doch noch so jung!?

ÜBER DAS ALTERN

1 https://www.destatis.de/DE/Presse/Pressemitteilungen/2021/07/PD21_331_12621.html
2 https://pudding.cool/2017/03/film-dialogue/
3 https://womensmediacenter.com/fbomb/older-women-are-finally-being-represented-in-hollywood

4 https://abcnews.go.com/blogs/entertainment/2014/12/meryl-streep-explains-why-she-took-the-witch-role-in-into-the-woods

5 https://www.imf.uni-rostock.de/forschung/kommunikations-und-medienwissenschaft/gender-medien/gender-kino-sichtbarkeit/

6 https://www.zeit.de/kultur/2022-02/altersdiskriminierung-frauen-film-fernsehen

7 https://www.zeit.de/kultur/film/2023-02/sichtbarkeit-aelterer-schauspielerinnen-film-fernsehen-diskriminierung

8 https://www.ted.com/talks/ashton_applewhite_let_s_end_ageism?language=de

9 https://www.instagram.com/p/CpIeUWrM6Z4/

10 https://www.mckinsey.com/industries/life-sciences/our-insights/from-extreme-to-mainstream-the-future-of-aesthetics-injectables

11 https://www.washingtonpost.com/news/morning-mix/wp/2018/08/06/patients-are-desperate-to-resemble-their-doctored-selfies-plastic-surgeons-alarmed-by-snapchat-dysmorphia/

12 https://www.doccheck.com/de/detail/articles/39560-jugend-im-wahn-das-bisschen-botox

13 https://www.infomedizin.de/behandlungen/restylane-filler/

14 https://medium.com/@okcupid/the-case-for-an-older-woman-99d8cabacdf5

15 https://www.youtube.com/watch?v=mLCO5nWc8e0

16 https://www.sciencedaily.com/releases/2012/01/120103134907.htm

17 https://pubmed.ncbi.nlm.nih.gov/12150226/

18 https://www.bmfsfj.de/bmfsfj/themen/gleichstellung/gender-care-gap?view=

19 https://sonjaschiff.com/2023/01/30/abgeschoben-ins-pflegeheim/

20 https://www.springermedizin.de/pflege/einsamkeit-im-pflegeheim-erleben-und-massnahmen-zur-verringerung/19068542

21 https://www.bundestag.de/resource/blob/844760/deddcb8f1dc3a3ad04d919ac6603843d/WD-9-010-21-pdf-data.pdf

22 https://www.who.int/news-room/fact-sheets/detail/ageing-and-health

23 https://www.zeit.de/campus/2023-03/rentenreform-frankreich-proteste-junge-menschen-paris

24 https://www.malteser.de/dabei/familie-freundschaft/kinder-und-alten heime-in-einem-haus.html

Hit me, baby, one more time!

ÜBER DIE PERIODE UND ENDOMETRIOSE

1 https://www.endometriose-vereinigung.de/was-ist-endometriose.html
2 https://www.endometriose-sef.de/
3 https://www.zeit.de/zett/politik/2020-06/autos-telefone-verkehrssysteme-unsere-welt-ist-von-maennern-fuer-maenner-gemacht
4 https://newsroom.ucla.edu/releases/do-doctors-treat-pain-differently-based-on-race
5 https://afrozensus.de/reports/2020/Afrozensus-2020.pdf
6 https://www.deutschlandfunkkultur.de/endometriose-wenn-die-regel schmerzen-unertraeglich-werden-100.html
7 https://www.zentrum-der-gesundheit.de/bibliothek/umwelt/schaedliche-faktoren/tampons-giftig
8 https://einhorn.my/periodehypnose/
9 https://www.instagram.com/reel/ChU14kvjf6x/?hl=de
10 https://www.bundestag.de/dokumente/textarchiv/2022/kw45-de-endo metriose-919362

Die Braut, die sich (nicht) traut

ÜBER DAS HEIRATEN

1 https://de.statista.com/statistik/daten/studie/76211/umfrage/scheidungs quote-von-1960-bis-2008/
2 https://dewiki.de/Lexikon/Kebsehe
3 https://dewiki.de/Lexikon/Muntehe
4 https://www.zeit.de/sinn/2023-03/emilia-roig-ehe-abschaffung-ungerechtig keit-gleichstellung/komplettansicht
5 https://www.boeckler.de/de/boeckler-impuls-ehegattensplitting-verletzt-gleichheitsgebot-9482.htm
6 https://www.rnd.de/familie/kosten-der-kinder-wunsch-behand-lung-

welche-krankenkasse-wie-viel-zuschuss-gibt-73Z32HU6TRGAPJDCU6KXSP7ENY.html

7 https://www.juristinnen.de/1966_Viola,_Franca_(1948-0000).html

8 https://www.lsvd.de/de/ct/1245-LGBT-Rechte-weltweit

9 https://www.bundestag.de/resource/blob/565996/b7bb6839c108409ae5a29a4cde23837a/wd-7-098-18-pdf-data.pdf

10 https://www.ardmediathek.de/video/mdr/emilia-roig-das-ende-der-ehe-oder-leipziger-buchmesse-2023/mdr/Y3JpZDovL21kci5kZS9iZWlocmFnL2Ntcy8wNmNiODgzMSoxMjc3LTRmMjgtOGVhNSoxMGIyNDRjNDE1NjQ

11 https://journals.sagepub.com/doi/10.1177/0192513X15576199

12 https://www.theratalk.de/studie_offene_partnerschaft_beziehung.html

«Früher hast du das doch auch gemocht»

ÜBER SEXUALISIERTE GEWALT

1 https://www.bmfsfj.de/resource/blob/84328/0c83aab6e685eeddc01712109bcb02b0/langfassung-studie-frauen-teil-eins-data.pdf

2 https://de.statista.com/statistik/daten/studie/1254543/umfrage/erlebte-formen-sexueller-belaestigung-nach-geschlecht/

3 https://www.hs-merseburg.de/hochschule/information/neuigkeiten/details/sachsenweite-dunkelfeldbefragung-zu-geschlechtsspezifischer-gewalt-abgeschlossen/

4 https://www.tagesschau.de/investigativ/report-muenchen/verurteilungen-vergewaltigung-101.html

5 Eph 5,21–6,9

6 https://bibelgemeinde-berlin.de/2015/04/die-rolle-der-frau/

7 https://www.fachdidaktik.klassphil.uni-muenchen.de/forschung/seminarertraege/ovid_met/metamorphosen_archiv/referat_egger.pdf

8 https://www.adl.org/resources/report/when-women-are-enemy-intersection-misogyny-and-white-supremacy

9 https://www.grin.com/document/31587

10 https://www.youtube.com/watch?v=80qv6QeYbbg

11 https://www.anwalt.org/upskirting/

12 https://www.nytimes.com/2017/10/05/us/harvey-weinstein-harassment-allegations.html
13 https://cwasu.org/wp-content/uploads/2016/07/Austria_German_final1.pdf
14 https://edition.cnn.com/2021/07/22/politics/fbi-kavanaugh-ford-investigation/index.html
15 https://www.berliner-zeitung.de/news/rammstein-till-lindemann-anwaelte-erzielen-teilerfolg-gegen-youtuberin-kayla-shyx-li.373165
16 https://www.deutschlandfunkkultur.de/kein-beweis-des-gegenteils-ermittlungen-gegen-till-lindemann-eingestellt-dlf-kultur-f7c0cc78-100.html
17 https://editionf.com/wie-leiden-andere-menschen-unter-mir-als-mann-der-patriarchal-gepraegt-wurde/
18 https://keineshowfuertaeter.noblogs.org/de/statement-der-betroffenen-zum-text-im-buch-oh-boy/
19 https://www.gwi-boell.de/de/2021/11/25/maennlichkeit-ist-ein-gesellschaftlicher-skandal
20 https://www.rosalux.de/publikation/id/49596/femizide-in-deutschland-kein-einzelfall
21 https://incels.is/forums/the-lounge.4/
22 https://www.amadeu-antonio-stiftung.de/wp-content/uploads/2021/05/Frauenhass_Online.pdf
23 https://www.nytimes.com/2016/10/08/us/donald-trump-tape-transcript.html
24 https://www.youtube.com/watch?v=IEOOoMjhVsU
25 https://www.who.int/news/item/09-03-2021-devastatingly-pervasive-1-in-3-women-globally-experience-violence
26 https://taz.de/Sexuelle-Gewalt-an-Frauen/!5685224/

Epilog: Den Essay schreien

ÜBER DIE WUT

1 https://www.nzz.ch/feuilleton/interview-monika-hauser-sexualisierte-gewalt-im-krieg-ld.1742518
2 https://www.ted.com/talks/soraya_chemaly_the_power_of_women_s_anger?language=de

3 https://www.deutschlandfunknova.de/beitrag/hysterie-und-grossmanns sucht-typische-frauen-und-maennerkrankheiten

4 https://www.deutschlandfunkkultur.de/ciani-sophia-hoeder-wut-und-boese-wie-frauen-sich-besser-100.html

5 https://journals.sagepub.com/doi/10.1111/j.1467-928c.2008.02079.x

6 https://www.independent.co.uk/news/world/americas/us-election-2020/trump-twitter-kamala-harris-biden-democrats-animals-empire-state-building-2020-election-a9668526.html

7 https://www.gwi-boell.de/de/2020/03/02/feminismus-bringt-die-groessten-massenproteste-ueberhaupt-auf-die-strasse